Weinberger · Klientenzentrierte Gesprächsführung

W0177126

Sabine Weinberger

Klientenzentrierte Gesprächsführung

Eine Lern- und Praxisanleitung
für helfende Berufe

5. Auflage

Beltz Verlag · Weinheim und Basel

Sabine Weinberger, Dr. phil., Dipl.-Psych., Jahrgang 1951. Studium der Psychologie und Pädagogik an der Universität Regensburg. Psychotherapeutin in eigener Praxis und Ausbilderin in Klientenzentrierter Psychotherapie und Gesprächsführung (GwG). Daneben von 1975–1979 Dozentin für Klientenzentrierte Gesprächsführung und Klientenzentrierte Spieltherapie an der Fachhochschule Regensburg und von 1978–1990 an der Stiftungsfachhochschule München. Seit 1978 Lehrbeauftragte für Klientenzentrierte Gesprächsführung und Spieltherapie an der Universität Bamberg.

Die Deutsche Bibliothek – CIP-Einheitsaufnahme

Weinberger, Sabine:
Klientenzentrierte Gesprächsführung : eine Lern- und Praxisanleitung für helfende Berufe / Sabine Weinberger. – 5., überarb. und erw. Aufl., (16.–20. Tsd.). – Weinheim ; Basel : Beltz, 1992
  (Edition sozial)
  ISBN 3-407-55716-7

Lektorat: Richard Grübling

1. Auflage 1980
3., vollständig überarbeitete Auflage 1988 (8.–11. Tsd.)
5., überarbeitete und erweiterte Auflage 1992 (16.–20. Tsd.)

© 1992 Beltz Verlag · Weinheim und Basel
Satz: Satz- und Reprotechnik GmbH, 6944 Hemsbach
Druck und Bindung: Druckhaus Beltz, 6944 Hemsbach
Herstellung: Erich Rathgeber, Weinheim
Umschlaggrafik: mediateam psychologie, 8100 Garmisch-Partenkirchen

Printed in Germany

ISBN 3-407-55716-7

Inhaltsverzeichnis

Vorwort zur 5. Auflage 9

Vorwort zur 3. Auflage 11

Einführung 15

Aufbau und Inhalt der Lern- und Praxisanleitung 15

Bestandsaufnahme des gegenwärtigen Gesprächsverhaltens 22

Zum Begriff und zur Bedeutung der Klientenzentrierten
Gesprächsführung 29

1   Das klientenzentrierte Konzept 39

1.1   Echtheit (Kongruenz) 39
1.2   Positive Wertschätzung 45
1.3   Einfühlendes Verstehen 54
1.4   Kritische Reflexion nichtadäquater Verhaltensweisen . 73
1.5   Selbstexploration des Klienten 84
1.6   Focusing 93
1.7   Rogers' Persönlichkeitstheorie 97
1.8   Forschungsergebnisse zur Klientenzentrierten
        Psychotherapie 103
1.9   Die klientenzentrierte Grundhaltung in der
        psychosozialen Praxis 104
1.10 Berufsspezifische Fragen zur Realisierung der
        klientenzentrierten Grundhaltung 112

*2   Übungen zur Verwirklichung der klientenzentrierten
      Grundhaltung* 118

2.1   Allgemeine Anweisungen 118
2.2   Übungsstufen 120

3   *Differentielle Interventionen* 128

3.1   Anwendung eines allgemeinen Problemlöseschemas . 131
3.2   Ausdifferenzierung einzelner Gesprächsmerkmale ... 140
3.3   Stellung beziehen 157
3.4   Die Bedeutung der differentiellen Interventionen ... 163

4   *Übungen zu den differentiellen Interventionen* 165

4.1   Allgemeine Anweisungen 165
4.2   Fallschilderungen 166
4.3   Übungsstufen 169

5   *Anwendung* 174

5.1   Das klientenzentrierte Konzept in Abgrenzung von
anderen psychotherapeutischen Ansätzen 174
5.2   Anwendung der Klientenzentrierten Psychotherapie . 179
5.3   Anwendung der Klientenzentrierten
Gesprächsführung 183
5.4   Einzelne Elemente der Gesprächssituation 186
5.5   Anwendungsbereiche des Klientenzentrierten
Konzepts 195

6   *Übungen zu verschiedenen Gesprächssituationen* 202

6.1   Allgemeine Anweisungen 202
6.2   Übungsstufen 202

7   *Lernzielorientierter Test zu den theoretischen
Lernabschnitten* 208

8   *Erfahrungsberichte aus der psychosozialen Praxis* ... 215

8.1   Ergebnisse einer Umfrage zur Anwendung der
Klientenzentrierten Gesprächsführung 216
8.2   Behördenalltag. Ein Fallbeispiel aus dem staatlichen
Gesundheitsamt 228
8.3   Sorgerechtsregelung. Eine Falldarstellung aus der
Arbeit des Allgemeinen Sozialdienstes 231
8.4   Über Gewalt sprechen. Aus der Arbeit des modernen
Kinderschutzes 234

8.5 Schulprobleme. Ein Fall aus der schulpsychologischen
Praxis 241

8.6 Die Bedeutung der Klientenzentrierten
Gesprächsführung für die sozialpädagogische
Begleitung chronisch kranker Menschen. Dargestellt
am Beispiel von Multiple-Sklerose-Kranken 246

Anhang 255

Lösungen der Testaufgaben 255

Erläuterung der Fachausdrücke 262

Vorschläge für die organisatorische und zeitliche
Durchführung der Lern- und Praxisanleitung 266

Darstellung eines Orientierungsseminars im Rahmen der
Ausbildung in Klientenzentrierter Gesprächsführung 267

Literaturverzeichnis 272

Sachregister 281

Personenregister 286

Vorwort zur 5. Auflage

Nicht da ist man daheim, wo man seinen
Wohnsitz hat, sondern wo man verstanden wird.
(Christian Morgenstern, 1871–1914)

Daß so bald nach Erscheinen der revidierten 3. Auflage nun schon die 5. Auflage ansteht, hat mich sehr überrascht und gefreut. Dem Verlag und dem Lektorat möchte ich dafür danken, daß mir wieder die Gelegenheit gegeben wurde, einige Ergänzungen anzubringen. Diese Ergänzungen beziehen sich diesmal in erster Linie auf praktische Hinweise und zusätzliche Übungen, die sich in meiner Ausbildungspraxis in den letzten Jahren bewährt haben. Daneben wurden natürlich auch wieder die Literaturhinweise aktualisiert.
So wie meine Art und Weise, Ausbildung durchzuführen, ein sich ständig weiterentwickelnder Prozeß ist, in den jeweils neue Impulse und Erfahrungen – bezogen auf das Konzept, die Didaktik, die Teilnehmerinnen und meine Person – einfließen, so muß auch die vorliegende Lern- und Praxisanleitung für Veränderungen offen sein. Nur so kann der versprochene Praxisbezug wirklich eingelöst werden.

Erbendorf, im Dezember 1991   Sabine Weinberger

Vorwort zur 3. Auflage

Die vorliegende Lern- und Praxisanleitung für Klientenzentrierte Gesprächsführung basiert auf mehrjährigen Erfahrungen in der Ausbildung von Studentinnen der Sozialarbeit/Sozialpädagogik wie auch der Fortbildung und Supervision von Personen anderer Berufsgruppen (Pädagoginnen, Psychologinnen, Ärztinnen, Erzieherinnen, Heilpädagoginnen), die in der psychosozialen Versorgung tätig sind. Angehörige dieser Berufsgruppen und Studentinnen dieser Fachrichtungen sollen sich mit Hilfe dieser Lern- und Praxisanleitung einen Einstieg in die Klientenzentrierte Gesprächsführung erarbeiten können – wenn irgend möglich in der aktiven Auseinandersetzung in einer Gruppe und unter Anleitung einer Ausbilderin, die die dem klientenzentrierten Konzept zugrundeliegende *Einstellung* verwirklichen und vermitteln kann.
Kursleiterinnen soll das Buch als Rahmeninstrument dienen, das ihnen bei einschlägigen Lehrveranstaltungen oder entsprechenden Ausbildungskursen einen strukturierten didaktischen Aufbau vorgibt und Übungsmaterial anbietet, so daß sie sich vermehrt auf den im Rahmen des klientenzentrierten Konzepts besonders wichtigen Aspekt des *Erfahrungslernens* konzentrieren können.
Weil sich das klientenzentrierte Konzept – speziell im deutschsprachigen Raum – seit Ende der siebziger Jahre spürbar verändert hat, wurde eine gründliche Überarbeitung des Buches notwendig. Diese angesprochene Veränderung bezieht sich in erster Linie auf eine stärkere Betonung des klientenzentrierten Ansatzes als einer von Rogers' Menschenbild ausgehenden *Einstellung* oder *Haltung* gegenüber einem formalisierten *gesprächsmethodischen* Vorgehen, in welchem einzelne Therapeuten*variablen* im Mittelpunkt stehen. Dies drückt sich u. a. darin aus, daß in zunehmendem Maße statt von Klientenzentrierter *Gesprächs*psychotherapie von *Klientenzentrierter Psychotherapie* gesprochen wird, ein umfassenderer Begriff, der auch Rogers' „client-centered therapy" genauer übersetzt.

Diese Erweiterung des klientenzentrierten Konzepts drückt sich auch in der von Rogers in den letzten Jahren favorisierten Bezeichnung einer *personenzentrierten* Haltung" aus (Rogers 1982), womit deutlich zum Ausdruck kommt, daß die von ihm formulierten Einstellungen nicht nur für die psychotherapeutische Beziehung wichtig sind, sondern auch für andere zwischenmenschliche Beziehungen gelten und daß das Gegenüber der Therapeutin/Beraterin nicht mehr nur unter dem „funktionalen pragmatischen Aspekt des Klienten" (Finke 1982) gesehen wird.

In der vorliegenden Darstellung der Klientenzentrierten Gesprächsführung wurde diese Entwicklung des klientenzentrierten Konzepts berücksichtigt. Aus diesem Grund

- wurde der Untertitel „Lern- und Trainingsprogramm" durch „Lern- und Praxisanleitung" ersetzt: kein *Programm*, in dem eine Methode oder Technik *trainiert* wird, sondern eine *Anleitung*, um die Prinzipien und Ziele des klientenzentrierten Konzepts und deren Umsetzung in die *Praxis* zu *lernen*;
- wird statt von klientenzentriertem Basis*verhalten* von der klientenzentrierten Grund*haltung* gesprochen und
- beginnt die Darstellung des klientenzentrierten Konzepts mit der von Rogers als wichtigste angesehenen Einstellung: der *Echtheit*.

Des weiteren wurden die Bedeutung des klientenzentrierten Konzepts für die psychosoziale Praxis genauer herausgearbeitet, aktuelle Erfahrungsberichte aufgenommen und alle Literaturhinweise auf den neuesten Stand gebracht.

Der Begriff „Klientenzentrierte Gesprächsführung" wurde beibehalten, zum einen aus verlagstechnischen Gründen, zum anderen, weil er durch die Gesellschaft für wissenschaftliche Gesprächspsychotherapie (GwG), die seit über 10 Jahren Ausbildung in klientenzentrierter Gesprächsführung anbietet, zu einem festen Begriff in der psychosozialen Versorgung geworden ist – obwohl gerade in diesen Arbeitsbereichen „personenzentriert" das bessere Wort wäre, das nicht alle Hilfesuchenden gleich zu Klienten macht.

Sehr ausführlich habe ich mich mit den Begriffen „Therapeutin", „Beraterin" und „Helferin" auseinandergesetzt, und zwar sowohl vom Inhalt als auch von der sprachlichen Form her. Zuerst zum Inhalt: Meines Erachtens gibt es keinen Begriff, in dem sich alle oben genannten Berufsgruppen in der psychosozialen Versorgung wiederfinden würden. Jeder dieser Begriffe ist mit bestimmten Vorstellungen verbunden und trifft auf die eine Berufsgruppe und Praxissituation – die teilweise auch innerhalb einer Berufsgruppe völlig unterschiedlich sein kann – zu und auf die andere nicht. Aus diesem Grund wurden in der vorliegenden Anleitung die Begriffe „Therapeutin", „Beraterin" und „Helferin" nebeneinandergestellt – je nach inhaltlichem Kontext dominiert mal die eine, mal die andere Bezeichnung –, da in den sehr heterogenen Berufs- und Aufgabenbereichen der psychosozialen Praxis ebenfalls Therapeutinnen, Beraterinnen und Helferinnen mit- und nebeneinander tätig sind.

Wenn nicht von „der Therapeut", „der Berater" und „der Helfer" gesprochen wird – wie in allen einschlägigen Büchern, die ich kenne (meine 1. Fassung eingeschlossen) –, so ist dies ein Stück persönlicher Entwicklung als Frau und als Psychotherapeutin. Nachdem Frauen, die gerade in sozialen Arbeitsbereichen sehr stark vertreten sind, sich grundsätzlich immer *mitgemeint* fühlen müssen, wenn von „der ..." und „er" gesprochen wird, ging es mir in dieser Auflage darum, die Frauen *direkt* anzusprechen. Da die fairste Lösung in Form von „der/die Therapeut(in)", „der/die Berater(in)" und „der/die Helferin" eine immense sprachliche Schwerfälligkeit mit sich bringt, ist die einseitige „Lösung", nur die weibliche Form zu nehmen, als angemessener Ausgleich anzusehen, um Frauen auch einmal das direkte Angebot einer Identifizierungsmöglichkeit zu geben.

Schrobenhausen, im Juli 1987   Sabine Weinberger

PS: Bedanken möchte ich mich bei Claudia Fischer und Heinrich Wegener für ihre Rückmeldungen und bei Ingeborg Baldenius für ihre Hinweise und die sorgfältige Durchsicht des Manuskripts.

Einführung

Aufbau und Inhalt der Lern- und Praxisanleitung

Im folgenden werden die Ziele der Lern- und Praxisanleitung präzisiert, anschließend werden der formale Aufbau beschrieben und die Inhalte der einzelnen Lernabschnitte überblicksartig dargestellt.

(1) Inhaltliche Zielsetzung

Ziel der vorliegenden Lern- und Praxisanleitung ist es, Sozialarbeiterinnen/Sozialpädagoginnen und Angehörige anderer im psychosozialen Arbeitsfeld tätigen Berufsgruppen mit der Klientenzentrierten[1] Gesprächsführung insoweit bekanntzumachen, daß

a) sie sensibel werden für die Beziehung, die sie in den verschiedenen beruflichen Situationen mit Klienten bzw. Personen aufnehmen;
b) sie lernen, die Klienten und ihre Probleme deutlicher wahrzunehmen und zu verstehen und aus diesem Verstehen heraus die geeignete Hilfe für sie zu finden;
c) sie lernen, inwieweit und wie sie die Klienten bei Entscheidungsfindungen und Problemlösungsprozessen hilfreich unterstützen können, und
d) sie angeregt werden, sich bei entsprechender Neigung und Eignung in dieser Richtung fortzubilden.

---

1 In der vorliegenden Lern- und Praxisanleitung wird der Begriff „klientenzentriert" durch „personenzentriert" ersetzt, wenn es nicht speziell um *Klienten,* sondern übergeordnet um *Personen* geht (z. B. der *personenzentrierte* Ansatz in der Erziehung).

Bei der Entwicklung der Lern- und Praxisanleitung standen dabei vier Bemühungen im Vordergrund:

1. Praktische Anleitungen unterliegen häufig der Gefahr, daß die theoretische Darstellung und Diskussion, einschließlich der Auseinandersetzung mit einschlägigen empirischen Befunden, zugunsten eines Inventars praktischer Übungen vernachlässigt werden. In der vorliegenden Anleitung wurde versucht, diese Einseitigkeit zu vermeiden, indem sie sowohl eine gründliche theoretische Einführung beinhaltet, in der die Prinzipien, Ziele und Anwendungsmöglichkeiten der Klientenzentrierten Gesprächsführung und auch einschlägige empirische Befunde vorgestellt und diskutiert werden, als auch einen praktischen Teil enthält, in dem die Klientenzentrierte Gesprächsführung anhand von verschiedensten Übungen erlernt werden kann.

2. Da Beraterinnen in der psychosozialen Versorgung oftmals in zeitlich begrenzten Kontakten konkrete Einstellungs- und/oder Verhaltensänderungen erreichen oder wenigstens einleiten sollen, ging es darum, neben einer Darstellung der Grundelemente des klientenzentrierten Konzepts auch aufzuzeigen, wie diese mit einer gezielten Intervention verbunden werden können.

3. Wert wurde auf eine klare didaktische Aufbereitung des Lernstoffes mit genauen Angaben über Lernziele, Lernmethode und Lernkontrolle gelegt, um so die ablaufenden Lernprozesse für Lehrende wie für Lernende effektiver und transparenter zu gestalten.

4. Es wurde eine möglichst praxisbezogene Darstellung der Klientenzentrierten Gesprächsführung angestrebt. So werden zum einen reale Falldarstellungen aus der Sozialarbeit aufgeführt, anhand derer im Rollenspiel konkrete Beratungssituationen geübt werden können, zum anderen wird die Lern- und Praxisanleitung durch Erfahrungsberichte von Sozialarbeitern und anderen Helfern ergänzt, die jeweils aus ihrer praktischen Tätigkeit heraus die Möglichkeit der Anwendung der Klientenzentrierten Gesprächsführung schildern.

(2) Formaler Aufbau

Die Lern- und Praxisanleitung ist vom Aufbau her folgendermaßen gekennzeichnet:
- Ablauf anhand eines überprüften Studienmaterials mit vorgegebenen Lerninhalten, Lernmethoden und Lernzielen;
- Einbeziehung von audiovisuellem und akustischem Übungsmaterial;
- Kontrolle der Lernfortschritte in Form eines lernzielorientierten Tests.

Im einzelnen enthält die Lern- und Praxisanleitung folgende Teile:

1. Eine *Einführung*, bestehend aus Übungen zur „Bestandsaufnahme" des gegenwärtigen Gesprächsverhaltens und einem Überblick über den Stellenwert und die Bedeutung der Klientenzentrierten Gesprächsführung in der sozialen Arbeit.

2. Eine systematische Abfolge von abwechselnd *theoretischen* Lernabschnitten, in denen die Prinzipien, Ziele und Anwendungsmöglichkeiten der Klientenzentrierten Gesprächsführung dargestellt und diskutiert werden, und *praktischen* Lernabschnitten, in denen die vorgestellten und hinsichtlich ihrer Bedeutung diskutierten Interventionen geübt werden.
   Die *theoretischen* Lernabschnitte sind in einzelne inhaltlich zusammenhängende Themen unterteilt, jedes Thema ist folgendermaßen strukturiert:
   - operationalisierte Lernziele zu dem jeweiligen Thema,
   - eine theoretische Erläuterung des Themas,
   - (wenn möglich) Übungen zur Veranschaulichung des Lernstoffes und
   - Testaufgaben zur Vertiefung und Überprüfung der angegebenen Lernziele.
   Die *praktischen* Lernabschnitte sind in hierarchisch aufgebaute Übungsstunden untergliedert, die jeweils Angaben darüber enthalten:
   - was in der einzelnen Übung gelernt werden soll (Lernziel),
   - in welcher Form dies geschehen soll (Lernmethode) und
   - wie das Gelernte überprüft werden kann (Lernkontrolle).

3. Einen *Abschlußtest*, der eine Stichprobe aller Testaufgaben der Lern- und Praxisanleitung enthält, um so eine abschließende Bewertung des Lernerfolgs zu gewährleisten.

Als Testaufgaben wurden folgende Aufgabenformen gewählt:

a) „Multiple-Choice-Aufgaben"
bei denen jeweils eine oder mehrere Aussagen zutreffen können.
Beispiel: Kreuzen Sie die zutreffende(n) Aussage(n) an:
Die vorliegende Lern- und Praxisanleitung enthält:

☐ A operationalisierte Lernziele,
☐ B programmierte Unterweisungen,
☐ C einen lernzielorientierten Test,
☐ D eine systematische Abfolge von theoretischen und praktischen Lernabschnitten.

b) Zuordnungsaufgaben
Beispiel: Ordnen Sie Aussagen (1–3) zum Aufbau der einzelnen Übungsstufen den Begriffen „Lernziel", „Lernmethode" und „Lernkontrolle" (A–C) zu:

A Lernziel: _____

B Lernmethode: _____

C Lernkontrolle: _____

Aussagen:
Jede Übungsstufe enthält Angaben darüber,
1. wie das Gelernte überprüft werden kann;
2. was gelernt werden soll;
3. in welcher Form gelernt werden soll.

c) Ergänzungsaufgaben
Beispiel: Ergänzen Sie folgenden Text: Die Lern- und Praxisanleitung enthält einen Abschlußtest, um eine abschließende Bewertung des _____ zu gewährleisten.

d) Freie Aufgabenbeantwortung
Beispiel: Die Lern- und Praxisanleitung enthält einen Abschlußtest. Geben Sie an, um welche *Art* von Test es sich handelt. Verwenden Sie dabei die im Text genannte Bezeichnung.

Lösungen:
a) A, C, D
b) A: 2
   B: 3
   C: 1
c) Lernerfolgs
d) lernzielorientierter Test.

4. *Erfahrungsberichte* aus der psychosozialen Praxis, die zeigen, welche Möglichkeiten sich für die Anwendung der Klientenzentrierten Gesprächsführung ergeben und mit welchen Schwierigkeiten gerechnet werden muß.

5. Einen *Anhang*, der folgendes enthält:
   – die Lösungen der Testaufgaben,
   – eine Erläuterung der im Text verwandten Fachausdrücke,
   – Vorschläge für die organisatorische und zeitliche Durchführung der Lern- und Praxisanleitung als Veranstaltung an der Fachhochschule
   – Darstellung eines Orientierungsseminars im Rahmen der Ausbildung in Klientenzentrierter Gesprächsführung.

Im folgenden eine Übersicht (S. 20), die den Aufbau der Lern- und Praxisanleitung veranschaulichen soll.

(3) Darstellung der Lernabschnitte

Es werden folgende Inhalte vermittelt:

1. Das klientenzentrierte Konzept

In diesem Lernabschnitt wird die Grundhaltung des klientenzentrierten Konzepts vorgestellt und durch Übungen und Demonstrationsmaterial veranschaulicht. Danach folgt eine überblicksartige Darstellung von Rogers' Persönlichkeitsmodell. Anschließend werden die Ergebnisse empirischer Untersuchungen zur Effektivität der klientenzentrierten Haltung referiert, und es wird auf die Bedeutung eingegangen, die sie in der sozialen Arbeit hat.

Schematische Übersicht über den Aufbau der Lern- und Praxisanleitung

Einführung
gegliedert in:
– Bestandsaufnahme
  des gegenwärtigen
  Gesprächsverhaltens

– Überblick über den
  Begriff und die Bedeu-
  tung der Klienten-
  zentrierten Gesprächs-
  führung in der sozialen
  Arbeit

LERNABSCHNITTE

Theoretischer Lernabschnitt

Gegliedert in einzelne theoretische Themen

Aufbau der Themen

– Lernziele
– Erläuterung des Themas
– Übungen
– Lernkontrolle

Praktischer Lernabschnitt

Gegliedert in einzelne Übungsstufen

Aufbau der Übungsstufen:

– Lernziele
– praktische Übungen
– Lernkontrolle

ABSCHLUSSTEST

ERFAHRUNGSBERICHTE AUS DER PSYCHOSOZIALEN ARBEIT

ANHANG

2. Übungen zur Verwirklichung der klientenzentrierten Grundhaltung

In diesem praktischen Lernabschnitt wird die erwünschte Grundhaltung der Beraterin in der Klientenzentrierten Gesprächsführung geübt. Bei diesen Übungen steht die Sensibilität für eigene Empfindungen wie für die anderer im Mittelpunkt.

3. Differentielle Interventionen

Es wird ein allgemeines Problemlöseschema vorgestellt, anschließend werden einzelne differentielle Interventionen erläutert.

4. Übungen zu den differentiellen Interventionen

Anhand konkreter Fallbeispiele aus dem Tätigkeitsbereich von Sozialarbeiter/innen und Sozialpädagog/innen wird geübt, Klienten bei Entscheidungsfindungen und Problemlösungsprozessen hilfreich zu unterstützen.

5. Anwendung

Nach einer kurzen Übersicht über die Unterschiede und Gemeinsamkeiten des klientenzentrierten Konzepts mit anderen psychotherapeutischen Ansätzen wird die Anwendung der Klientenzentrierten Psychotherapie und der Klientenzentrierten Gesprächsführung behandelt. Anschließend wird auf einzelne Elemente der Gesprächsführung, wie z. B. Gesprächsanfang, Gesprächspausen, Fragen des Klienten etc. eingegangen. Der Lernabschnitt endet mit einem Überblick über einzelne Anwendungsbereiche des klientenzentrierten bzw. personenzentrierten Ansatzes.

6. Übungen zu einzelnen Elementen der Gesprächssituation

Es wird der Umgang mit den oben genannten Elementen der Gesprächssituation geübt. Abschließend werden günstige Verhaltensweisen in sogenannten schwierigen Situationen zur Diskussion gestellt.

Bestandsaufnahme des gegenwärtigen Gesprächsverhaltens

Im folgenden soll in zwei Übungen eine Bestandsaufnahme Ihres gegenwärtigen Gesprächsverhaltens vorgenommen werden, um

- Ihren bisherigen typischen Antwortstil festzustellen und um
- Ihren Lernfortschritt objektivierbar zu machen.

Übung A

Instruktion: Teilen Sie sich in 2er-Gruppen auf und spielen Sie im Rollenspiel eine Beratungssituation. Das heißt, jemand übernimmt die Rolle der Beraterin und jemand die des Klienten. Aufgabe des „Klienten" ist es, sich mit einem konkreten Problem an die „Beraterin" zu wenden. Damit sich eine echte Interaktion entwickelt, sollen beide Partner davon ausgehen, daß die Beraterin schon gewisse Vorinformationen hat, d.h., eine eventuelle Anamnese wäre bereits abgeschlossen. Der „Klient" kann der „Beraterin" auch kurz in Stichworten mitteilen, worum es bei dem Problem geht. Nach ca. zehn Minuten sollten die Rollen gewechselt werden.

Themenvorschläge für das Gespräch:

- ein Problem eines Klienten, mit dem Sie in der Berufspraxis oder z.B. in einem Praktikum konfrontiert wurden;
- ein Problem aus Ihrem Bekannten- oder Verwandtenkreis;
- ein eigenes Problem oder Thema, das Sie beschäftigt, z.B.:
  Wie sehe ich meine späteren Berufsaussichten?
  Wie empfinde ich meine derzeitige Ausbildungs- bzw. Berufssituation?
  Welche Schwierigkeiten habe ich im beruflichen/schulischen Alltag?

Das Gespräch sollte unbedingt auf *Tonband oder Kassettenrecorder aufgenommen* werden, da es in einem späteren Übungsabschnitt in denselben 2er-Gruppen in bezug auf die Kriterien der Klientenzentrierten Gesprächsführung analysiert wird.

Übung B

Instruktion: Im folgenden finden Sie verschiedene Ausschnitte aus Beratungsgesprächen. Lesen Sie bitte jeweils einen Gesprächsausschnitt durch und *kreuzen* Sie dann von den 5 zur Auswahl stehenden Erwiderungen die Erwiderung an, *die Sie als Therapeutin bzw. Beraterin am ehesten geben würden.* Versuchen Sie sich dabei in die Situation zu versetzen, daß sich jemand mit der jeweils angegebenen Äußerung *abrupt hilfesuchend an Sie wendet.*
Bitte überlegen Sie nicht zu lange, denn in einem Gespräch wartet der Gesprächspartner auf Ihre Reaktion.

Fall Nr. 1: 28jährige Frau

Und das ist überhaupt das ganze Problem gewesen, wirklich, in meinem ganzen Leben, daß mir kein Mensch irgend etwas zugetraut hat. Noch nie, das war, mhm, immer schon früher so. Jetzt bin ich heute wieder furchtbar am jammern, aber, mhm...

Erwiderungen:

☐ A Ja, das muß wirklich schlimm gewesen sein, aber „Kopf hoch", Sie werden es den anderen schon noch zeigen.

☐ B Es wird Zeit, daß Sie darüber hinwegkommen, was früher war. Sie müssen jetzt einfach versuchen, Schritt für Schritt mehr Selbstbewußtsein zu erlangen.

☐ C Irgendwie macht Sie das furchtbar traurig, wenn sie daran denken, daß man Ihnen da nie was zugetraut hat.

☐ D Gab es da wirklich niemanden, der Sie richtig anerkannt hat? Weder in der Familie noch später im Beruf?

☐ E Sie sollten wirklich nicht so viel jammern. Es gibt genug Leute, die haben es um einiges schwerer.

Fall Nr. 2: 16jähriger Junge

Ja, und da gibt es eben sehr viele, die mich nicht mögen, einfach so. Dabei kennen sie mich eigentlich kaum. Ich weiß gar nicht, wieso das so ist.

Erwiderungen:

- ☐ A War das schon immer so? Gibt es da wirklich niemanden, der dich mag?
- ☐ B Versuch doch einfach mal, auf die anderen zuzugehen. Womöglich stellst du fest, daß die anderen dich gar nicht so ablehnen, wie du denkst.
- ☐ C Du solltest nicht so viel rumgrübeln, ob die anderen dich nun mögen oder nicht. Dadurch kapselst du dich doch nur immer mehr ab. Das ist das Verkehrteste, was du tun kannst.
- ☐ D Nimm das doch nicht so tragisch. Die werden ihre Ansichten schon noch ändern.
- ☐ E Das beschäftigt dich ziemlich stark, warum du so abgelehnt wirst.

Fall Nr. 3: 21jähriger Mann

Ich weiß wirklich nicht, was ich sagen soll. Ich weiß nicht, ob ich zu meiner Frau zurückkehren soll, aber mir fällt alles so auf den Wecker. Himmel, regt mich das auf. Das halte ich doch nicht länger aus.

Erwiderungen:

- ☐ A Vielleicht sehen Sie das nur jetzt momentan so schwarz. Meist kann man sich ja doch irgendwie wieder zusammenraufen.
- ☐ B Da werden Sie wütend bei dem Gedanken, wieder zurückzukehren.
- ☐ C Dann wäre es wirklich das beste, Sie trennen sich und gewinnen erst einmal Abstand von der ganzen Geschichte.
- ☐ D Ich glaube, solange Sie so schnell aufbrausen, werden Sie nie eine harmonische Beziehung aufbauen können.
- ☐ E Haben Sie sich mit Ihrer Frau schon mal richtig ausgesprochen?

Fall Nr. 4: 16jähriger Junge

Ich kann mich eigentlich nie, mhm, nie spontan über etwas freuen. Und wenn ich bei einem Fußballspiel bin und die Leute springen so auf und jubeln, dann denke ich mir: Warum geraten die so aus dem Häuschen? Das ist doch irgendwie lächerlich.

Erwiderungen:
- [ ] A Du fühlst dich dann so draußen vor.
- [ ] B Man muß sich auch irgendwie freuen können. Du darfst das bloß nicht so krampfhaft zurückhalten.
- [ ] C Gibt es gar nichts, was dir Spaß macht? Überhaupt nichts? Denk doch mal genau nach.
- [ ] D Nimm das nicht so schwer, sicher gibt es doch irgendwelche Sachen, bei denen du dich doch mal ganz unvermutet freuen kannst. Es muß ja nicht gerade beim Fußball sein.
- [ ] E Geh doch mal mit Freunden in einen lustigen Film oder mach mit ihnen irgendeine Fahrt ins Blaue. Meist steckt Fröhlichkeit doch irgendwie an.

Fall Nr. 5: 24jährige Frau

Ich glaube, das ganze liegt einfach daran, daß ich viel zu wenig Lebenserfahrung oder Selbstbewußtsein, einfach zu wenig Erfahrung habe. Weil ich immer irgendwie abgekapselt war.

Erwiderungen:
- [ ] A Sie müssen versuchen, aus dieser Isolierung rauszukommen. Sie werden sehen, dann werden Sie automatisch mehr Erfahrungen sammeln. Sie müssen nur mal den ersten Schritt tun.
- [ ] B Warum haben Sie sich denn immer so zurückgezogen?
- [ ] C Das ist natürlich ganz schlecht, wenn man so zurückgezogen lebt.
- [ ] D So daß Sie sich jetzt anderen irgendwie unterlegen fühlen.
- [ ] E Glauben Sie mir, das geht vielen so wie Ihnen. Wer ist denn schon wirklich richtig selbstsicher? Das ist doch meist nur eine Fassade.

Fall Nr. 6: 28jährige Frau

Und die ganze Zeit, mhm, fahre ich nun also jedes Wochenende 100 km in diese Stadt und arbeite dort als Bedienung. Aber ... ich, ich hasse diese Arbeit. Manchmal denke ich: das machst du nicht mehr lange mit.

Erwiderungen:
- [ ] A Das ist sicher furchtbar für Sie. Aber wenn Sie daran denken, wie viele heute überhaupt keine Arbeit haben. Da haben Sie es dann vielleicht doch gar nicht so schlecht.

☐ B Wenn Sie diese Arbeit so furchtbar hassen, dann hören Sie doch einfach auf. So machen Sie sich nur kaputt.

☐ C Das kostet Sie jedesmal eine furchtbare Überwindung, dorthin zu fahren.

☐ D Haben Sie wirklich nichts Besseres gefunden? Haben Sie wirklich alle Möglichkeiten ausgeschöpft?

☐ E Sie sollten sich nicht beklagen. Andere Leute würden sonstwas dafür geben, wenn sie noch so eine zusätzliche Einnahmequelle hätten.

Fall Nr. 7: 24jährige Frau

Alles, was da beim Betriebsausflug auf der Rückfahrt im Bus so hinter mir geredet worden ist, alles, auch wenn es noch so undeutlich war, alles habe ich irgendwie als Anspielung aufgefaßt. Immer, die ganze Zeit, habe ich gedacht, die machen sich über dich lustig, die reden über dich, weil du den ganzen Tag fast nichts gesagt hast.

Erwiderungen:
☐ A Das dürfen Sie nicht so tragisch nehmen. Die haben ganz bestimmt über etwas völlig anderes geredet.

☐ B Sie dürfen nicht immer alles auf sich beziehen. So kommen Sie nie weiter. Die haben doch bestimmt etwas Besseres zu tun, als pausenlos über Sie zu reden.

☐ C Vertrauen Sie sich doch einmal einer Kollegin an. Einer Kollegin, bei der Sie das Gefühl haben, daß die Sie verstehen könnte. Und erzählen Sie ihr, daß es Ihnen einfach furchtbar schwerfällt, so aus sich herauszugehen.

☐ D Das ist jetzt noch eine Qual für Sie, wenn Sie daran denken.

☐ E Sind Sie immer so still? Ziehen Sie sich auch sonst immer sehr gerne zurück?

Fall Nr. 8: 24jährige Studentin

Ich habe z. B. die ganzen 10 Semester viel getan. Ich war die ganzen Semester im Studentenheim und habe Tag für Tag immer gearbeitet, sogar sonntags. Die, die neben mir gewohnt haben, die haben eben Samstag, Sonntag nichts gemacht, die haben sich immer

26

gewundert, daß ich das durchhalten kann. Aber, im Grunde genommen habe ich nämlich, mhm, ich habe zwar viel Wissen irgendwie aufgeschrieben, ich hab' immer alles aufgeschrieben und gesammelt, aber ich habe mir nichts gemerkt. Und jetzt stehe ich
eben da und weiß eigentlich ziemlich wenig. Ich habe alles immer
nur aufgeschrieben, ziemlich genau alles, viel zu genau eigentlich.

Erwiderungen.

☐ A Jetzt kommt Ihnen diese jahrelange Schufterei ziemlich sinnlos vor.

☐ B Das sehen Sie jetzt sicher nur im Moment so kritisch. Wenn
Sie jahrelang so gearbeitet haben, dann wird doch sicher eine
ganze Menge „hängengeblieben" sein.

☐ C Wissen Sie denn so genau, daß Sie jetzt noch so viele Lücken
haben?

☐ D Das war dumm. Sie hätten doch unbedingt mal mit anderen
aus Ihrem Semester sprechen sollen, wie die lernen. Dann
hätten Sie schnell gemerkt, daß es sich z. B. in einer Arbeits-
gruppe viel besser lernen läßt.

☐ E Kaufen Sie sich doch einmal ein Buch über Lerntechniken.
Das würde ich Ihnen empfehlen. Da lernen Sie, intensiv und
zugleich rational zu arbeiten, so daß Sie nachher wirklich
etwas wissen, sich aber auch gleichzeitig viel mehr Freizeit
leisten können.

Auswertung

Die verschiedenen Erwiderungen, die auf die einzelnen Klientenäußerungen folgten, stehen für 5 verschiedene Antworttendenzen,
die nachfolgend vorgestellt werden. Dabei wird gleich auf einige
Gefahren bzw. Nachteile der häufigsten Antwortmuster hingewiesen. Eine ausführlichere Reflexion der verschiedenen Beratungs-
stile erfolgt in einem späteren Abschnitt.
Lesen Sie die Beschreibung der einzelnen Antwortmuster durch
und stellen Sie dann bei jedem der 8 Fälle fest, welche der Erwiderungen (A–E) den einzelnen Antwortstilen (1–5) zuzuordnen
sind. Sie lernen auf diese Weise die verschiedenen Antwortmuster
zu unterscheiden, darüber hinaus können Sie feststellen, ob Sie eine
dominierende Antworttendenz haben (4 oder mehr Antworten ent-

fallen auf ein und denselben Antwortstil) oder ob Sie je nach Klientenäußerung ganz unterschiedlich antworten.

Die verschiedenen Antwortstile der vorausgegangenen Übung

1. Die Probleme und Gefühle des Klienten werden *bagatellisiert*, d. h., sie werden heruntergespielt. Der Klient wird getröstet oder beruhigt, die Gefahr dabei ist, daß er sich dann nicht verstanden, nicht ernstgenommen fühlt.
2. Es werden weitere Informationen, Hinweise verlangt, deshalb werden *Fragen gestellt*. Die Gefahr dabei ist, daß der Klient das Gefühl bekommt, er werde ausgefragt. Weiterhin wird das Gespräch dadurch leicht vorzeitig in eine bestimmte Richtung gelenkt, die der Fragestellerin wichtig erscheint, während der Klient evtl. ganz andere Schwerpunkte setzen würde oder möchte.
3. Dem Klienten wird gleich ein *Ratschlag*, eine Lösung für sein Problem angeboten. Abgesehen davon, daß es sehr schwierig sein dürfte für einen Klienten, der einen ganz bestimmten Erfahrungshintergrund hat und in einer ganz spezifischen Umweltkonstellation lebt, eine passende Lösung seines Problems „parat" zu haben, wird der Klient dadurch in eine passive „Konsumentenhaltung" gedrängt. Dies hat zur Folge, daß er bei der nächsten Schwierigkeit wieder nicht weiter weiß und den nächsten Ratschlag braucht.
4. Es werden negative *Werturteile* abgegeben, d. h., das Verhalten des Klienten wird in irgendeiner Form kritisiert. Es ist zweifelhaft, ob man dem Klienten dadurch weiterhilft.
5. Es wird versucht, die Probleme des Klienten aus *seiner Sichtweise heraus* zu verstehen, ohne den Klienten in irgendeiner Form auszufragen, ihn in eine bestimmte Richtung zu drängen, sein Problem zu bagatellisieren oder sein Verhalten zu kritisieren.
Dieser Gesprächsstil kennzeichnet die Klientenzentrierte Gesprächsführung.

Zuordnung

Tragen Sie jetzt hinter die einzelnen Antwortstile (1–5) die jeweils dazugehörige Äußerung aus den Beratungssituationen (gekennzeichnet durch die Buchstaben A–E) ein.[2]

	Nr. 1	Nr. 2	Nr. 3	Nr. 4	Nr. 5	Nr. 6	Nr. 7	Nr. 8
1. Bagatellisieren:								
2. Fragen stellen:								
3. Ratschläge geben:								
4. Werturteile abgeben:								
5. Klientenzentrierte Gesprächsführung:								

Zum Begriff und zur Bedeutung der Klientenzentrierten Gesprächsführung

Die Klientenzentrierte Psychotherapie (Client-centered Therapy) wurde von dem amerikanischen Psychologen Carl R. Rogers entwickelt (ab 1942) und von dem Hamburger Psychologen Reinhard Tausch in Deutschland als „Gesprächspsychotherapie" eingeführt (ab 1956). Die Gesprächspsychotherapie bzw. Klientenzentrierte Psychotherapie – wie sie in genauerem Bezug zu Rogers heute auch genannt wird – gehört mittlerweile zu den verbreitetsten psychologischen Therapiemethoden.
Bevor näher auf die Klientenzentrierte Gesprächsführung eingegangen wird, sollen kurz die wesentlichen Charakteristika der Klientenzentrierten Psychotherapie vorgestellt werden.

---

2 Die richtige Zuordnung ist zur Kontrolle auf Seite 255 angegeben.

(1) Überblick über die Klientenzentrierte[3] Psychotherapie

Rogers formulierte 1942 die folgende grundlegende Hypothese: „Wirksame Beratung besteht aus einer eindeutig strukturierten, gewährenden Beziehung, die es dem Klienten ermöglicht, zu einem Verständnis seiner selbst in einem Ausmaß zu gelangen, das ihn befähigt, aufgrund dieser neuen Orientierung positive Schritte zu unternehmen." (Rogers 1942, deutsch 1972a, S. 28)
Ausgehend von dieser Hypothese postulierte er als notwendige und hinreichende Bedingung der Klientenzentrierten Psychotherapie die Realisierung der Therapeutenmerkmale „empathy" oder „accurate empathic understanding", „positive regard" und „congruence", die im deutschen Sprachraum zuerst mit „Verbalisierung emotionaler Erlebnisinhalte", „Positive Wertschätzung und emotionale Wärme" und „Echtheit und Selbstkongruenz" bezeichnet wurden (Tausch 1973). Der enge Zusammenhang zwischen einer hohen Ausprägung in diesen drei Therapeutenvariablen und konstruktiven Persönlichkeitsänderungen beim Klienten konnte inzwischen anhand von Hunderten von Untersuchungen an über 1000 Klienten mit den verschiedensten Symptomen statistisch bestätigt werden (vgl. Tausch 1973).
Zusammengefaßt läßt sich das Klientenzentrierte Psychotherapiekonzept folgendermaßen beschreiben: Ausgehend von der Überzeugung, daß der Klient in sich die Fähigkeit hat, sich in konstruktiver Weise zu entwickeln (Rogers bezeichnet dies als *Selbstaktualisierungstendenz*), geht es in der Klientenzentrierten Psychotherapie darum, Bedingungen herzustellen, die dieses Entwicklungspotential aktivieren. Dies geschieht, indem in der psychotherapeutischen Situation zu dem Klienten eine *Beziehung* hergestellt wird,

---

3 Die ursprüngliche Bezeichnung „nichtdirektiv" legte das Mißverständnis nahe, diese Form der Therapie als etwas Statisches anzusehen, als eine Methode, in der die Therapeutin mit einem Minimum an eigener Beteiligung dem Klienten größtenteils nur zuhört. Da die von Rogers konzipierte Therapie- bzw. Beratungsform jedoch ein höchst aktiver und dynamischer Prozeß ist, in dem sich die Therapeutin vermittels bestimmter Einstellungs- und/oder Verhaltensweisen bewußt dem Klienten zuwendet, um so bestimmte Prozesse (z.B. eine Selbstexploration) zu fördern, wurde statt des Ausdrucks „nichtdirektiv" schon bald die Bezeichnung „klientenzentriert" gewählt, ein Begriff, der das Konzept nach Rogers wesentlich treffender kennzeichnet.

die durch die Verwirklichung der von Rogers formulierten Therapeutenmerkmale gekennzeichnet ist. Das heißt:

1. Die Therapeutin tritt dem Klienten als Person gegenüber. Als
   Person, die offen ist für ihr eigenes Erleben und die sich nicht
   hinter einer Rolle „versteckt" (*Echtheit* oder *Kongruenz*).
2. Die Therapeutin achtet den Klienten als Person und bemüht sich
   ihm gegenüber um ein uneingeschränktes Akzeptieren (*Positive
   Wertschätzung*).
3. Die Therapeutin versucht, den Klienten von seinem Bezugspunkt her zu verstehen, d.h., so wie er die Dinge sieht und
   wahrnimmt (*Einfühlendes Verstehen*).

Die systematische Verwirklichung dieser Therapeutenmerkmale
setzt nach Rogers einen therapeutischen *Prozeß* in Gang, in welchem dem Klienten zunehmend Gefühle und Erfahrungen bewußt
werden, die ihm in der Vergangenheit nicht zugänglich waren oder
die er nur verzerrt wahrnehmen konnte, da sie mit seinem *Selbstkonzept* nicht in Einklang zu bringen waren. Ziel der Klientenzentrierten Psychotherapie ist es, diese krankmachenden *Inkongruen-
zen* zwischen dem Selbstkonzept und den Erfahrungen des Klienten
aufzulösen. Das Selbstkonzept des Klienten wird schrittweise reor-
ganisiert, so daß der Klient immer mehr Gefühle und Erfahrungen
in sein Selbstkonzept integrieren kann, d.h. als „zu sich" gehörig
erleben kann. Statt abhängig von rigiden – aus den Bezügen der
Kindheit stammenden – Bewertungsbedingungen zu sein, erfährt er
sich zunehmend als Ort seiner eigenen Bewertung. Rogers betont,
daß die so beschriebene therapeutische Beziehung „keine Vorbereitung auf Veränderung ist, sie ist Veränderung" (Rogers 1972a,
S. 38, weitere Ausführungen hierzu finden sich bei der Darstellung
von Rogers' Persönlichkeitstheorie, s. S. 97ff.).

*(2) Zu den Begriffen „Klientenzentrierte Psychotherapie" –
„Klientenzentrierte Gesprächsführung"*

Ein entscheidendes Kennzeichen des klientenzentrierten Ansatzes
ist es, daß dem Klienten keine Interpretationen, Ratschläge oder
fertige Lösungen angeboten werden, sondern statt dessen die Auseinandersetzung mit emotionalen Prozessen und das Finden neuer
Wege und Betrachtungsweisen gefördert wird. Dies geschieht mit
dem Ziel, den Klienten zu befähigen, auch mit künftigen Problemen

besser fertig zu werden. Rogers (1972a, S. 36) beschreibt diesen Ansatz so:

„Er zielt direkt auf die größere Unabhängigkeit und Integration des Individuums ab, statt zu hoffen, daß sich diese Resultate ergeben, wenn der Berater bei der Lösung des Problems hilft. Das Individuum steht im Mittelpunkt der Betrachtung und nicht das Problem. Das Ziel ist es nicht, ein bestimmtes Problem zu lösen, sondern dem Individuum zu helfen, sich zu entwickeln, so daß es mit dem gegenwärtigen Problem und mit späteren Problemen auf besser integrierte Weise fertig wird. Wenn es genügend Integration gewinnt, um ein Problem unabhängiger, verantwortlicher, weniger gestört und besser organisiert zu bewältigen, dann wird es auch neue Probleme auf diese Weise bewältigen."

Dieses an der *Person* und ihrem *Veränderungspotential* orientierte Vorgehen hat zu einer großen Verbreitung des klientenzentrierten Ansatzes auch außerhalb von therapeutischen Arbeitsfeldern geführt. Rogers wendet sich mit seinem Konzept auch nicht nur an Psychologinnen, sondern an alle Fachleute, die einen großen Teil ihrer Zeit damit verbringen, „durch persönlichen Vis-a-vis-Kontakt einen konstruktiven Wandel der Einstellungen bei ihren Klienten zu bewirken. Ob sie sich Psychologen, Psychiater, Fürsorger, Schul-, Studien-, Ehe- oder Personalberater nennen" (Rogers 1972a, S. 17). Rogers verwendet die Begriffe Beratung (Counseling) und Psychotherapie dementsprechend auch mehr oder weniger austauschbar, da sich beide Bezeichnungen „auf die gleiche grundlegende Methode beziehen – auf eine Reihe direkter Kontakte mit dem Individuum, die darauf abzielen, ihm bei der Änderung seiner Einstellungen und seines Verhaltens zu helfen" (Rogers 1972a, S. 17). Doch wenn sich auch eine intensive, mehrere regelmäßig durchgeführte Gesprächskontakte umfassende Beratung nicht immer eindeutig von einer entsprechenden Psychotherapie trennen läßt, so muß doch davon ausgegangen werden, daß die in der psychosozialen Arbeit Tätige in ihrer Berufspraxis eine Situation vorfindet, in der einerseits häufig die Notwendigkeit besteht, beim Klienten konkrete Einstellungs- und Verhaltensänderungen zu erzielen, dies jedoch andererseits zumeist unter ganz anderen Bedingungen und mit teilweise ganz anders motivierten Klienten, als dies bei der therapeutisch tätigen Psychologin der Fall ist.
So zeichnet sich die Situation einer Beraterin in psychosozialen Aufgabengebieten häufig folgendermaßen aus:

1. auf seiten der Beraterin dadurch, daß sie überwiegend
   - im Rahmen einer Institution arbeitet, die ihr eine ganz bestimmte Funktion zuweist;
   - für den einzelnen Klienten nur eine begrenzte Zeit zur Verfügung hat;
   - die Probleme des Klienten von bestimmten Umweltfaktoren verursacht und aufrechterhalten sieht;
2. auf seiten des Klienten dadurch, daß er überwiegend
   - konkrete Hilfe erwartet;
   - die Schwierigkeiten, in denen er sich befindet, weniger in seiner Person als vielmehr durch äußere Faktoren verursacht und aufrechterhalten sieht und
   - keinen so großen Leidensdruck[4] hat wie jemand, der sich bei einer Psychotherapeutin anmeldet.

In einem Aufsatz, der sich mit dem Versuch einer Abgrenzung von Beratung und Psychotherapie beschäftigt, kommt Esser (1986) zu dem Schluß, daß angesichts der ministeriellen Erlasse zur psychotherapeutischen/heilkundlichen Tätigkeit die politische Situation in der Bundesrepublik Deutschland eine solche Abgrenzung erfordere, diese nach den theoretischen Grundlagen des personenzentrierten Konzepts jedoch nur in *akzentuierender Form* möglich sei. Esser nennt insgesamt 9 Dimensionen, die die verschiedenen *Akzente* von Beratung und Psychotherapie verdeutlichen sollen. Dabei bezieht er sich auf Steffler u. Grant (1972), die Beratung (Counseling) und Psychotherapie als *Endpunkte eines Kontinuums sehen, das fließende Übergänge kennt*, und 5 Dimensionen beschreibt, anhand derer sie Beratung (Counseling)[5] und Psychotherapie charakterisieren.

---

4 Unter Leidensdruck wird hier verstanden, daß der Klient von sich aus motiviert ist, seinen *psychischen* Zustand zu ändern.

5 Esser weist in diesem Zusammenhang darauf hin, daß der amerikanische Begriff „Counseling" nicht unbedingt mit dem deutschen Begriff „Beratung" gleichgesetzt werden kann. Mit „Counseling" ist eher das persönliche Gespräch gemeint, bei dem es um innere Probleme geht, während es sich bei einer Beratung z. B. auch um eine Informationsvermittlung handeln kann (Esser 1986, S. 8).

Dimensionen

		Beratung	Therapie
1–5	nach Steffler/ Grant (1972)		
1	Beschäftigung mit instrumentellem Verhalten	mehr	weniger
2	begrenzte, gegenwärtige Ziele	mehr solche	weniger solche
3	stärker institutionell bedingte Aufgabenstellungen	öfter	weniger oder gar nicht
4	Ausbildung der Fachkräfte	geringer	mehr
5	Normalität der Klienten	stärker	geringer
6–9	nach Esser 1986		
6	Einschränkung der unbedingten Wertschätzung	eher durch Institutionen	eher durch die Person des Betreuers
7	Zeitachse des Problems	eher aktuell	eher Entwicklung
8	Spezialität des Anliegens	eher konkret, inhaltlich klar	eher unbestimmt, inhaltlich offen
9	Erlebnisverarbeitung	eher ganzheitlich ungestört (bei z. T. starken Problemen)	Erleben selbst gestört

(Aus: Esser 1986, S. 16/17)

Für die Anwendung des klientenzentrierten Konzepts in der psychosozialen Praxis läßt sich daraus ableiten, daß diese unterschiedlichen Akzentsetzungen eine Klientenzentrierte Gesprächsführung verlangen, bei der im Sinne einer stärkeren Strukturierung und Themenzentrierung (Gesprächs*führung*) nicht nur auf die innere Erlebniswelt der Klienten eingegangen wird, sondern ebenso auf die Handlungsebene und das konkrete soziale Umfeld, in das Erleben und Verhalten der Klienten eingebettet sind. Wie auf den S. 105 ff. noch eingehender erläutert wird, sind die Rahmenbedingungen, unter denen die jeweilige Beratung stattfindet, ausschlaggebend dafür, ob und in welcher Art und Weise die helfende Person dem Klienten durch die Verwirklichung der klientenzentrierten Grundhaltung helfen kann und ob und inwieweit darüber hinaus differentielle Interventionen erforderlich sind. Prinzipiell erfordern die vielfältigen und teilweise sehr unterschiedlichen Tätigkeitsbereiche und Aufgabenstellungen im sozialen Bereich ein Konzept der Klientenzentrierten Gesprächsführung, das in seiner methodischen Ausprägung den Erfordernissen der jeweiligen spezifischen beruflichen Tätigkeit angepaßt werden kann.

> Ein neuerer, innovativer Beitrag zur Unterscheidung zwischen Klientenzentrierter Psychotherapie und Klientenzentrierter Beratung im Rahmen des Klientenzentrierten Konzeptes stammt von Linster u. Panagiotopoulos (1990). In: Deter, D./Straumann, U. (Hrsg.): Personenzentriert Verstehen – Gesellschaftsbezogen Denken – Verantwortlich Handeln. GwG, Köln 1990, S. 52–84.

(3) Die Klientenzentrierte Gesprächsführung
   im Rahmen der Sozialen Einzelhilfe

Die wesentlichen Prinzipien der klientenzentrierten Methode finden sich in einem klassischen Konzept der Sozialarbeit wieder: der Sozialen Einzelhilfe (social casework), dem „ältesten und am klarsten umrissenen Gebiet der Sozialarbeit" (Roberts u. Nee 1974, S. 11). Wesentliche Kennzeichen der Sozialen Einzelhilfe, die ganz im Einklang mit den Prinzipien des klientenzentrierten Vorgehens stehen, sind:

1. Der Ansatz der Hilfe zur Selbsthilfe, d. h. nicht *für* den Klienten etwas tun, sondern *mit* dem Klienten *gemeinsam* daran arbeiten, die Eigenkräfte des Klienten zu fördern und zu stärken. Der Klient soll zu einer konstruktiven Auseinandersetzung mit seinen Schwierigkeiten angeregt und so befähigt werden, sich selbst zu helfen, selbst zu einer Lösung seiner Probleme zu kommen;
2. die Beziehung zwischen Sozialarbeiterin/Sozialpädagogin (SA/SP) und Klient, die in der Sozialen Einzelhilfe eine zentrale Rolle spielt und

3. die Vernachlässigung der Vergangenheit zugunsten der Gegenwart.

Das einzelne methodische Vorgehen in der Sozialen Einzelhilfe variiert je nach zugrundegelegter theoretischer Ausrichtung. So lassen sich insgesamt vier theoretische Hauptrichtungen unterscheiden: die diagnostische oder psychosoziale, die funktionelle, die problemlösende und die verhaltensverändernde (vgl. Roberts u. Nee 1974).

Stellt man diese einzelnen theoretischen Ausrichtungen dem klientenzentrierten Konzept gegenüber, so fällt die enge Beziehung zwischen dem klientenzentrierten Konzept und der funktionellen Methode der Sozialen Einzelhilfe auf. Diese kommt nicht von ungefähr, denn war die diagnostische Methode, die bis zur Entwicklung der funktionellen Methode vorherrschend war, von der Freudschen Psychoanalyse und einer eher mechanistisch-deterministischen Auffassung vom Menschen geprägt, so wurden die führenden Vertreter der funktionellen Methode wie J. Taft und V. Robinson von Otto Rank, einem Schüler Freuds, beeinflußt, der an der Pennsylvania School of Social Work lehrte und der menschliches Wachstum als Prozeß ansah, den freien Willen des Menschen betonte und die Beziehung zwischen Therapeutin und Klient hervorhob.

Da auch Rogers in starkem Ausmaße von den Thesen Ranks beeinflußt wurde, überrascht es nicht, daß sich zentrale Thesen des klientenzentrierten Ansatzes auch in der funktionellen Methode der Sozialen Einzelhilfe finden (vgl. Smalley 1974). Diese enge Bezugnahme auf die funktionelle Methode, gleichzeitig aber auch die beginnende eigenständige Entwicklung des klientenzentrierten Ansatzes werden durch die folgenden Ausführungen von Rogers verdeutlicht, in denen er seine persönliche Entwicklung anspricht (Jankowski u. a. 1976, S. 33):

„Etwas später verhalf mir eine Sozialarbeiterin, die eine Ausbildung im Rankschen Therapieansatz hatte, zu der Erkenntnis, daß der wirksamste Zugang zum Klienten darin bestand, auf die Gefühle, die Gemütsbewegungen zu lauschen, deren Grundmuster durch die Worte des Klienten erkannt werden konnten. Ich glaube, sie war diejenige, die darauf hinwies, daß die beste Reaktion die war, diese Gefühle dem Klienten widerzuspiegeln – ‚widerspiegeln‘ wurde mit der Zeit ein Wort, das mich dazu brachte, den Kopf einzuziehen. Aber zu jener Zeit brachte es meine Arbeit als Therapeut voran, und ich war dankbar dafür.

36

Dann erfolgte mein Übergang zu einer vollen Universitätsstelle, wo ich mit der Hilfe von Studenten schließlich an die Apparaturen herankommen konnte, um unsere Interviews auf Tonband aufzunehmen. Nicht genug hervorheben kann ich die Aufregung unserer ersten Erfahrungen, als wir uns um die Apparatur drängten, die es uns ermöglichte, uns selbst zuzuhören; wir spielten eine problematische Stelle, an der das Interview offensichtlich falsch lief, oder die Szenen, in denen der Klient offensichtlich weiterkam, immer wieder ab (ich betrachte dies immer noch als den besten Weg, wie man lernen kann, sich als Therapeut zu verbessern). Im Laufe vieler Stunden erkannten wir allmählich, daß das Horchen auf die Gefühle und das ‚Widerspiegeln' dieser Gefühle ein ungemein komplexer Prozeß war. Wir entdeckten, daß wir exakt feststellen konnten, welche Therapeutenäußerung bewirkte, daß ein ergiebiger Strom von bedeutsamen Ausdrucksgehalten oberflächlich und unergiebig wurde. Ebenso konnten wir die Bemerkung ausmachen, die die träge und zusammenhanglose Rede eines Klienten in eine konzentrierte Selbstexploration umschlagen ließ."

Indem Rogers von der Frage ausging: „Ist es möglich, in klar definier- und meßbaren Ausdrücken die psychologischen Bedingungen festzustellen, die sowohl nötig als auch hinreichend sind, um eine konstruktive Persönlichkeitsveränderung herbeizuführen?" (Rogers 1957, S. 95), hat er eine umfassende empirische Fundierung der klientenzentrierten Vorgehensweise eingeleitet, im Laufe derer die wesentlichen Variablen der therapeutischen oder beratenden Beziehung abstrahiert und operationalisiert wurden. Die klientenzentrierte Beziehung wurde durch Tonbandaufnahmen transparenter und durch die Konstruktion spezifischer Skalen trainierbar und kontrollierbarer gemacht. So schreibt Martin (1975, S. 26): „Sogar Rogers' stärkste Kritiker erkennen an (manchmal ungern), daß er das umfangreichste Forschungsprogramm, das je mit einer Schule der Psychotherapie verbunden war, durchgeführt hat und daß er andere dazu angeregt hat, Entsprechendes zu tun. Es könnte eingewandt werden, daß er jetzt diese Auszeichnung mit den Verhaltenstherapeuten teilen muß, aber das Ausmaß und die Qualität der von klientenzentrierten Therapeuten betriebenen Erforschung der realen Therapiesituation sind nicht übertroffen worden."
Versucht man eine Einordnung der Klientenzentrierten Gesprächsführung in die Soziale Einzelhilfe, so stellt sich die Soziale Einzelhilfe, in der die direkte Arbeit mit dem Klienten im Mittelpunkt steht, die darüber hinaus aber auch mit dem sozialen Umfeld des Klienten arbeitet, als übergreifendes Konzept dar, in dessen Rah-

men unterschiedliche methodische Ansätze integriert werden können. Neben dem klientenzentrierten Ansatz sind dies z. B. kommunikationstheoretische Ansätze, der Ansatz der Verhaltensmodifikation, psychoanalytisch orientierte Vorgehensweisen wie auch die konkrete Hilfe bei materiellen und rechtlichen Fragen und/oder die Änderung bestimmter sozialer Umstände, sofern diese für die Probleme des Klienten verantwortlich sind.

Wenn Sie mehr über die Integration des klientenzentrierten Konzepts in die Soziale Einzelhilfe wissen wollen, so finden Sie das bei Gerbis, E.: Das klientenzentrierte Konzept und seine Integration in die Soziale Einzelhilfe. In: Hoffmann, N. (Hrsg.): Therapeutische Methoden in der Sozialarbeit. Otto Müller, Salzburg 1977, S. 15–73. Sehr detailliert wird dieser Aspekt auch bei Alterhoff, G.: Grundlagen klientenzentrierter Beratung. Kohlhammer, Stuttgart 1983, diskutiert.

1 Das klientenzentrierte Konzept

1.1 Echtheit (Kongruenz)

Lernziele

● Hohe und niedrige Ausprägungen der Einstellung „Echtheit" unterscheiden können.

● Erläutern können, was den bisherigen Annahmen zufolge durch „Echtheit" bewirkt wird.

Beschreibung des Merkmals „Echtheit"

„Echtheit" oder „Kongruenz" ist eine der Einstellungen der Therapeutin bzw. Beraterin, die nach Rogers (1957) als notwendige und hinreichende Bedingungen für eine konstruktive Änderung von Klienten anzusehen sind. Wie Rogers auch in neueren Aufsätzen immer wieder betont, ist für ihn „Kongruenz" die „grundlegendste" Bedingung (Rogers 1977, S. 26):

„Dies ist die grundlegendste unter den Einstellungen des Therapeuten, die den positiven Verlauf einer Therapie fördern. Eine Therapie ist mit größter Wahrscheinlichkeit dann erfolgreich, wenn der Therapeut in der Beziehung zu seinem Klienten er selbst ist, ohne sich hinter einer Fassade oder Maske zu verbergen. Der theoretische Ausdruck hierfür ist Kongruenz; er besagt, daß der Therapeut sich dessen, was er erlebt oder leibhaft empfindet, deutlich gewahr wird und daß ihm diese Empfindungen verfügbar sind, so daß er sie dem Klienten mitzuteilen vermag, wenn es angemessen ist. Auf diese Weise ist der Therapeut in der Beziehung transparent für den Klienten und lebt offen die Gefühle und Einstellungen, die ihn im jeweiligen Augenblick durchströmen. Kongruenz bedeutet, daß der Therapeut seiner selbst gewahr ist, daß ihm seine Gefühle und Erfahrungen nicht nur zugänglich sind, sondern daß er sie auch durch sein Sein und Erleben in die Beziehung zum Klienten einbringen kann. Es bedeutet, daß es sich um eine direkte, personale Begegnung mit dem Klienten handelt, eine Begegnung von Person zu Person. Es bedeutet, daß der Therapeut er selbst *ist* und sich nicht verleugnet."

Kongruent sein, so wie es hier beschrieben wird, kann nicht einfach gelernt werden, es geht vielmehr um eine *grundlegende Einstellung*, die sich jedoch durch persönliche Weiterentwicklung, durch ein Sich-selbst-Kennenlernen *erwerben* läßt. In einer Beziehung zu einer anderen Person echt und offen zu sein, erfordert wirkliches Interesse am anderen, es erfordert genug Sicherheit, die oftmals beschützende berufliche Rolle aufzugeben, und es erfordert *zuallererst ein wirkliches Offensein für das eigene Erleben bzw. die Bereitschaft, sich um dieses Offensein zu bemühen.*

Um die Ausprägungen des Merkmals „Echtheit" quantitativ fassen zu können, wurden verschiedene Schätzskalen entwickelt. Diesen Skalen liegt fast allen eine von Truax (1962 a) konzipierte fünfstufige Schätzskala zugrunde (vgl. Tausch 1973). Dabei wird darauf hingewiesen, daß mit so einer Skala natürlich immer nur gemessen werden kann, ob die Therapeutin bzw. Beraterin sich so verhält, daß sie echt erscheint, nicht ob sie wirklich echt ist (vgl. Tausch 1973).

Im folgenden wird eine Skala vorgestellt, die primär für didaktische Zwecke entwickelt wurde (Carkhuff 1969; von Pfeiffer 1977, S. 12 überarbeitet):

„Echtheit (Kongruenz), Transparenz

1. Es bestehen offensichtlich Widersprüche zwischen Erleben und Verhalten des Therapeuten. Er bemüht sich, als Person ungreifbar zu bleiben und lenkt ab, wenn der Klient versucht, sich mit seiner Person zu beschäftigen.
2. Zwar läßt der Therapeut keine Widersprüche zwischen Erleben und Verhalten erkennen, doch ist er in seinem Verhalten ganz von der professionellen Rolle bestimmt. Er akzeptiert zwar, wenn sich der Klient mit seiner Person beschäftigt, läßt das aber nur als Problem des Klienten gelten. Über seine Person gibt er auf Fragen allenfalls kurze Sachinformation.
3. Grundstufe therapeutischer Wirksamkeit.
   Das Verhalten des Therapeuten entspricht seiner persönlichen Besonderheit. Es ist keinerlei Widerspruch zwischen Erleben

und Verhalten erkennbar. Über sein Erleben macht er insofern vorsichtige Mitteilung, als der Klient danach fragt und es die therapeutische Beziehung erfordert.

4. Auch ohne direkten Anstoß durch den Klienten gibt der Therapeut – im Hinblick auf dessen Bedürfnisse – Einblick in sein persönliches Erleben, ob es nun die therapeutische Beziehung betrifft, durch die Selbstexploration des Klienten angeregt wird oder von außerhalb nachwirkt. Er wird auf solche Weise zumindest in den Bereichen, welche die therapeutische Beziehung berühren, in angemessenem Umfang durchsichtig. So teilt er öfter seine Gefühle gegenüber dem Klienten mit und verwendet sie z. B. zur Bearbeitung der therapeutischen Beziehung.

5. Der Therapeut ist spontan in der Interaktion, er gibt freien Einblick in sein Erleben. Das Gespräch wird auf diese Weise zu einer wechselseitigen partnerschaftlichen Interaktion.

Beispiele

Klient: (Nach einer Aggression, die den Therapeuten deutlich irritiert hat.) Sie sehen ja ganz schön mitgenommen aus. Das hätten Sie wohl nicht gedacht, daß ich Ihnen mal so die Meinung sage.

Antworten des Therapeuten:

Stufe 1: Denken Sie, das macht mir etwas aus ...?
Stufe 2: Sie hatten das Bedürfnis, mich zu treffen? Warum eigentlich?
Stufe 3: Ja, das kam schon überraschend. Ich mache mir jetzt Gedanken, was eigentlich die Ursache für diese Aggression war.
Stufe 4: Ich empfand Sie vorhin als geradezu feindselig und war erschrocken, vielleicht auch ein wenig verletzt. Jetzt frage ich mich, was auf Sie so provozierend gewirkt hat.
Stufe 5: (Der Therapeut spricht, sich selbst explorierend): Ich erlebte Sie plötzlich ganz anders als in unseren bisherigen Gesprächen. Ich habe nun ein zwiespältiges Gefühl. Einerseits freut es mich, Sie so eigenwillig und kraftvoll zu sehen, andererseits fühle ich mich verletzt, mißverstanden. Es wäre mir wichtig, wenn wir klären könnten, woraus sich diese Spannung zwischen uns ergeben hat."

Pfeiffer (1977, S. 8) betont – dies gilt auch für die Skala „Positive Wertschätzung" (s. S. 47) – die Bedeutung der Stufe 3, „die eine weitgehend risikofreie, aber für die therapeutische Wirkung zu fordernde Mittellage anzeigt. Die Stufen 1 und 2 sind unzureichend. Die Stufen 4 und 5 können von hohem therapeutischen Wert sein, sie können sich auch negativ auswirken. Dies hängt von der Persönlichkeit des Klienten und des Therapeuten ab, von dem augenblicklichen Kontext, besonders aber vom Stand der Therapie und von der Art der therapeutischen Beziehung. Im Beginn einer Therapie (und durch den beginnenden Therapeuten) ist deshalb zunächst Stufe 3 als Basis anzustreben. Geht der Therapeut über diese Basis hinaus, so soll er sich dessen bewußt sein. Immer handelt es sich darum, den Grad der Intensität zu treffen, der dem Patienten und der augenblicklichen therapeutischen Situation angemessen ist."

Auch Rogers (1977, S. 27) warnt davor, das Konzept mißzuverstehen und weist darauf hin, daß echt sein nicht bedeutet, daß der Therapeut den Klienten mit all seinen Problemen oder Empfindungen belasten soll:

„Dieses Konzept könnte leicht mißverstanden werden. Es besagt gewiß nicht, daß der Therapeut den Klienten mit all seinen Problemen oder Empfindungen belasten soll. Oder daß er mit jeder Regung, die ihm durch den Sinn geht, unbeherrscht herausplatzen soll. Aber er soll die Gefühle, die er erlebt, nicht vor sich selbst verleugnen und Gefühle, die in der Beziehung permanent wiederauftauchen, akzeptieren und auch äußern. Er soll der Versuchung widerstehen, sich hinter einer professionellen Maske zu verbergen."

Die Bedeutung von „Echtheit"

Die Einstellung, dem Klienten gegenüber echt zu sein, ihm als um Offenheit bemühte Person zu begegnen, ist von grundlegender Bedeutung, weil

1. der Klient nur dadurch, daß Sie ihm als Person begegnen, Vertrauen fassen kann, über sich, seine gefühlsmäßigen Erlebnisse und seine Probleme zu sprechen;
2. der Klient nur so angeregt wird, auch in seinem Verhalten offener und echter zu sein, d. h., sich auch traut, schrittweise mehr er selbst zu sein.

Hinweise zur Verwirklichung

Die Forderung, Person zu sein, kongruent zu sein, stellt eine anzustrebende Zielvorstellung dar, deren Verwirklichung immer vom *Beziehungsprozeß* abhängig ist. So wie die Beziehung zum Klienten sich langsam entwickeln muß und auch nicht immer gleich ist, so ist auch „Echtheit" nicht etwas Statisches, sondern ein – je nach Klient, Situation, Rahmenbedingungen und persönlichem Entwicklungsstand – mehr oder weniger erfolgreiches *Bemühen* um Wahrnehmung, Offensein und Klärung der eigenen Gefühle, die der Klient in einem auslöst. *In Ausbildungs- und Supervisionsgruppen sollte daher die Sensibilität für die eigenen Empfindungen immer wieder geschärft werden. Dazu gehört, sich eingehend mit den institutionellen Grenzen, den persönlichen Grenzen und der eigenen Helfermotivation auseinanderzusetzen* (Krenz 1986, Schmidtbauer 1983).

Übungen

1. Überlegen Sie sich Situationen aus dem Alltagsbereich, in denen Personen nicht echt sind, d. h. in denen das, was diese Personen sagen, nicht mit ihren wahren Gedanken und Gefühlen übereinstimmt.
2. Überlegen Sie sich Situationen, in denen es einem leichtfällt, echt und kongruent zu sein.
3. Diskutieren Sie in Kleingruppen, was ein Selbsteinbringen einer Beraterin, d. h. ein Sprechen über ihre momentanen Gefühle in bezug auf den Klienten oder das Problem des Klienten, für Auswirkungen haben mag (auf den Klienten, auf die Beziehung Beraterin/Klient) bzw. in welcher Situation dies angemessen/unangemessen sein mag.
4. Diskutieren Sie – soweit Sie Praxiserfahrung haben –, wann es Ihnen in Ihrer Praxissituation schwerfällt, kongruent zu sein und wann nicht. Versuchen Sie die Bedingungen herauszufinden, die *Sie* brauchen, um Klienten als Person begegnen zu können. Bedingungen von Ihrer Seite aus, von seiten der Institution und Bedingungen, die der Klient erfüllen „muß".

Lernkontrolle

Mit den einzelnen Aufgaben dieser wie auch der nachfolgenden Lernkontrollen sollen Sie überprüfen können, inwieweit Sie die jeweils angegebenen Lernziele erreicht haben. *Da anhand der Aufgaben die wesentlichen Aussagen des Abschnitts noch einmal rekapituliert werden, dient diese Lernkontrolle gleichzeitig der Vertiefung des Lernstoffes.*

Vorbemerkung: Lösen Sie die Aufgaben in der vorgegebenen Reihenfolge, da nachfolgende Aufgaben Lösungshilfen für vorangegangene enthalten können. Dies gilt auch für die noch folgenden Lernkontrollen und ebenso für den Lernzielorientierten Test am Ende der Lernabschnitte.

Aufgabe 1

Ordnen Sie die folgenden 6 Aussagen (Barrett-Lennard 1962, vgl. Tausch 1973) der entsprechenden Ausprägung an Echtheit zu.

A Hohe Ausprägung: _____

B Niedrige Ausprägung: _____

Aussagen:

1. Ich glaube, daß sie (die Beraterin/Therapeutin) Gefühle hat, die unsere Beziehung erschweren und die sie mir gegenüber nicht äußert.
2. Ich spüre, daß sie mir gegenüber eine Rolle spielt oder eine Fassade zeigt.
3. Sie ist ganz offen sie selber in unserem Beziehungsverhältnis.
4. Sie drückt mir gegenüber ihre wahren Eindrücke und Gefühle aus.
5. Was sie mir sagt, gibt oft einen falschen Eindruck von ihren Gedanken und Gefühlen zu diesem Zeitpunkt.
6. Sie ist ungezwungen und fühlt sich wohl in unserem Beziehungsverhältnis.

Aufgabe 2

Kreuzen Sie diejenige(n) Aussage(n) (A–E) an, die zutreffend beschreibt/beschreiben, was den bisherigen Annahmen zufolge durch die Einstellung „Echtheit" bewirkt wird.

44

□ A Der Klient wird offener über sich und seine gefühlsmäßigen Erlebnisse sprechen.

□ B Der Klient wird viel reden.

□ C Der Klient wird weniger Pause machen.

□ D Der Klient wird angeregt, auch in seinem Verhalten offener und kongruenter zu sein.

□ E Der Klient wendet sich vermehrt Gesprächsinhalten zu, die Leute aus seinem Bekanntenkreis betreffen.

. . . .

Lösungen siehe Seite 255

1.2 Positive Wertschätzung

Lernziele

● Hohe Ausprägungen und niedrige Ausprägungen des Merkmals „Positive Wertschätzung" unterscheiden können.

● Wissen, was den bisherigen Annahmen zufolge durch „Positive Wertschätzung" bewirkt wird.

Beschreibung des Merkmals „Positive Wertschätzung"

Neben „Kongruenz" nannte Rogers als weitere notwendige und hinreichende Bedingung für eine konstruktive Änderung des Klienten „Positive Wertschätzung". Dieses Merkmal besagt, daß Sie als Beraterin sich bemühen, dem Klienten eine nicht an Bedingungen gebundene Wertschätzung entgegenzubringen, d. h., der Klient wird von Ihnen akzeptiert und angenommen, unabhängig davon, was der Klient äußert, unabhängig davon, wie der Klient sich gerade gibt. Dieses *uneingeschränkte Akzeptieren* ist ebenso unvereinbar mit einer wertenden, Abneigung oder Mißbilligung ausdrückenden Stellungnahme wie mit einer nur selektiv – je nach Gesprächsinhalt – ausgedrückten Wertschätzung.

Dieses uneingeschränkte Akzeptieren bedeutet nicht, daß Sie allem zustimmen müssen, was der Klient sagt oder tut. Sie können durchaus *inhaltlich* anderer Meinung sein als der Klient, doch muß dieser spüren, daß dies die *Beziehung* nicht beeinträchtigt. Jede angehende klientenzentrierte Beraterin muß sich die Frage stellen, inwieweit sie in der Lage ist – bzw. bereit ist, sich *zu bemühen* –, einen anderen Menschen so zu akzeptieren, wie dieser ist, als ganze Person, mit allen Schwächen und Fehlern. Dies ist nicht nur für die Beziehung Beraterin/Klient, sondern für jede konstruktive zwischenmenschliche Beziehung von zentraler Bedeutung.

Positive Wertschätzung umfaßt auch den emotionalen Bereich: Der Klient muß *spüren* können, daß Sie ihn als Person so annehmen, wie er ist. Darum genügt es nicht, dies dem Klienten durch ein verstehendes Zuhören und entsprechendes Verbalisieren kognitiv zu vermitteln, sondern der Klient muß die „innere Beteiligung" auch emotional erfahren. Schwartz (1975 a, S. 20) beschreibt die „Innere Beteiligung des Psychotherapeuten" so: „Man spürt aus Inhalt und Tonfall der Therapeutenäußerung, daß er sich dem Klienten nicht berufsmäßig zuwendet, sondern daß er echt am Klienten und dessen Problemen interessiert ist; er engagiert sich in hohem Maße." Dies soll im folgenden noch weiter gefaßt werden. Der Klient erfährt anhand von Stimme, Mimik, Gestik und Körperhaltung der Beraterin, daß diese ihm eine nicht an Bedingungen gebundene Wertschätzung und Anteilnahme an seinen Problemen entgegenbringt.

Bedenkt man, daß die nonverbale Kommunikation in einer Dyade eine oft größere Rolle spielt als die verbale Kommunikation (Scherer 1972) und der Klient zudem am Anfang häufig recht unsicher sein wird – mit Gedanken wie „War es überhaupt richtig hierherzukommen?" „Wird die mein Problem überhaupt verstehen?" „Womöglich findet die das einfach lächerlich." –, so wird die zentrale Bedeutung dieses Aspekts klar. Sie müssen sich demzufolge bemühen, Ihre innere Einstellung zum Klienten deutlich zum Ausdruck zu bringen, da der Klient in seiner Situation in starkem Maße auf derartige Signale, die ihm zeigen, daß er akzeptiert wird und Sie an seinen Problemen interessiert sind, angewiesen ist. Ein wichtiger Punkt in den späteren Übungen wird daher sein, daß Sie sich nach einem Rollenspiel Rückmeldung darüber geben, wie Sie ihre jeweilige Partnerin als Beraterin empfunden haben; ob Sie sich von ihr angenommen fühlten oder ob dies nicht der Fall war. Denn, um ein Beispiel zu nennen, wenn sich auch zwei junge Leute sehr lieben, so heißt das noch lange nicht, daß jeder das, was er für den anderen empfindet, auch so mitteilen kann, daß es beim anderen ankommt, denn die Fähigkeit, Gefühle und Empfindungen für den anderen auch *wahrnehmbar auszudrücken*, ist oft „unterentwickelt".

Es wurde versucht, auch die Ausprägungen der Einstellung „Positive Wertschätzung" anhand von Schätzskalen zu operationalisieren. Im folgenden eine Skala von Carkhuff (1969), die von Pfeiffer (1977) bearbeitet wurde. Die Bezeichnung „Emotionales Engagement und nicht an Bedingungen gebundenes Akzeptieren" ist dabei eine sehr treffende alternative Bezeichnung zu „Positive Wertschätzung":

„Emotionales Engagement und nicht an Bedingungen gebundenes Akzeptieren

1. Die emotionale Beziehung des Therapeuten zum Klienten ist von kühler Distanz oder mehr oder weniger deutlicher Ablehnung bestimmt. Der Therapeut stellt sich selbst als allein wertende Instanz dar oder beruft sich auf allgemeine Normen. Person und Verhalten des Klienten wertet er ab oder läßt erkennen, daß er von ihm keinen entscheidenden Beitrag zur Lösung der Probleme erwartet.
2. Der Therapeut läßt Bereitschaft zur emotionalen Zuwendung erkennen, macht sie aber davon abhängig, daß der Klient auf seine Anschauungen und Wertungen eingeht. Er schenkt zwar den Erlebnissen und Zielen des Klienten einige Aufmerksamkeit; entscheidend sind aber für ihn die eigenen Anschauungen und Wertungen.
3. Grundstufe therapeutischer Wirksamkeit.
   Der Therapeut ist dem Klienten gleichbleibend freundlich zugewandt, wobei eine gewisse Distanz gewahrt bleibt. Den Verhaltensweisen und Wertungen des Klienten steht der Therapeut neutral gegenüber, so daß seine freundliche Beziehung zum Klienten von ihnen nicht beeinflußt wird.
4. Deutliches emotionales Engagement des Therapeuten. Hieraus kann es auf dieser Stufe noch zu einer gewissen Bedingtheit der Zuwendung kommen. (Etwa wenn die Beziehung Patient/Therapeut oder der therapeutische Fortschritt in Frage steht.) Im übrigen ist die Achtung für den Patienten als einer in Erleben und Werten eigenständigen Person offensichtlich.
5. Der Therapeut läßt durchweg tiefe Achtung für den persönlichen Wert des Klienten und seine Möglichkeiten erkennen, so daß sich dieser in jeder Hinsicht frei fühlt, er selbst zu sein. Die Beziehung wird auch nicht beeinträchtigt, wenn der Klient unerwünschtes Verhalten zeigt oder sich emotional distanziert. Der

Therapeut ist ernst engagiert, den Klienten bei seiner Selbstfindung zu unterstützen. Gerade deshalb können ihm Gegensätze der Sehweise und der Wertung zum Problem werden, so daß er den Klienten damit konfrontiert, ohne aber dessen Freiheit zu beeinträchtigen.

Beispiele

Klient: Das Pauken fürs Examen erscheint mir als sinnlos. Viel wichtiger ist, daß ich mich für den Erfolg meiner Partei bei den Wahlen einsetze. Das fordert jetzt meine ganze Kraft.

Antworten des Therapeuten:

Stufe 1: Durch Ihre politische Aktivität gehen Sie nur Ihren eigentlichen Aufgaben aus dem Wege. Wenn Sie nicht systematisch nach unserem Plan arbeiten, hat es keinen Zweck, die Therapie fortzusetzen.
Stufe 2: Ich verstehe, daß Sie sich für die politische Entwicklung engagieren. Sie müssen aber einsehen, daß Ihre wirkliche Aufgabe jetzt in der Examensvorbereitung liegt. Ich würde Ihnen vorschlagen, daß Sie mir wöchentlich zweimal über das durchgearbeitete Pensum berichten.
Stufe 3: Sie finden sich da in einem Konflikt zwischen den Anforderungen des Studiums und der politischen Ereignisse. Und Ihnen ist die politische Arbeit so wichtig, daß sie lieber die Examensvorbereitungen unterbrechen.
Stufe 4: Ich versuche, mich in Ihre Situation einzufühlen: Da sehe ich einmal die Anforderungen des Studiums, die Erwartungen der Eltern auf mich gerichtet. Andererseits die politischen Entscheidungen. Des Paukens bin ich so überdrüssig, und bei der Partei kommt es auf mich an...
Stufe 5: Die Parteiarbeit bedeutet jetzt viel mehr für Sie als die Examensvorbereitung, und ich verstehe gut, daß Ihnen das zentral wichtig ist. Es bewegt mich aber auch, wie Sie eine tragfähige Grundlage für Ihre Zukunft schaffen ..." (Pfeiffer 1977, S. 11).

Die Bedeutung der „Positiven Wertschätzung"

Bei der Beurteilung der Bedeutung der „Positiven Wertschätzung" muß berücksichtigt werden, daß diese nicht isoliert gesehen werden

kann, da die Effekte dieses Merkmals kaum von denen der „Echtheit" (s. S. 42) getrennt werden können.
Eine hohe Ausprägung an positiver Wertschätzung hat folgende Auswirkungen auf den Klienten:

1. Es ist ein Grundbedürfnis eines jeden Menschen, akzeptiert und anerkannt zu werden. Für einen Klienten, d. h. in diesem Fall für jemanden, der mit sich selbst unzufrieden ist, der Hilfe braucht oder der von seiner Umwelt mit negativen Werturteilen bedacht wird bzw. abgelehnt wird, für den ist es doppelt wichtig, weil er meist gerade das: Akzeptierung und Anerkennung, am meisten entbehren mußte.

2. Dadurch, daß die Beraterin den Klienten achtet und akzeptiert, wird der Klient schrittweise zu einer größeren Selbstachtung und Akzeptierung der eigenen Person geführt.
Mit Selbstachtung sind die positiven Gefühle, die Achtung und Wertschätzung gemeint, die eine Person für sich selbst empfindet. So ist eine geringe Selbstachtung dadurch charakterisiert, daß eine Person z. B. fühlt und denkt (Tausch u. Tausch 1977, S. 52): „Ich wünschte, ich hätte mehr Achtung vor mir selbst – des öfteren fühle ich mich wirklich nutzlos – ich mag mich selbst nicht leiden – ich habe öfters Angst, daß ich mich nicht richtig verhalten könnte." Dagegen ist eine starke Selbstachtung u. a. durch folgende Erlebnisaussagen charakterisiert: „Ich kann mich selbst gut leiden – ich fühle mich sicher in meinen Beziehungen zu anderen – ich fühle, daß ich eine Anzahl guter Eigenschaften habe."
Diese Selbstachtung wird entscheidend dadurch geprägt, inwieweit ein Mensch von anderen mit Achtung, Wertschätzung und emotionaler Wärme behandelt wird bzw. so akzeptiert wird, wie er ist.
Es hat sich gezeigt, daß diese Selbstachtung ganz entscheidend für eine konstruktive Persönlichkeitsentwicklung wie für das soziale, gefühlsmäßige und intellektuelle Verhalten eines Menschen ist. So stellte sich u. a. heraus, daß häufige geringschätzige pessimistische Selbstäußerungen (z. B. „Mir gelingt doch nichts") bei Jugendlichen und Erwachsenen mit den verschiedensten psychischen Störungen (wie z. B. Neurotizismus, Depression, Gehemmtheit, Selbstaggression) zusammenhingen (Quitmann, Tausch u. Tausch 1974). Ebenso zeigte sich, daß Personen mit geringer Selbstachtung sich eher konformistisch an

Gruppen und Normen anpassen und ein starkes Bedürfnis danach haben, Achtung und soziale Akzeptierung von den Gruppenmitgliedern zu erhalten (Dittes 1959).
Diese Befunde machen deutlich, wie wesentlich gerade in der psychosozialen Praxis eine Verhaltensweise der Beraterin ist, die die Selbstachtung des Klienten fördert.

3. Durch die uneingeschränkt entgegengebrachte Wertschätzung wird dem Klienten die Möglichkeit gegeben, Angst- und Verteidigungsverhalten abzubauen und damit einhergehend offen über alle seine positiven wie negativen Gefühle zu sprechen.

Rogers (1972a, S. 46) schreibt dazu:

„Der Berater akzeptiert und anerkennt die positiven Gefühle, die ausgedrückt werden, auf die gleiche Art, in der er die negativen Gefühle akzeptiert und anerkannt hat. Diese positiven Gefühle werden nicht mit Beifall oder Lob akzeptiert. Moralische Werte gehen in diese Art der Therapie nicht ein. Die positiven Gefühle werden ebenso als Teil der Persönlichkeit akzeptiert wie die negativen. Dieses Akzeptieren sowohl der reifen wie der unreifen Impulse, der aggressiven wie der sozialen Einstellungen, der Schuldgefühle wie der positiven Äußerungen bietet dem Individuum zum ersten Mal in seinem Leben Gelegenheit, sich so zu verstehen, wie es ist. Es hat nicht mehr das Bedürfnis, seine negativen Gefühle zu verteidigen. Es hat keine Gelegenheit, seine positiven Gefühle überzubewerten. Und in dieser Situation treten Einsicht und Selbstverstehen spontan zutage. Wer selbst nie diese Entwicklung von Einsicht beobachtet hat, wird schwerlich glauben, daß Individuen sich selbst und ihre Strukturen so wirkungsvoll erkennen können."

Hinweise zur Verwirklichung

Dieker u. Müller (1986) stellten fest, daß es eine ganze Anzahl gut identifizierbarer und durchaus erlernbarer Verhaltensweisen gibt, die positive Wertschätzung als erlernbare therapeutische Kompetenz darstellen. Dabei geht es selbstverständlich nicht darum, diese Verhaltensweisen einfach zu trainieren, sondern über das eigene Erleben sich, seinen Körper und den Klienten differenzierter und bewußter wahrzunehmen. Die Autoren nennen verschiedene Kategorien von Verhaltensweisen – mit jeweils sehr vielen Beispielen, von denen hier nur einige wenige angeführt werden können –, die es erleichtern sollen, positive Wertschätzung zu erlernen. Sie unterscheiden (1986, S. 31f.):

(1) Verhaltensweisen, die unbedingte positive Wertschätzung unmittelbar ausdrücken bzw. fördern, z. B.

- Erfahrungen und Modelle verwenden: Ich stelle mir vor, ob ich die Situation des Klienten kenne, ob es mir auch einmal so ergangen ist, oder ich versuche mir jemanden zu vergegenwärtigen oder schaue jemanden an, der sehr gut diese positive Wertschätzung verwirklichen kann;
- den Klienten spielen: Ich stelle mir vor, daß ich den Klienten, so wie ich ihn erlebe, in der Supervisionsgruppe vorspiele.

(2) Verhaltensweisen, die über mehr Kongruenz zu unbedingter positiver Wertschätzung führen, z. B.

- sich seinen Istzustand zugestehen und akzeptieren, was vorhanden ist;
- unklaren Leistungsdruck abbauen.

(3) Fördernde Verhaltensweisen aus dem Bereich des einfühlenden Verstehens, z. B.

- Vertrautes suchen und sich nicht sofort unter Druck zu setzen, den Klienten gleich verstehen zu wollen;
- den Klienten in nichttherapeutischen Situationen erleben.

Biermann-Ratjen u. a. (1989, S. 21) betonen, daß die positive Wertschätzung in erster Linie vom *Verstehen* des Klienten abhängig ist und sie auch nur dann therapeutisch wirksam ist, wenn sie vom Verstehen begleitet ist. Schwierigkeiten, den Klienten zu akzeptieren, anzunehmen, signalisieren Ihnen danach ganz deutlich, daß Sie den Klienten nicht richtig verstehen (s. hierzu auch die Ausführungen unter 1.3). Die Konsequenz wäre zu versuchen, sich noch besser in den Klienten einzufühlen, um über ein *besseres Verstehen* auch zu mehr Wertschätzung zu gelangen.
Die Forderung, dem Klienten jeweils mit emotionalem Engagement und uneingeschränktem Akzeptieren gegenüberzutreten, muß als Ziel, als anzustrebendes Ideal angesehen werden, das – auch, wenn Sie sich sehr bemühen – nicht immer in gleichem Maße zu verwirklichen ist. Ärger, Arbeitsüberlastung, persönliche Probleme, all diese Faktoren können Sie daran hindern, sich ganz auf

einen Klienten einzustellen, ihn zu verstehen und damit auch besser anzunehmen.

Wichtig ist, daß Sie sich bewußt machen, inwieweit Sie einen Klienten akzeptieren und annehmen können. Dies setzt als ersten Schritt voraus, daß sie Gefühlen möglichst offen gegenüberstehen bzw. daß Sie gelernt haben, Ihre Wünsche und Gefühle wahrzunehmen. Nur so kann es zu einem *Loslassen aller Bewertungen* kommen.

Übungen

1. Stellen Sie sich folgende Situation vor:

Ein Klient, ca. 54 Jahre alt, von Beruf Kraftfahrzeugschlosser, schildert Ihnen, daß er seit mehr als zehn Jahren in ein und demselben Autowerk gearbeitet hat und nun entlassen worden ist, weil er dabei entdeckt wurde, wie er Ersatzteile für sein Auto aus dem Werk „mitgehen ließ". Jetzt beklagt sich der Klient bitter darüber, daß er 1. gleich entlassen wurde und 2. nun schon vier Wochen arbeitslos ist und noch keine Stelle gefunden hat.

Aufgabe:

a) Sammeln Sie so viele spontane Erwiderungen wie möglich, die *gar keine* oder *nur wenig* positive Wertschätzung erkennen lassen (Stufe 1 und 2 auf der Carkhuff-Skala, s. S. 47).

b) Sammeln Sie spontane Erwiderungen, die eine positive Wertschätzung erkennen lassen (Stufe 3, 4 oder 5 auf der Skala von Carkhuff).

2. Diskutieren Sie (evtl. in Kleingruppen (2–4 Personen)) darüber, welche Schwierigkeiten Sie sehen, in Ihrem Berufsfeld emotionales Engagement und nicht an Bedingungen gebundenes Akzeptieren zu verwirklichen.

Denkanstöße: Was mache ich,

– wenn der Klient – durch negative Erfahrungen mißtrauisch geworden – meine Wertschätzung für eine neue „Masche" hält?
– wenn der Klient sich nicht mehr lösen mag, weil er endlich jemanden gefunden hat, der ihm die so lang entbehrte akzeptierende Zuwendung gibt?

– wenn meine Art, wertschätzend zu sein, in Konflikt gerät mit einer eventuellen Kontrollfunktion, die ich im Rahmen einer Institution auszuüben habe?

Lernkontrolle

Aufgabe 1

Ordnen Sie die folgenden zehn Aussagen von Klienten über das Verhalten ihrer Therapeutin (Barrett-Lennard 1962, vgl. Tausch 1973) jeweils der entsprechenden Ausprägung an positiver Wertschätzung zu.

A Hohe Ausprägung: _____

B Niedrige Ausprägung: _____

Aussagen:

1. Sie (die Beraterin/Therapeutin) achtet mich als Person.
2. Sie toleriert mich gerade so.
3. Ihre Gefühle zu mir hängen nicht davon ab, wie ich ihr gegenüber empfinde.
4. Ich glaube nicht, daß irgend etwas, was ich sage oder tue, wirklich die Art ändert, wie sie mir gegenüber empfindet.
5. Ihr Interesse an mir wechselt, je nachdem, was ich sage oder tue.
6. Sie möchte, daß ich eine bestimmte Art von Persönlichkeit bin.
7. Sie ist besorgt um mich.
8. Was andere Leute von mir denken, beeinflußt ihre Gefühle mir gegenüber (oder würde es beeinflussen, wenn sie es wüßte).
9. Ich kann oder könnte ihr offen Kritik oder Wertschätzung entgegenbringen, ohne dadurch ihre Gefühle zu mir wirklich zu ändern.
10. Sie ist ehrlich an mir interessiert.

Aufgabe 2

Kreuzen Sie diejenige(n) Aussage(n) (A–C) an, die zutreffend beschreibt/beschreiben, was den bisherigen Annahmen zufolge durch „Positive Wertschätzung" auf seiten des Klienten bewirkt wird.

☐ A Größere Selbstachtung und Akzeptierung seiner Person.
☐ B Verminderung von Gefühlen der Bedrohung und von Verteidigungshaltungen.
☐ C Befriedigung des Bedürfnisses des Klienten nach Anerkennung und Wertschätzung.

Lösungen siehe Seite 256

1.3 Einfühlendes Verstehen

Lernziele

● Von den Kommunikationskanälen, über die die Beraterin Informationen über den Klienten erhält, zwei nennen können.

● Hohe und niedrige Ausprägungen des Merkmals „Einfühlendes Verstehen" unterscheiden können.

● Angeben können, wie „Einfühlendes Verstehen" operationalisiert ist.

● Vorgegebene Therapeutenäußerungen anhand einer Skala in bezug auf das Ausmaß des „Einfühlenden Verstehens" einschätzen können.

● Aus vorgegebenen Äußerungen diejenige Aussage identifizieren können, die in höchstem Ausmaß „einfühlendes Verstehen" erkennen läßt.

Bevor das dritte, von Rogers formulierte Merkmal, das „einfühlende Verstehen", näher beschrieben wird, soll kurz auf eine Grundbedingung eines jeden helfenden Gesprächs eingegangen werden: das richtige *Zuhören*.

Um das emotionale Empfinden des Klienten aufzunehmen, stehen Ihnen mehrere Kommunikationskanäle zur Verfügung. Die wichtigsten sind: *akustisch* müssen Sie auf den Inhalt, d. h. speziell auf den emotionalen Inhalt, achten, ebenso aber auch auf immer wiederkehrende Worte, Sätze oder einen evtl. sichtbaren „roten Faden". Daneben müssen auch der Tonfall, das Sprechtempo und Sprechpausen registriert werden. Gleichzeitig müssen Sie *visuell* auf die Mimik und Gestik des Klienten achten, um festzustellen, ob das verbale Verhalten des Klienten (z. B. stockendes Sprechen) durch entsprechende nichtverbale Signale (z. B. unruhiges Hin- und Herrutschen auf dem Stuhl, gespannte Gesichtsmuskulatur) ergänzt wird und Sie somit recht eindeutige Informationen über das emotionale Empfinden des Klienten erhalten, oder ob sog. Kanaldiskrepanzen (Scherer 1972) auftreten. Darunter versteht man, daß zwei oder mehrere Kommunikationskanäle diskrepante, d. h. sich widersprechende Informationen liefern. Dies ist z. B. der Fall, wenn der Klient davon berichtet, wie stark ihn der eine oder andere Vorfall verletzt hat (verbale Signale), und gleichzeitig die Beraterin lächelnd und entspannt anschaut (nichtverbale Signale). In solch einem Fall sollten Sie die Diskrepanz in den beiden Kommunikationskanälen aufgreifen (z. B.: „Irgendwie können sie das jetzt gar nicht mehr so nachempfinden), um herauszubekommen, welcher Kommunikationskanal im Moment am ehesten das emotionale Empfinden des Klienten widerspiegelt.

Nur wenn Sie akustisch und visuell alle vom Klienten ausgesandten Signale aufnehmen und *nicht* zeitweilig innerlich abschalten, Ihre Gedanken schweifen lassen oder noch über eine Aussage nachdenken, während der Klient schon wieder weitergegangen ist, nur wenn Sie dem Klienten so wirklich zuhören und ihn nicht gleich mit Interpretationen oder Ratschlägen unterbrechen, nur so werden Sie das ganze momentane emotionale Empfinden des Klienten aufnehmen können und den Klienten aus seinem Bezugsrahmen heraus verstehen lernen.

Wie die Realisierung von positiver Wertschätzung und Kongruenz, so ist auch ein konzentriertes verstehendes Zuhören in erster Linie eine Einstellungsfrage. Haben die Meinungen, Einstellungen und Erfahrungen des Klienten wirklich Bedeutung für Sie, so wird es primär eine *Übungssache* sein, über eine längere Zeit hinweg konzentriert zuzuhören, auf alle Signale zu achten und nicht abzuschweifen. Eine Beraterin, die darauf „brennt", *ihr Wissen* anzubringen, wird schwerlich ein verstehendes Zuhören praktizieren können.

Beschreibung des Merkmals „Einfühlendes Verstehen"

Einfühlendes Verstehen[6] heißt nach Rogers, daß Sie versuchen, *sich in das Erleben des anderen einzufühlen.* Sie bemühen sich, die Gefühle und Empfindungen des Klienten von dessen Bezugsrahmen her – d.h. so wie dieser sie wahrnimmt – zu verstehen und dem Klienten dies Verstandene möglichst präzise und konkret mitzuteilen. Dabei werden nicht nur die Emotionen aufgegriffen, die dem Klienten direkt zugänglich sind, die er explizit nennt, sondern auch die *„eben am Rande der Gewahrwerdung auftauchenden Sinngehalte"* (Rogers 1977, S. 21), d.h. Empfindungen, die der Klient vielleicht irgendwie spürt, die er vielleicht andeutet, die er aber noch nicht in Worte fassen kann.

Stellt man sich vor, wie mühsam es oft ist, einem anderen seinen Standpunkt, seine Meinung zu einem Problem verständlich zu machen, dann wird klar, daß *Einfühlung* in Diskussionen nicht sehr häufig ist. Meist liefert man sich *Wortgefechte*, ohne darauf einzugehen, was für eine *persönliche emotionale Bedeutung* der Gesprächspartner mit dem Gesagten verbindet. So dauert es oft lange oder tritt gar nicht ein, daß sich der einzelne Gesprächsteilnehmer völlig verstanden fühlt.

Viele Konflikte liegen im emotionalen Bereich und lassen sich daher auch nicht intellektuell oder rational lösen. Vielmehr muß der Klient auf der emotionalen Ebene zu einer Lösung seines Problems kommen. Da ein und dasselbe Ereignis bei jedem einzelnen Individuum ganz verschiedene Empfindungen, Assoziationen und Erinnerungen auslöst, d.h., jeder hat seine spezifische, von der individuellen Lebensgeschichte geprägte Wahrnehmung, ist man oft eine „Gefangene" dieser subjektiven Wahrnehmung: man grübelt so und so oft über ein Problem nach und kommt – da man das Problem immer wieder von derselben Seite her sieht – nicht einen Schritt weiter.

Indem Sie sich jeweils auf die gefühlsmäßigen Empfindungen (Vor-

---

6 Im deutschsprachigen Raum wurde diese von Rogers „empathy" oder „accurate emphatic understanding" genannte Variable unter der Bezeichnung „Verbalisierung emotionaler Erlebnisinhalte" eingeführt und operationalisiert. Da der Begriff „Einfühlendes Verstehen" umfassender ist als der Begriff „Verbalisierung emotionaler Erlebnisinhalte" (sowohl von der Wortbedeutung her als auch von der Definition Rogers' her), wurde hier dieser Ausdruck gewählt. Eine andere häufig gebrauchte Bezeichnung für dieses Therapeutenmerkmal ist „Empathie".

stellungen, Einstellungen, Werte) des Klienten konzentrieren und versuchen, diese vom Bezugspunkt des Klienten her zu verstehen und dem Klienten dies so Verstandene möglichst präzise (accurate emphatic understanding) mitzuteilen, nimmt der Klient diese Empfindungen aus einer gewissen Distanz heraus wahr, die es ihm ermöglicht, gewisse Einstellungen und Werthaltungen in Frage zu stellen – ähnlich wie jemand, der seine Empfindungen in Briefen oder in einem Tagebuch niederschreibt und auch dadurch das Erlebte aus einer gewissen Distanz heraus sieht und es besser verarbeiten kann.

In der intensiven Kommunikation mit der Gesprächspartnerin wird der Klient so ständig angeregt, sich mit den mit seinem Erleben verbundenen Gefühlen und Empfindungen auseinanderzusetzen und durch ein Abwägen, Differenzieren und Konkretisieren seiner Wünsche und Ziele schrittweise zu einer Klärung seiner Konflikte zu kommen.

Wichtig ist dabei, daß Sie Ihre Äußerungen nie als *Feststellung* aussprechen, sondern – *fast fragend formuliert* – als *Angebot*, den Klienten zu verstehen. Schwartz (1975 a, S. 20) beschreibt den „Frageton" so: „Der Therapeut hebt am Ende seiner Äußerung die Stimme; seine Formulierungen klingen fragend und tastend, wenig bestimmt und feststellend. Die Sätze werden zum Teil nicht zu Ende geführt und verklingen oft mit einer Konjunktion (oder ..., und ...)." Dieser fragende Tonfall ist sehr wichtig, denn einziges Kriterium für die „Richtigkeit" der Berateräußerung ist der Klient und nicht ein übergeordnetes theoretisches Modell, das angibt, was diese oder jene Reaktion in einer bestimmten Situation bedeutet. Allein der Klient kann sagen, ob Ihre Äußerung auf seine Empfindungen zutrifft oder nicht. Damit der Klient aber ständig aktiv mitarbeitet, Ihre Erwiderungen und damit seine Empfindungen Schritt für Schritt reflektiert und differenziert, ist es unbedingt notwendig, daß Sie Ihre Äußerungen immer fragend, offenlassend formulieren.

Zur operationalen Definition des „Einfühlenden Verstehens" gibt es mehrere Merkmalsskalen von Truax (1961) und Carkhuff (1969), anhand derer protokollierte Gesprächsausschnitte hinsichtlich ihrer Ausprägung in bezug auf dieses Merkmal eingeschätzt werden können. Im folgenden eine Skala von Truax, die von Tausch und Mitarbeitern überarbeitet wurde. Bei dieser Skala geht es darum, festzustellen, inwieweit die Therapeutin die Gefühle, die der Klient mit dem Gesagten verbindet, anspricht. Tausch nennt diese Gefühle

„emotionale Erlebnisinhalte" und meint damit genau „Gefühle, gefühlsmäßige Bewertung von Ereignissen, Wünschen, Interessen, Erleben der eigenen Person und Erleben der Wirkung der eigenen Person auf andere Menschen" (Tausch 1973, S. 82f.):

„Verbalisierung persönlich-emotionaler Erlebnisinhalte des Klienten durch den Psychotherapeuten

Stufe 2: Keine Verbalisierung der vom Klienten ausgedrückten persönlich-emotionalen Inhalte des Erlebens durch den Psychotherapeuten. Auch keine Äußerungen des Psychotherapeuten über die vom Klienten vorgebrachten Sachverhalte. Die Äußerung besteht etwa aus einer Belehrung oder Ermahnung.

Stufe 3

Stufe 4: Keine Verbalisierung der vom Klienten ausgedrückten persönlich-emotionalen Inhalte des Erlebens durch den Psychotherapeuten. Jedoch Äußerungen über irgendwelche vom Klienten vorgebrachten äußeren Sachverhalte.

Stufe 5

Stufe 6: Verbalisierung eines oder einiger nebensächlicher vom Klienten ausgedrückten Erlebnisinhalte. Es werden *nicht* diejenigen Erlebnisinhalte vom Psychotherapeuten verbalisiert, auf die der Klient in seiner Äußerung das Hauptgewicht legte; z. B. bezieht sich der Psychotherapeut ausschließlich auf einen Inhalt, den der Klient nur als Beispiel für den Hauptinhalt des Erlebens brachte.

Stufe 7

Stufe 8: Verbalisierung eines Teiles der wesentlichen, vom Klienten ausgedrückten persönlich-emotionalen Inhalte des Erlebens durch den Psychotherapeuten. – Es fehlen aber andere wesentliche Erlebnisinhalte.

Stufe 9

Stufe 10: Verbalisierung des überwiegenden Teiles der wesentlichen, vom Klienten ausgedrückten persönlich-emotionalen Inhalte des Erlebens durch den Psychotherapeuten; es sind aber noch nicht alle wesentlichen Erlebnisinhalte berücksichtigt.

Stufe 11

Stufe 12: Verbalisierung in genauer Form aller wesentlichen vom Klienten geäußerten persönlich-emotionalen Inhalte des Erlebens durch den Psychotherapeuten.

Beispiele zu den Stufen der Skala

Die folgenden Beispiele sollen der Veranschaulichung der Stufendefinitionen dienen; neben den Stufenangaben in Klammern der Mittelwert der Einstufung von 13 Beurteilern.

Stufe 2 (2.0)

Kl: ,Ja ... und ich meine: wer mich nicht näher kennt, da gibt es so sehr, sehr viele, die mich eben ablehnen. – Und ich sage dann immer, inwiefern habe ich denn dazu beigetragen? Ich weiß es nicht.'

Ps: ,Sie werden sich eben entsprechend verhalten.'

Stufe 4 (4.0)

Kl: ,Und das wurde mir dann von den anderen sehr übelgenommen. Also ich war sozusagen eben nicht gesellschaftsfähig. Und meine Mutter hat jetzt kürzlich mal zu meinem Bruder gesagt: Sie ist ja auch immer auf diesen Nestern. – Ich bin mit neunzehn Jahren Schulhelferin geworden, und dann war ich immer auf Nestern. Ich war immer allein, und ich hatte keinen mir ebenbürtigen Menschen, mit dem ich verkehren konnte.'

Ps: ,Sie haben lange Zeit Ihres Lebens auf Dörfern zugebracht.'

Stufe 6 (ca. 6.0)

Kl: ,Ja, ja. (Ps: Mhm) Da könnte man vielleicht sogar zu dem Entschluß kommen, daß mir zwei Seelen in einer Brust wohnen, ich würde sagen: zwei Persönlichkeiten in mir, und die sich eben – die beiden – nicht vertragen, aneinander geraten. (Ps: Ja) Wenn ich doch einmal so bin, wie ich eigentlich in Wirklichkeit bin, unter Kameraden oder am Telefon: nicht überheblich, nicht überspannt, nicht wahr? Einfach höflich...'

Ps: ,Sie reagieren, wie es Ihnen einkommt.'

Stufe 8 (8.6)

Kl: ,Ja, aber ich hab' ... irgendwie gedrückt war ich – die ganze Zeit irgendwie gedrückter Stimmung, nicht wahr. Und ich konnte mich über nichts aufregen groß und war auch über nichts enttäuscht – so ungefähr. Ich weiß – weiß – weiß nicht, ob das so 'ne Stimmung jetzt ist, nicht wahr, ich war leidenschaftslos, ziemlich kalt, nicht wahr? Das ist mir auch aufgefallen. Ich dachte mir, das könnte ich auch sagen, daß ich meine Eltern sehe ... und ja – ganz sachlich – nicht wahr, ... weil ich sprechen konnte.'

Ps: ,Sie fühlten, daß Sie weniger gefühlsmäßig da waren –'

Stufe 10 (10.8)

Kl: ‚Ja, genau, mhm. – (Pause) – Ich hab' nicht einmal Lust, irgendwelche Sachen zu versuchen. Ich meine, wenn ich zu einer Arbeit gehe oder so – ich – also – – habe ich das Gefühl, daß ich versagen werde. Es ist schrecklich, aber –'

Ps: ‚Es kommt Ihnen so vor, als wären Sie schon geschlagen, bevor Sie anfangen. Und dieses Gefühl lähmt Sie.'"

Biermann-Ratjen, Eckert u. Schwarz (1989) machen darauf aufmerksam, daß es bei der Verbalisierung emotionaler Erlebnisinhalte nicht nur darum gehen kann, die geäußerten Gefühle des Klienten aufzugreifen, sondern „daß die Verbalisierung der *Bewertungen* (u. a. gefühlsmäßige) der inneren Erfahrungen eindeutig den Vorrang vor der Verbalisierung der Erfahrung selbst haben sollte" (S. 17), und an anderer Stelle (S. 96): „Die wesentlichen persönlich-emotionalen Inhalte des Erlebens des Klienten sind seine Gefühle, vor allem aber seine Stellungnahme zu diesen Gefühlen."

Für die *Beratung* hebt Sander (1982, S. 85) die *orientierende Funktion* von einfühlendem Verstehen hervor:

„Wir sind der Meinung, daß in der Literatur zum klientenzentrierten Konzept die Funktion einfühlend verstehender Äußerungen des Beraters nicht immer angemessen dargestellt wurde. So ist einfühlendes Verstehen des Beraters von seiner Funktion her nicht nur in der Lage, das Gefühl von Verstandensein zu vermitteln und Sensibilisierungsprozesse für internale Erlebensvorgänge anzuregen, sondern dient auch der Schärfung und Präzisierung der Wahrnehmung ‚nach außen'. So hat die Berateräußerung ‚Du fühlst dich dann sehr niedergeschlagen' eine verstehende und bestätigende Funktion, während die Äußerung ‚Du fühlst dich sehr niedergeschlagen, wenn dich jemand von deinen Kollegen lobt, und dann gleichgültiger, wenn dich deine Kollegen wie üblich kritisieren' eine stärker sensibilisierende Funktion im Hinblick auf *Klärung einer Beziehungssituation*[7] hat."

Das Merkmal „Einfühlendes Verstehen" hat wie kein anderes Element des klientenzentrierten Konzeptes zu Mißverständnissen geführt. So ist eine Vorstellung, daß die Klientenzentrierte Therapie eine Verbalisationstechnik sei, in der die Aktivität der Therapeutin sich darauf beschränke, dann und wann das vom Klienten Gesagte „papageienhaft" zu wiederholen. Dies soll im folgenden korrigiert werden.

---

7 Hervorhebung von der Verfasserin.

(1) Zur Verbalisierungs„technik"

Unter dem klientenzentrierten Konzept wird hier nicht eine Methode oder Technik verstanden, vielmehr eine Einstellung, die durch Techniken und Methoden, die mit dieser Einstellung übereinstimmen, in konkrete Hilfe umgesetzt wird. „Nach unserer Erfahrung ist ein Berater, der versucht, eine Methode anzuwenden, zum Mißerfolg verurteilt, solange diese Methode nicht mit seinen eigenen Grundeinstellungen übereinstimmt" (Rogers 1972b, S. 34). Das einfühlende Verstehen hat sich dabei auf empirischem Wege als die Methode herauskristallisiert, die einhergehend mit positiver Wertschätzung und Kongruenz dem Klienten in höchstem Maße hilft, sich und seine Probleme differenzierter wahrzunehmen und zu einer Lösung seiner Konflikte zu kommen.

Daß sich die Technik der Verbalisierung der wesentlichen Gefühle des Klienten mit zunehmender Verbreitung des klientenzentrierten Konzepts teilweise verselbständigt hat, war von Rogers nicht vorauszusehen, auch nicht beabsichtigt und ist durch empirische Untersuchungen auch keinesfalls zu rechtfertigen (Schwarz 1975b). Rogers schreibt dazu (1976, S. 34):

„Aber diese Neigung, die Therapeutenantworten in den Mittelpunkt zu stellen, hatte Konsequenzen, die mich erschreckten. Ich war auf Feindseligkeiten gestoßen, aber diese Reaktionen waren schlimmer. Die ganze Methode wurde nach einigen Jahren als eine Technik verstanden. ,Nondirektive Therapie', wurde behauptet, ,ist die Technik des Widerspiegelns der Gefühle des Klienten'. Eine noch üblere Karikatur war: ,In der nondirektiven Therapie wiederholt man die letzten Worte, die der Klient gesprochen hat.' Ich war so schockiert über diese vollständig verzerrte Darstellung unserer Methode, daß ich ein paar Jahre lang fast gar nichts über einfühlendes Zuhören sagte, und wenn doch, dann um eine empathische Haltung hervorzuheben, und ich äußerte mich kaum dazu, wie diese in Beziehung zum Klienten eingebracht werden konnte. Ich diskutierte lieber die Merkmale ,Wertschätzung' und ,Kongruenz' (Echtheit) des Therapeuten; ich nahm an, daß diese zusammen mit der Einfühlung den therapeutischen Prozeß förderten. Auch sie wurden häufig mißverstanden, aber wenigstens nicht karikiert."

(2) Zur angeblich passiven Rolle der Therapeutin

Die Therapeutin in der Klientenzentrierten Psychotherapie ist keinesfalls passiv, da ein passives Verhalten mit Sicherheit frustrierend auf den Klienten wirken würde, der sich ja eine Hilfe von der Therapeutin erwartet. Nur wenn der Klient wirklich spürt, daß die Therapeutin *aktiv bemüht* ist, seine Gefühle, Wünsche und Einstellungen nachzuvollziehen und in seiner Bedeutung für den Klienten zu erfassen, nur dann wird der Klient darin bestärkt, sich mit seinen gefühlsmäßigen Prozessen auseinanderzusetzen, diese zu differenzieren und aktiv nach einer Lösung zu suchen. Die intensive Zuwendung, das starke Engagement der Therapeutin bestärken den Klienten in seinem Selbstvertrauen.

Schriftlich fixierte Gesprächsausschnitte der Klientenzentrierten Gesprächspsychotherapie tragen sicher ihren Teil dazu bei, daß der Eindruck der passiven, papageienhaften Therapie entsteht, da in diesen Gesprächsausschnitten die Dynamik der zwischenmenschlichen Beziehung völlig verlorengeht.

Die Bedeutung von „Einfühlendem Verstehen"[8]

Zusammengefaßt besteht die Bedeutung des „einfühlenden Verstehens" für den Klienten im folgenden:

- Der Klient erfährt von Ihnen keine Belehrungen, Bewertungen und Kritik und wird so befähigt, angstfrei und ohne Abwehrmaßnahmen über seine Gefühle und Konflikte zu sprechen, sie abzuwägen und sich um eine Klärung zu bemühen (= Selbstexploration des Klienten, s. S. 84).
- Obwohl Sie keine Ratschläge anbieten, erlebt der Klient, daß Sie ihm aktiv zugewandt sind und großen Anteil an seiner Person und seinen Emotionen nehmen.
- Der Klient erlebt Sie als Modell für einen offenen und entspannten Umgang mit gefühlsmäßigen Erlebnisinhalten.
- Sie können den Klienten über ein wirkliches Verstehen auch viel eher akzeptieren.

---

8 *Anmerkung:* „Einfühlendes Verstehen" kann in den folgenden Ausführungen nicht isoliert gesehen werden, sondern immer nur in Zusammenhang mit einer hohen Ausprägung in „Positiver Wertschätzung" und „Echtheit".

Hinweise zur Verwirklichung

Diese Sensibilität, die Empfindungen eines anderen zu spüren, findet sich in unterschiedlicher Ausprägung bei allen Menschen, sie hat nichts mit intellektueller Begabung zu tun. Dem einen wird es leichter fallen, ein anderer wird sich darin schwerer tun und deshalb im Beruf auch lieber eine andere, vielleicht direktivere, Methode wählen. Bis zu einem gewissen Ausmaß sollte jedoch jeder einzelne üben, sich auf einen Gesprächspartner einzustellen und zu lernen, dessen *Empfindungen wahrzunehmen.* Zwischenmenschliche Beziehungen in allen Bereichen könnten so wesentlich verbessert werden.

Da es beim einfühlenden Verstehen in erster Linie darum geht, den Klienten aus seiner Sichtweise heraus zu verstehen, d. h. sich permanent die Frage zu stellen: „Wie sieht der Klient das?" ist die Gefahr, daß persönliche Vorurteile, Wertungen oder Konflikte in die Gesprächssituation hereingebracht werden, weniger groß als bei einer Methode, bei der die zentrale Frage ist: „Wie sehe ich das? Wie verstehe ich das Material?" Der eher fragende Tonfall trägt ebenfalls dazu bei, daß der Klient auf seine Empfindungen nicht zutreffende Äußerungen korrigiert bzw. differenziert.

Übungen zum „Zuhören"

1. Sammeln Sie Signale, die verbal ein konzentriertes Zuhören ausdrücken.
2. Sammeln Sie Signale, die nonverbal ein konzentriertes Zuhören ausdrücken.
3. Probieren Sie in 2er-Gruppen verschiedene Sitzhaltungen aus, die mehr oder weniger deutlich ein aufmerksames Zuhören zeigen. Drücken Sie Interesse und Desinteresse mit Mimik, Gestik und Körperhaltung aus.
4. Streitgespräch[9]:

Instruktion: Teilen Sie sich in 2er-Gruppen auf und überlegen Sie gemeinsam ein Thema, zu dem Sie unterschiedliche Meinungen haben.

Themenvorschläge: Politik und politische Einstellung; umstrittene aktuelle Gesetze. Sozialer Bereich: die therapeutische Verantwor-

---

9 Nach Antons (1973).

tung in der psychosozialen Arbeit, Leben in einer Wohngemeinschaft. Hochschulbereich: Notwendigkeit von Prüfungen, mündliche oder schriftliche Prüfungen.

Wenn Sie sich auf ein „kontroverses Thema" geeinigt haben, dann diskutieren Sie zu zweit bitte 5–10 Minuten über dieses Thema (= 1. Ablauf).

Nach dieser 1. Diskussion gilt folgendes: Sie diskutieren weiter über das bereits angesprochene Thema oder Sie suchen sich ein neues Thema. Diesmal jedoch nach folgender Vorgehensweise (= 2. Ablauf): Wenn eine von Ihnen (A) die ersten ein bis zwei Sätze gesagt hat, dann darf die Gesprächspartnerin (B) nicht gleich mit ihrer Entgegnung reagieren, sondern muß zuerst das von A inhaltlich Gesagte mit eigenen Worten *sinngemäß* wiedergeben – das nennt man *spiegeln* oder *paraphrasieren*. Erst wenn daraufhin A mit „stimmt" oder „richtig" bestätigt, daß der Sinn des von ihr Gesagten in der Wiedergabe nicht entstellt wurde, erst dann darf B ihre Entgegnungen ausführen.

Wird ein Satz von B (oder A) nicht richtig wiedergegeben, dann wird er von der Partnerin auch nicht bestätigt, B (oder A) muß dann erneut versuchen, das Gesagte sinngemäß zu wiederholen.

Auch dieses Gespräch soll nach ca. 10 Minuten beendet werden.

Beispiel für den 2. Ablauf:

A: Ich finde, es bringt überhaupt nichts ein, wenn man in eine Wohngemeinschaft zieht. Laufend ist Streit, man muß aufeinander Rücksicht nehmen, und man ist nicht so frei, als wenn man alleine wohnt.

B: Du hältst von einer Wohngemeinschaft nichts, denn du meinst, es gibt doch immer Ärger, man ist viel eingeschränkter, als wenn man allein lebt.

A: Ja, stimmt.

B: Ich finde das gar nicht so. Meiner Meinung nach ...

A: Du meinst ...

Nach Beendigung dieses 2. Gesprächs diskutieren Sie, inwieweit folgende Thesen auf Ihre Gesprächssituation zutreffen bzw. zutrafen:

– Man läßt bei der Wiedergabe leicht einiges unter den Tisch fallen (besonders, was einem nicht ins eigene Konzept paßt).

- Man konzentriert sich auf eine bestimmte Aussage und bekommt dann andere Aussagen nicht mehr ganz mit.
- Wenn man das, was man gesagt hat, noch einmal sinngemäß zur Überprüfung wiedergegeben bekommt, so empfindet man ein angenehmes Gefühl des Verstandenwerdens.

5. Versuchen Sie herauszufinden, wie es für Sie persönlich ist, wenn sie in einem Gespräch
   - ständig unterbrochen werden;
   - der Gesprächspartner versucht, Sie „mit Gewalt" zu überzeugen;
   - Sie das Gefühl haben: der hört mir ja gar nicht richtig zu!

6. Tauschen Sie sich darüber aus, ob Sie Situationen kennen, in denen es Ihnen hilfreich war, daß Ihr Gegenüber Ihnen einfach „nur" zuhörte.

Noch einmal zusammengefaßt: Wichtig ist zu wissen, daß das Zuhören und Paraphrasieren für sich alleingenommen bereits eine eigene, hilfreiche Qualität darstellt. Das Paraphrasieren dient dabei nicht nur der Zuhörerin, indem es ihr die Möglichkeit gibt zu überprüfen, ob sie ihr Gegenüber richtig verstanden hat. Es hilft genauso dem Klienten: Ohne abgelenkt zu werden, kann er seine Gedanken weiterentwickeln und weiter präzisieren. Wie schon erwähnt, gibt es ihm darüber hinaus das Gefühl, wirklich gehört und verstanden zu werden. Dabei darf der Zuhörer natürlich nicht zu oft paraphrasieren und keinesfalls einfach die Worte des Klienten wiederholen, sondern muß mit *eigenen* Worten das Wesentliche wiedergeben.

Demonstrationsmaterial zum „Einfühlenden Verstehen"

Vorbemerkung: Wie bereits erwähnt, können Textausschnitte die auf beiden Seiten durch verbale wie nonverbale Reize geprägte Beziehung zwischen Beraterin und Klient, aus der heraus sich erst das einfühlende Verstehen entwickelt, nicht hinreichend wiedergeben. Aus diesem Grunde wird hier nur ein kurzer schriftlicher Gesprächsausschnitt wiedergegeben. Dafür soll auf Video- und Tonbandaufzeichnungen als Anschauungsmaterial hingewiesen werden. Videoaufnahmen sind als Anschauungsmaterial von besonderem Wert, da sie die nonverbale Kommunikation miteinbeziehen und gleichzeitig das Modellernen fördern. Sie sollten jedoch nicht gleich am Anfang der Ausbildung eingesetzt werden, da die Lernenden so zu früh auf bestimmte Gesprächsstile festgelegt und dann eher blockiert werden, ihre eigene individuelle Form zu entwickeln.

Als audiovisuelles Demonstrationsmaterial bieten sich Videoaufzeichnungen von Klientenzentrierten Psychotherapien an, die die GwG[10] in ihrer Videothek für Ausbildungszwecke zusammengestellt hat.

● Aus einer Klientenzentrierten Psychotherapie werden im folgenden zwei kurze Ausschnitte aus dem 2. und 5. Gesprächskontakt dargestellt. Bei dem Klienten handelt es sich um einen 28jährigen Mann, der sich scheiden ließ, weil er zu der Feststellung gekommen war, daß er homosexuell sei.
Um auf den fragenden offenlassenden Tonfall aufmerksam zu machen, wurde hinter die Aussage der Therapeutin jeweils mit Absicht kein Punkt gesetzt.

2. Kontakt:

Kl.: Ja, es ist immer so, wenn er zu Besuch kommt, bin ich irgendwie glücklich. Sobald er weg ist, mhm, dann ist alles wieder vorbei.
Th.: Da ist so ein Gefühl des Wohligseins, des Aufgehobenseins da
Kl.: Ja genau. Er hat es mir oft bewiesen, schon so oft, er ist von X nach N gefahren, das hat jedesmal unwahrscheinlich viel Geld gekostet und Urlaub und alles. Das sind schon alles Beweise, daß er es ernstnimmt und, mhm, er sagt das mir auch so oft, aber, mhm, ich weiß nicht, trotzdem kommen wir halt doch nicht so klar miteinander.
Th.: Sie haben das Gefühl: irgendwie stimmt es einfach nicht so
Kl.: Ja, ich wußte das von Anfang an, daß das erste Aufflammen vorübergeht und daß dann das andere wichtiger ist: wie man sich versteht und miteinander auskommt und ob man die gleichen Interessen hat oder nicht. Das weiß ich, das kommt immer, das ist in jeder Beziehung so. Aber wir haben wenig gemeinsame Interessen und trotzdem ...
Th.: Das wundert Sie, daß es trotzdem so gut geht
Kl.: Ja, ganz genau.
Th.: Daß Sie sich trotzdem so wohlfühlen
Kl.: Ja, das wundert mich wirklich. Ja. Vielleicht ist überhaupt diese Beziehung das wichtigste, mhm, der wichtigste Punkt, denn wenn diese

---

10 Gesellschaft für wissenschaftliche Gesprächspsychotherapie (GwG), Richard-Wagner-Straße 12, 5000 Köln 1.

Beziehung klappen würde, dann würde ich auch zu der neuen Sexualität voll dastehen. Das wäre mir dann egal, was die anderen sagen. Ich habe meinen Freund, ich fühle mich anerkannt, ich werde gemocht. Das ist schon ein Gefühl, das das andere überwiegt. Das andere ist dann nicht mehr so wichtig. In der Arbeit habe ich zu arbeiten. Wenn ich meine Arbeit leiste, dann ist es mir eigentlich nicht so wichtig, ob sie mich schief angukken oder was. Mein Gott, um 5 Uhr habe ich Feierabend, dann gehe ich weg. Vielleicht wäre das irgendwie schon zu bewältigen, daß es gar nicht so schwierig wäre, aber, mhm, die Beziehung. Ich glaube, daß das vielleicht das Wichtigste überhaupt ist. Ich weiß da aber keinen Rat mehr. Ich habe ihm mal gesagt, daß es mir nicht so viel ausmachen würde, wenn er mal fremdginge. Er war da ganz empört. Ich habe dann oft darüber nachgedacht und ich glaube, mhm, daß, daß meine Beziehung zu ihm fast so etwas wie eine, mhm, Vater-Sohn-Beziehung ist. Ich sehe in ihm jemanden, der mich beschützen soll, der für mich da sein soll, der mich mögen soll, aber sonst keine weiteren Ansprüche auf mich. Es ist vielleicht egoistisch von mir, aber es ist so, ich will das nicht irgendwie verheimlichen.

Th.: Dieses Gefühl, irgendwo Geborgenheit zu finden, unter die Fittiche genommen zu werden, das ist für Sie ganz wichtig, das gibt Ihnen sehr viel

Kl.: Ja, ja, das spielt eine ganz große Rolle. Wahrscheinlich hängt das damit zusammen, daß ich in der Kindheit, daß ich dort wenig Geborgenheit bekommen habe. Meine Eltern waren einfache Leute und hatten für uns Kinder ganz wenig Zeit. Wenn ich heute sehe, wie sich manche Eltern mit ihren Kindern abgeben, wieviel Mühe manche sich geben, daß die Kinder, was weiß ich, vorwärtskommen oder so. Manchmal, da ... könnte ich heulen, wenn ich so was sehe. Ich habe nie solch eine Person gehabt (Pause). Vielleicht kommt es daraus, daß ich eigentlich mehr einen Vater suche als einen Freund. Ich weiß es nicht. Neulich hat eine Bekannte zu mir gesagt: wenn du der Sache nachgehst, vielleicht brauchst du dann am Ende gar keinen Partner, sondern eine Partnerin. Ich war ganz erstaunt darüber. Möglich wäre es schon, ich weiß es nicht.

Th.: Das hat sie sehr überrascht, die Homosexualität nicht als etwas so unbedingt Festgelegtes anzusehen

Kl.: Ja, so habe ich das vorher noch nie gesehen. Und ich glaube festgestellt zu haben, daß mir die Sexualität gar nicht so viel bedeutet.

Th.: Daß für Sie eigentlich wichtiger ist die Beziehung, dieses: Da kümmert sich jemand um mich

Kl.: Ja, das ist ganz wichtig.

Th.: Und das ist etwas, was Sie in Ihrer Beziehung nicht gefunden haben

Kl.: Ja, wenn ich das so überleg', meine Frau, die hat sich an mich angelehnt. Das war eine Belastung für mich, die ganze Zeit.

Th.: Da haben Sie so gespürt: eigentlich brauch' *ich* jemanden, an den *ich* mich anlehnen kann

Kl.: Ich mußte immer alles entscheiden. Sie war da ganz hilflos. Manche mögen das ja, aber ich schiebe lieber die Verantwortung ab.

Th.: Da haben Sie sich die ganze Zeit überfordert gefühlt, mhm, und jetzt, in der Beziehung, da bekommen Sie irgendwie mehr

Kl.: Ja, mhm, ich habe noch nie jemanden gehabt. Es hat sich noch nie jemand um mich gekümmert. Und jetzt ist da mein Freund.

Th.: Da bekommen Sie so eine Orientierung

Kl.: Orientierung – nein, das glaube ich, ist es nicht. Wir haben ganz verschiedene Lebensvorstellungen und Ideale. Aber es ist, mhm, er ist irgendwie so offen zu mir. Ich geniere mich fast ein bißchen, daß ich ihn ausnütze, weil, weil er mir so hilft.

Th.: Er gibt Ihnen so unwahrscheinlich viel, und Sie haben das Gefühl: ich kann ihm nicht so viel geben

Kl.: Ja genau. Von Anfang an habe ich gedacht, aber auch ihn gefragt: Was erwartest du von mir? Was kann *ich* dir geben? Geld – sowieso nicht. Aber auch nichts, was man sonst in einer Beziehung sucht: einen schönen Partner, oder netten oder unterhaltsamen. Das war auch so quälend, daß ich, mhm, nicht wußte, was hat er denn an mir? Was kann ich ihm bieten? Und ich dachte, vielleicht ist es auch nur die erste Zeit, daß er so begeistert von mir ist und die Begeisterung geht dann vorüber. Aber nein, es wird sogar noch stärker, es wird noch mehr.

Th.: Ich höre da so ein ganz, ganz großes Staunen darüber

Kl.: Ja, ich verstehe das nicht.

Th.: Sie wissen so eigentlich gar nicht, was an Ihnen so liebenswürdig ist

5. *Kontakt, zu Beginn der Sitzung:*

Kl.: Noch zum letzten Mal vielleicht. Das letzte Mal, da habe ich gedacht, irgendwie, eigentlich hat sich alles schon gegeben, was mich so bewegt hat. Aber dann hat es sich irgendwie ganz anders ergeben das letzte Mal. Und mhm, die ersten drei Abende, da bin ich heimgegangen und ich war sehr erleichtert. Ich hatte mir ziemlich viel von der Seele geredet. Und letztes Mal, da war das anders, da bin ich belastet heimgegangen. Irgendwie habe ich vorher gedacht, es gibt nicht viel zu besprechen, im Moment sind keine Probleme da, der wird nicht so viel bringen der Abend, und es war dann ganz anders. Das hat mich schon verwirrt. Das es doch noch etwas gibt. Es hat mir nämlich schon gezeigt, daß ich manche Sachen einfach überspiele.

Th.: Wenn Sie jetzt so mal fühlen, was Sie so dabei empfinden, wenn Sie sagen: „Das hat mich schon belastet." Was ist da so in Ihnen vorgegangen?

Kl.: Mir kam es so, daß es doch nicht so einfach ist. Da sind Sachen, die mich tief berühren. Und mitten in der besten Stimmung kann so was aufkommen. Das ist nur so überdeckt.

Th.: Das hat Sie irgendwie traurig gemacht

68

Kl.: Ja, ich habe gedacht, mhm, ich bin ausgeglichen, mir geht es gut, mich kann eigentlich nichts erschüttern, und dann ist es ganz anders gekommen.

Th.: Sie spüren da so die Angst: Das könnte immer wiederkommen

Kl.: Ja, mhm, ich habe auch ziemlich viel nachgedacht darüber (kurze Pause), mir fiel wieder ein, die Situation, als mir die Bekannte sagte, solange ich *so* sei, hätte ich gar kein Recht, mich in ihre Probleme reinzumischen. Da sollte ich erstmal vor meiner eigenen Haustür kehren. Das hat mich so getroffen. Mir ist irgendwie klar geworden, daß mir das immer wieder passieren kann, daß mir auch die guten oder besten Freunde so was vorschmeißen können. Wenn sie mal wütend sind oder was getrunken haben oder mich verletzen wollen. Von Fremden kann man das sowieso erwarten, aber, mhm, von Freunden eben auch.

Th.: Da hat sich ein Abstand aufgetan zwischen Ihnen und Ihren engsten Freunden

Kl.: Mhm, zwischen mir und allen anderen (Pause), ich habe gedacht, es könnte Ausnahmen geben. Leute, die alles mitbekommen haben, den ganzen Prozeß, wie ich mich damit abgequält habe bis zum jetzigen Zeitpunkt. Das hat eine Kluft aufgetan zwischen mir und allen anderen.

Th.: Ich höre da so raus: letzten Endes bin ich ganz alleine

Kl.: Ja, mhm, so wie ich bin, so werde ich doch nicht richtig verstanden.

Th.: Das klingt so unwahrscheinlich traurig und irgendwie verbittert

Kl.: Ja, meine Zukunft wird wohl darin bestehen, daß ich mich immer mehr in meine Wohnung zurückziehen werde.

Th.: Momentan sind Sie innerlich ganz darauf eingestellt, so eine Mauer um sich zu ziehen und, mhm, da wollen Sie keinen reinschauen lassen

Kl.: Ja.

Th.: Ich möchte nicht wieder verletzt werden

Kl.: Ja, ich habe Angst davor, mhm, große Angst. Bevor mir so was noch mal passiert, da bin ich lieber alleine.

Th.: Wenn Sie das jetzt mal so anschauen: das Zurückziehen, keinen reinschauen lassen und das dann so gegenüberstellen mit dem, was Sie sich mal gewünscht haben: Kontakte zu anderen, viel Unternehmungen, nicht alleine sein . . .

Übungen zum „Einfühlenden Verstehen"

1. Im Unterschied zum Paraphrasieren geht es jetzt darum, speziell die Gefühle des Klienten aufzugreifen. Dazu müssen Sie in einem ersten Schritt üben, die Gefühle, die mit dem Inhalt der Aussage, den der Klient mitteilt, verbunden sein könnten, *wahrzunehmen*. Im folgenden sind zehn Klientenäußerungen aufgeführt. Versuchen Sie sich jeweils in den inneren Bezugsrahmen

des Klienten hineinzuversetzen und bei den einzelnen Äußerungen die dazugehörige psychische Empfindung zu verbalisieren. Denken Sie dabei an den fragenden Tonfall, da Ihre Verbalisierung ja jeweils nur ein Versuch ist, das vorherrschende Gefühl des Klienten zu treffen.

Beispiel

Klientin: Wenn ich ihn schon heimkommen höre! Das Geschimpfe geht doch gleich wieder los.

Nicht auf den Inhalt eingehen, wie z.B.:
– Ihr Mann kommt dann rein und schimpft
sondern auf das Gefühl, die psychische Empfindung, z.B.:
– Da graut Ihnen schon richtig vor, oder
– Sie haben das so satt, oder
– Sie haben so das Gefühl: da komme ich nicht mehr gegen an.

Klientenaussagen

– Ich gehe da auf keinen Fall mehr hin!
– Das hätten Sie sehen sollen, wie die gestaunt haben, als ich plötzlich in der Tür stand.
– Das geht jetzt schon jahrelang so. Tagaus, tagein, immer diese Nörgelei.
– Ich kann mich einfach nicht dazu überwinden, wenn da alle so am Tisch rumsitzen, auch mal den Mund aufzumachen und was zu sagen.
– Sie glauben nicht, wie kalt der Mann sein kann. So richtig eiskalt.
– Ich weiß schon, dieser Schulabschluß wäre wichtig. Aber eine ganz schöne Umstellung ist das schon.
– Meinen Sie, mit der kann ich noch reden? Das hat doch überhaupt keinen Sinn mehr.
– Ich kann auf den Jungen nicht mehr aufpassen. Der macht doch was er will!
– Irgendwie ist der Schwung weg. Vor ein paar Jahren sah das noch ganz anders aus.
– Da bin ich einfach aufgestanden und habe denen meine Meinung gesagt. Ich glaube, ich bin nicht einmal rot geworden.

2. Versuchen Sie Ihre Wahrnehmung in bezug auf den Ausdruck von Gefühlen zu erweitern, indem Sie in 2er-Gruppen oder in Kleingruppen herausfinden, wie verschiedene Gefühle nichtverbal ausgedrückt werden. Was sehe ich, wenn mein Gegenüber traurig, zornig, freudig ist?
3. Beschäftigen Sie sich in Kleingruppen mit der Frage: Inwieweit machen mir starke Gefühle (Schmerz, Wut, Trauer, Verzweiflung) Angst? Warum? Wovor habe ich dabei Angst?

Lernkontrolle

Aufgabe 1

Nennen Sie die zwei im Text genannten Kommunikationskanäle, über die die Beraterin Informationen über den Klienten erhält.

1.: ....

2.: ....

Aufgabe 2

Ordnen Sie die folgenden zehn Aussagen (Barrett-Lennard 1962) den entsprechenden Ausprägungen an „Einfühlendem Verstehen" zu.

A Hohe Ausprägung: _____

B Niedrige Ausprägung: _____

Aussagen:

1. Sie (die Beraterin/Therapeutin) weiß fast immer ziemlich genau, was ich meine.
2. Sie versteht oft, was ich meine, auch wenn ich Schwierigkeiten habe, es auszudrücken.
3. Sie mag zwar meine Worte verstehen, aber sie versteht nicht die Art und Weise, wie ich fühle.
4. Manchmal denkt sie, daß ich auf bestimmte Art und Weise fühle, weil das ihre Art zu fühlen ist.
5. Vieles von dem, was ich denke und fühle, bemerkt sie nicht.
6. Sie erfaßt ganz genau, was die Dinge, die ich erlebte, für mich bedeuten.

71

7. Sie versteht mich.
8. Sie sucht zu verstehen, wie ich die Dinge sehe.
9. Ihre eigenen Einstellungen zu einigen Dingen, die ich sage oder tue, hindern sie, mich zu verstehen.
10. Wenn ich gefühlsmäßig betroffen bin oder erregt und verwirrt, so kann sie meine Gefühle genau erkennen, ohne selbst aus dem Gleichgewicht zu geraten.

Aufgabe 3

Bitte kreuzen Sie die zutreffende(n) Alternative(n) (A–C) an. Das Merkmal „Einfühlendes Verstehen" wurde operationalisiert durch

☐ A ein Gesprächstherapieprotokoll von Rogers
☐ B Merkmalskalen, z.B. von Truax und Carkhuff
☐ C Merkmalskalen, z.B. von Skinner und Ellis.

Aufgabe 4

Bitte versuchen Sie aus den Äußerungen (A–E) der Beraterin die Antwort zu identifizieren, die am besten ein „Einfühlendes Verstehen" wiedergibt.

Klient:

Wenn ich ein Referat halten muß, dann fühle ich mich gleich so in den Mittelpunkt gestellt, und, ähm, ich habe dann einfach das Gefühl, daß, daß die anderen mir alle ansehen, wie unsicher ich bin.

Beraterin:

☐ A Sie stehen nicht gerne im Mittelpunkt.
☐ B Sie kommen sich wie auf dem Präsentierteller vor und haben das Gefühl: die alle spüren meine Unsicherheit. Das macht Sie dann fertig.
☐ C Sie halten ab und zu ein Referat.
☐ D Das verunsichert Sie.
☐ E Sie sollten sich etwas mehr zusammenreißen.

Lösungen siehe Seite 256

1.4 Kritische Reflexion nichtadäquater Verhaltensweisen

Lernziele

● Nichtadäquate Verhaltensweisen der Beraterin nennen und erkennen können.
● Begründen können, warum die folgenden Verhaltensweisen in der Regel nicht zu konstruktiven Änderungen des Klienten führen:
  1. Rationale Erklärungen über Zustandekommen und Ursachen der Probleme abgeben (Intellektualisieren);
  2. Ratschläge erteilen (Dirigieren).
● Vorgegebene – nach den Prinzipien der Klientenzentrierten Gesprächsführung – nichtadäquate Berateräußerungen vorgegebenen Begriffen, die jeweils eine nichtadäquate Äußerung bezeichnen, richtig zuordnen können.

Beschreibung nichtadäquater Verhaltensweisen

Im folgenden werden anhand mehrerer Beispiele einige – im Sinne der Klientenzentrierten Gesprächsführung – nichtadäquate Beraterreaktionen[11] vorgestellt. Dabei werden bewußt negative Bezeichnungen für das angegebene Verhalten der Beraterin gewählt, um deutlicher auf die Gefahren und Nachteile dieser Reaktionen hinzuweisen.

Klient:
„Wenn ich so mit den Kollegen im Betrieb zusammen bin, dann sage ich eigentlich nie etwas. Dann sitze ich z.B. in der Kantine nur so da. Und nachher, dann ärgert es mich, daß ich meine Meinung nicht gesagt habe."

Bagatellisieren:

Beraterin

„Das würde ich als nicht so schlimm ansehen. Hauptsache, sie verstehen sich mit Ihren Kollegen gut. Der eine ist halt lauter, der andere etwas stiller."

---

11 Die Beschreibung der nichtadäquaten Verhaltensweisen erfolgt in Anlehnung an Schmid (1973).

Kommentar:

Die Probleme und Gefühle des Klienten werden heruntergespielt, der Klient wird getröstet oder beruhigt. Der Klient fühlt sich nicht verstanden, nicht ernstgenommen. Weiterhin wird jegliche Motivation des Klienten, sich mit seinen Schwierigkeiten auseinanderzusetzen, dadurch „abgeblockt".

Diagnostizieren:

Beraterin

„Sie neigen zur Introversion und haben Minderwertigkeitskomplexe. Dies führt leicht zu sozialen Ängsten."

Kommentar:

Die Beraterin ordnet den Klienten in eine Kategorie, in ein „Schubfach" ein. Der Klient wird so leicht vorschnell abgestempelt, ohne daß die Beraterin sich wirklich mit ihm bzw. seinem Problem auseinandergesetzt hat. Es kann keine partnerzentrierte Beziehung entstehen, da die Beraterin gleich die Rolle der Fachfrau übernimmt.

Dirigieren:

Beraterin

„Ich schlage vor, daß Sie bei der nächsten Gelegenheit einfach mal mit einem Satz anfangen, so daß Sie sich langsam daran gewöhnen, sich reden zu hören und in diesem Kreis etwas zu sagen."

Kommentar:

Die Beraterin gibt Ratschläge, bietet dem Klienten eine Lösung für sein Problem. Zum einen ist es schwer für einen Klienten, der einen ganz bestimmten Erfahrungshintergrund hat und in einer ganz spezifischen Umweltkonstellation lebt, gleich eine passende Lösung für das jeweilige Problem zu finden, zum anderen wird der Klient dadurch in eine „passive" Rolle gedrängt. Auf seine Gefühle und evtl.

Lösungsansätze wird nicht eingegangen, so daß er spätestens beim nächsten Hindernis, bei der nächsten Schwierigkeit wieder auf einen guten Rat angewiesen ist. Dazu kommt, daß selbsterarbeitete Entscheidungen und Ziele für einen meist verbindlicher und von größerem Wert sind, als dies von außen herangetragene Zielsetzungen sein können.

Ein Ratschläge bietendes, lenkendes Verhalten der Beraterin fördert somit die Unselbständigkeit und Abhängigkeit des Klienten, weiterhin übt sie einen gewissen Druck auf den Klienten aus, sich so und so zu verhalten, wenn er will, daß es ihm besser gehen soll.

Da so ein Verhalten sehr häufig anzutreffen ist, noch folgender Fall: Einer Frau, die sehr unter psychischen Spannungen steht und auch schon über längere Zeit Psychopharmaka nimmt, wird folgender Rat gegeben:

Beraterin: „Sie müssen sich richtig ausspannen und auch viel mehr schlafen. Wann stehen Sie morgens immer auf?"

Klient: „Um 6.00 Uhr, da mache ich dann meinem Sohn, der ist 17, immer das Frühstück, bevor er zur Arbeit fährt."

Beraterin: „Ihr Sohn ist alt genug, um sich selbst das Frühstück zu machen. Bleiben Sie ab jetzt einfach morgens liegen und schlafen Sie tüchtig aus. Sie werden sehen, Ihnen wird es viel besser gehen."

Kommentar:

Ohne Zweifel kann einem 17jährigen zugemutet werden, sich morgens alleine das Frühstück zu machen. Doch fragt sich, ob der Frau mit diesem Ratschlag geholfen ist. Denn folgende Einwände drängen sich auf:

1. Jemand, der seit Jahren morgens um 6.00 Uhr aufsteht, der kann meistens nicht einfach weiterschlafen. In diesem Fall kommt dazu, daß die Frau ihren Sohn wahrscheinlich noch rumoren hört und sicher Zweifel hat: Ob er auch alleine zurechtkommt? Ob sie nicht vielleicht doch aufstehen sollte? Derartige Gedanken machen ein entspanntes Weiterschlafen sicher nicht leicht.
2. Wenn die Mutter ihrem Sohn jahrelang das Frühstück gemacht hat, so bedeutet ihr das doch auch mit Sicherheit etwas. Mag es auch beschwerlich sein, so ist es für die Mutter sicher zum Teil auch befriedigend, daß ihr großer Sohn sie noch braucht.

3. Dieser Rat verändert die Familiensituation, speziell das Verhältnis Mutter/Sohn. Es fragt sich, inwieweit die Mutter dem gewachsen ist, inwieweit sie auch emotional dahintersteht.

4. Ist die Frau der neuen Situation nicht gewachsen und steht weiter morgens auf, macht dem Sohn Frühstück, ist nervös und auf Tabletten angewiesen, so wird sie sich vielleicht als Schuldige fühlen: *Sie hat den Rat ja nicht befolgt.*

Diese aufgezeigten Reaktionen müssen nicht so eintreffen, doch wäre es auf jeden Fall besser, man hätte diesen Rat mit der Frau *durchgearbeitet.* Das heißt, die Klientin muß sich auch emotional damit auseinandergesetzt haben: Ihre Gefühle, Empfindungen, Befürchtungen der neuen Situation gegenüber wären zu klären gewesen. So hat sich die Klientin mit dieser „Lösung" nicht auseinandergesetzt, und die Gefahr ist groß, daß sie – emotional überfordert mit der neuen Situation – Konflikte mit ihren widersprüchlichen Empfindungen bekommen wird, was dann wieder zu neuen psychischen Spannungen führt.

Andere Beispiele für „gutgemeinte" Ratschläge: „Das Rauchen aufgeben"; „Ab morgen nicht mehr so viel essen".

Examinieren:

Beraterin

„Ist das immer so? Auch im privaten Bereich? Sagen Sie da auch nie was? Wenn Sie mal richtig nachdenken: Wie ist das?"

Kommentar:

Die Beraterin stellt Fragen, fordert Informationen. Die Gefahr dabei ist, daß der Klient sich ausgefragt fühlt. Weiterhin lenkt sie das Gespräch durch ihre Fragen unwillkürlich in eine bestimmte – ihr wichtig erscheinende – Richtung, während der Klient unter Umständen ganz andere Schwerpunkte in bezug auf sein Problem sieht. Impulse des Klienten, evtl. etwas eingehender über die ihn belastenden Probleme zu erzählen, werden durch so ein „Frage-Antwort-Spiel" abgeblockt. Statt dessen erwartet der Klient – wenn er erschöpfend zu allen Fragen Auskunft gegeben hat – nun anschließend von der Beraterin auch eine entsprechende Lösung für sein Problem.

Sich identifizieren:

Beraterin

„Das kenne ich gut, das ist mir lange Zeit auch so gegangen. Ich weiß das noch genau. Bei mir war das so... Ich habe dann einfach folgendes gemacht..."

Kommentar:

Wenn es für manchen Klienten auch momentan wohltuend sein kann, wenn die Beraterin ihm sagt, daß sie das Problem sehr gut verstehen kann, weil sie selbst ein ähnliches hat oder hatte, so besteht dann doch die Gefahr, daß sie ihre Gefühle in bezug auf das Problem mit denen des Klienten vermischt, d. h., daß sie, wenn sie versucht, sich in das innere Bezugssystem des Klienten hineinzuversetzen, eigene Emotionen mithineinbringt und so verzerrt verbalisiert. Damit einher geht die Gefahr, daß die Beraterin dem Klienten ganz unbemerkt ihre Lösung des Problems aufdrängen will, d. h. den Klienten evtl. ganz unbewußt daran hindert, zu einer eigenen Klärung und Lösung seines Problems zu kommen.

Interpretieren:

Beraterin

„In Wirklichkeit gefallen Sie sich vielleicht in der Rolle desjenigen, der eher stiller ist."

Kommentar:

Beim Interpretieren besteht die Gefahr, daß die Beraterin entweder einseitig bestimmte Dinge in das Problem hineininterpretiert, die für den Klienten überhaupt nicht zutreffend sein mögen, oder daß der Klient mit einer zu schnellen Interpretation seines Verhaltens überfordert ist, mit der Interpretation nichts anzufangen weiß und sich demzufolge nicht verstanden fühlt. Auf jeden Fall aber wird die Beraterin dadurch zu einer Fachfrau hochstilisiert, die in bezug auf das Problem des Klienten ganz genau weiß, welche „wahre Bewandtnis" es damit auf sich hat.

Moralisieren:

Beraterin

„Jetzt sind Sie doch kein Schuljunge mehr. Da können Sie doch den Mund aufmachen."

Kommentar:

Indem die Beraterin ein positives oder negatives Werturteil abgibt, fällt sie ein Urteil über den Klienten aus ihren eigenen Normen- und Wertvorstellungen heraus. Auf den Klienten und sein individuelles Problem wird nicht eingegangen, vielmehr wird er an bestimmten Normen gemessen und bewertet. Bei negativen Werturteilen (Kritik, Mißbilligung) kommt hinzu, daß der Klient sich wahrscheinlich „abgekanzelt" und gemaßregelt fühlt. Schuldgefühle oder aber ein aggressiver Gegenangriff können dann die Folge sein.

Intellektualisieren:

Beraterin

„Das liegt wahrscheinlich daran, daß Sie als Kind und Jugendlicher schon nicht gelernt haben, sich in einer Gruppe zu behaupten. Da fällt es als Erwachsener gleich noch viel schwerer."

Kommentar:

Die Beraterin erklärt dem Klienten das Zustandekommen seines Verhaltens auf rein inhaltlicher, intellektueller Ebene. Dabei wird außer acht gelassen, daß auch der Klient meist schon des öfteren über sein Problem nachgedacht hat und nicht selten weiß, warum dies so und so bei ihm ist, ohne aber gleichzeitig eine Veränderung vornehmen zu können, da sehr viele Schwierigkeiten auf einer emotionalen Ebene liegen. Durch ein evtl. Rationalisieren der Beraterin wird der Klient darin verstärkt, die Lösung seines Problems weiter rein intellektuell anzugehen. Er findet in der Beraterin keine Person, von der er sich emotional verstanden und angesprochen fühlt und die ihm hilft, von dieser Seite her an dem Problem zu arbeiten, sondern höchstens jemanden, der ihm erzählt, was er längst schon selber weiß.

Das Problem, daß man die Ursache eines Verhaltens genau kennt, aber es trotzdem nicht ändern kann, obwohl die das Verhalten ursprünglich auslösenden Bedingungen vielleicht längst nicht mehr vorhanden sind, findet man sehr häufig.

Ein einfaches, aber anschauliches Beispiel: Ein Klient (Student) kann nicht länger als bis ca. 8.00 Uhr morgens im Bett bleiben, obwohl er dies – speziell, wenn er nachts länger gearbeitet hat – möchte und er dann auch den ganzen Tag ausgeruhter und konzentrierter wäre. Er weiß, daß das daran liegt, daß seine Eltern es früher prinzipiell „unmoralisch" fanden, länger als bis 8.00 Uhr im Bett zu bleiben und er dies dann auch zu Hause nie wagte.

Dieser intellektuelle Zugang zu dem Problem hilft ihm aber überhaupt nicht weiter, er kann sich zwar rational sagen, daß es durchaus berechtigt ist, länger zu schlafen, und er kann dann auch einfach im Bett liegen bleiben. Entspannend und erholsam ist das jedoch nie, da auf *emotionaler Seite* immer ein schlechtes Gewissen dabei ist.

Unreflektiert und absolut gesetzt, gilt für alle diese angeführten Verhaltensweisen, daß sie

a) nicht auf die *persönlichen Gefühle* des Klienten eingehen und
b) den Klienten nicht als egalitären Partner akzeptieren,

sondern in eine *Subjekt-Objekt-Beziehung* drängen, in der der Klient entweder Ratschläge, Interpretationen, Wertungen, Diagnosen, Erklärungen oder einfach nur Verallgemeinerungen *empfängt*.

In einem klientenzentrierten Gespräch jedoch, in dem der Klient nicht bevormundet, bemitleidet, bewertet oder in eine bestimmte Richtung gedrängt wird, in dem statt dessen im Vordergrund steht:

– die Beziehung zwischen Beraterin und Klient;
– das gefühlsmäßige Erleben des Klienten;
– die Akzeptierung und Aktivierung des Klienten in all seinen Bemühungen, Lösungsansätze und Alternativen zu entwickeln und zu erproben.

In diesem Kontext

– bedeuten die Fragen, die einem ein besseres Verständnis des Klienten ermöglichen, nicht gleich ein Examinieren;

- bedeuten anteilnehmende Worte nicht gleich
  ein Bagatellisieren;
- bedeutet ein „sich selbst einbringen" nicht gleich
  ein Identifizieren;
- bedeuten Ermutigung und Verstärken nicht gleich
  ein Moralisieren;
- bedeutet Zusammenhänge herausarbeiten nicht gleich ein
  Interpretieren, Diagnostizieren oder Rationalisieren und
- bedeuten Alternativen und Anregungen anbieten nicht gleich
  ein Dirigieren.

Auf diese Punkte wird im 3. Lernabschnitt noch näher eingegangen.

Übungen

1. Formulieren Sie zu der nun folgenden Klientenäußerung zuerst
   inadäquate Berateräußerungen und dann eine – im Sinne der
   Klientenzentrierten Gesprächsführung – adäquate Berateräußerung.

Klient:

„Nun bin ich schon vier Wochen in diesem Betrieb und ich
möchte mit meinen Kollegen gut auskommen, aber was ich auch
tue, die lehnen mich ab. Ich glaube, die wollen mich einfach nicht
da haben. Ich weiß nicht, was ich noch machen soll, so ein Au-
ßenseiter zu sein, das halte ich nicht lange durch."

Beraterin:

1. Bagatellisieren: . . . .

. . . .

2. Diagnostizieren: . . . .

. . . .

3. Dirigieren: . . . .

. . . .

4. Examinieren: . . . .

. . . .

5. Sich identifizieren: ....

....

6. Interpretieren: ....

....

7. Moralisieren: ....

....

8. Intellektualisieren: ....

....

9. Klientenzentrierte Äußerung: ....

....

2. Analyse und kritische Auseinandersetzung mit dem anfangs geführten Gespräch (s. Bestandsaufnahme des gegenwärtigen Gesprächsverhaltens).

Mit dem Ziel einer Sensibilisierung für den eigenen bisherigen
Gesprächsstil soll jetzt in Kleingruppen (zusammengesetzt aus
den damaligen Gesprächspartnerinnen) das anfangs geführte
und aufgezeichnete Gespräch analysiert werden.

Vorgehensweise:
1. Das Gespräch noch einmal ganz anhören.
2. Beraterin wie Klient versuchen sich in die damalige Situation
   hineinzuversetzen und nacheinander zu schildern, wie sie sich
   damals gefühlt haben (als Klient, als Beraterin) und was so in
   ihnen vorging.
3. Nichtadäquate Verhaltensweisen identifizieren.
4. Bewertung und Diskussion des Gesprächs nach folgenden
   Gesichtspunkten: Wo und inwieweit
   – wird auf das Erleben des Klienten eingegangen?
   – wird auf den Inhalt der Klientenäußerung eingegangen?
   – wird die Selbstexploration des Klienten gefördert?
   – wird eine Selbstexploration des Klienten abgeblockt?
   – ist die Beraterin wertschätzend und annehmend?
5. Diskussion der Bandanalyse in der Großgruppe (Austausch
   der Erfahrungen).

Lernkontrolle

Aufgabe 1

Bitte kreuzen Sie die *nichtadäquaten* Beraterreaktionen an.

Klient: (16jähriger Junge)

Schon seit Wochen will ich ihr sagen, daß ich sie mag. So oft denke ich daran, aber irgendwie mache ich in letzter Sekunde immer wieder einen Rückzieher; zum Wahnsinnigwerden ist das.

Beraterin:

- ☐ A Sicher wartet sie schon lange darauf, daß du endlich was sagst.
- ☐ B Warum zögerst du so? Schlimmstenfalls sagt sie dir halt, daß das nicht auf Gegenseitigkeit beruht.
- ☐ C Du hast große Angst, zurückgewiesen zu werden.
- ☐ D Wer nichts wagt, der nichts gewinnt.
- ☐ E Einerseits hast du Angst, verletzt zu werden, andererseits ärgert dich dieses Zögern.
- ☐ F Du möchtest ihr es gerne sagen, aber da ist diese Angst: freut sie sich oder weist sie mich ab?
- ☐ G Die meisten Mädchen fühlen sich doch geschmeichelt, wenn ein Jungen ihnen sagt, daß er sie mag.

Aufgabe 2

Bitte nennen Sie – unter Verwendung der im Text genannten Bezeichnungen – 5 nichtadäquate Verhaltensweisen der Beraterin:

1. . . . .
2. . . . .
3. . . . .
4. . . . .
5. . . . .

Aufgabe 3

Ordnen Sie die folgenden nichtadäquaten Berateräußerungen den darunter aufgeführten Begriffen zu, indem Sie hinter den Begriff jeweils die Nummer der entsprechenden Äußerung eintragen.

Klient: (14jähriger Junge)

Ich weiß, daß ich mich irgendwie immer abseits halte. Aber ich glaub', ich werde doch nur zurückgewiesen, wenn ich versuche so zu sein, wie die anderen aus meiner Klasse. Sogar meine Geschwister lehnen mich ja irgendwie ab.

Beraterin:

1. *Erwiderung:* Das ist gar nicht gut, sich so zurückzuziehen. Das solltest du wirklich nicht machen.
2. *Erwiderung:* Gib dir doch einfach einmal einen Ruck, du wirst sehen, die anderen sind gar nicht so.
3. *Erwiderung:* Du bist ein melancholischer Typ, die finden nie so leicht Kontakt.
4. *Erwiderung:* Viele Jungen in deinem Alter haben etwas Kontaktschwierigkeiten. Das gibt sich wieder.
5. *Erwiderung:* Ich kenne das, ganz genauso ist es bei mir auch gewesen.

a) Diagnostizieren _____   e) Dirigieren _____

b) Bagatellisieren _____   f) Intellektualisieren _____

c) Examinieren _____   g) Sich identifizieren _____

d) Moralisieren _____   h) Interpretieren _____

Aufgabe 4

Geben Sie jeweils ein – im Text genanntes – Argument an, warum die folgenden Verhaltensweisen in der Regel nicht zu konstruktiven Änderungen des Klienten führen:

1. Rationale Erklärungen über Zustandekommen und Ursachen der Probleme abgeben.
2. Ratschläge erteilen (Dirigieren).

Zu 1.: . . . .

. . . .

. . . .

Zu 2.: . . . .

. . . .

. . . .

Lösungen siehe Seite 256

1.5 Selbstexploration des Klienten

Lernziel

● Vorgegebene Klientenäußerungen anhand einer Schätzskala nach dem Grad der Ausprägung der „Selbstexploration" einschätzen können.

Beschreibung der „Selbstexploration"

Eine Beziehung zwischen Beraterin und Klient, die auf seiten der Beraterin durch positive Wertschätzung, Kongruenz und einfühlendes Verstehen gegenüber dem Klienten und seinen Problemen gekennzeichnet ist, führt auf seiten des Klienten zur *Selbstexploration*. Darunter versteht man, daß der Klient über seine emotionalen Erlebnisse spricht, über seine gefühlsmäßigen Einstellungen, Bewertungen, Wünsche und Ziele und daß er sich über sie klarer wird oder sich wenigstens deutlich um Klärung bemüht.
Indem Sie jeweils die Gefühle/Empfindungen aus den Klientenäußerungen herausselektieren, sich diesen somit besonders zuwenden, ist es naheliegend, daß sich auch der Klient diesen Empfindungen vermehrt zuwendet. Je konkreter Sie die Gefühle verbalisieren, um so konkreter wird der Klient sich in seinen Äußerungen mit diesen Inhalten auseinandersetzen. Dies jedoch nur, wenn er gleichzeitig das Gefühl hat, verstanden und akzeptiert zu werden, d. h., wenn Sie ein hohes Ausmaß an positiver Wertschätzung zeigen. Die empirischen Befunde sprechen eindeutig für einen engen Zusammenhang zwischen der „Selbstexploration" und konstruktiven Änderungen des Klienten.
Wie bei der „Positiven Wertschätzung", „Kongruenz" und „Einfühlendem Verstehen", so wurden auch zur Darstellung der „Selbstexploration" mehrere Skalen entwickelt (vgl. Tausch 1973).
Im folgenden eine Skala von Truax (1961), die von Tausch und Mitarbeitern überarbeitet wurde (1973, S. 243 ff.):

„Selbstexploration des Klienten"

Stufe 1: Der Klient sagt nichts über sich selbst, weder über sein Verhalten noch über sein inneres Erleben. Er spricht ausschließlich über Tatbestände, die unabhängig von seiner Person sind.

Stufe 2: Der Klient berichtet nichts über sich selbst, weder über sein Verhalten noch über sein Erleben. Er erzählt jedoch von Personen und/oder Sachen, die zu ihm in einer Beziehung stehen (z. B. von seinen Eltern, seinem Auto).

Stufe 3: Der Klient berichtet von äußeren Vorgängen *und* auch von seinem eigenen Verhalten, jedoch ohne von seinen spezifisch persönlichen inneren Erlebnissen zu sprechen, die dazu in Beziehung stehen.

Stufe 4: Der Klient berichtet von äußeren Vorgängen *und* auch von seinem eigenen Verhalten, jedoch ohne von spezifisch persönlichen inneren Erlebnissen zu sprechen, die im Zusammenhang damit stehen. Man kann jedoch annehmen, daß das Berichtete für ihn mit Gefühlen verbunden oder für ihn von ziemlicher Bedeutung ist.

Stufe 5: Der Klient berichtet über sein eigenes Verhalten oder äußere Vorgänge *und* über die spezifisch persönlichen inneren Erlebnisse, die dazu in Beziehung stehen. Der überwiegende Teil der Aussage besteht in der Schilderung seines Verhaltens oder äußerer Ereignisse; seine spezifisch persönlichen inneren Erlebnisse werden nur kurz erwähnt.

Stufe 6: Der Klient berichtet über sein eigenes Verhalten oder äußere Vorgänge *und* über seine spezifisch persönlichen inneren Erlebnisse, die dazu in Beziehung stehen. Der Inhalt der Aussage besteht überwiegend aus der Schilderung seiner inneren Erlebnisse.

Stufe 7: Der Klient berichtet überwiegend von seinen spezifisch persönlichen inneren Erlebnissen. Zusätzlich ist ein Ansatz zu erkennen, seine inneren Erlebnisse weiter zu klären: etwa sie in neuen Zusammenhängen zu sehen, sich zu fragen, woher gewisse Einstellungen kommen, Widersprüche zu entdecken u. ä.

Stufe 8: Der Klient schildert ausführlich seine spezifisch persönlichen inneren Erlebnisse. Das Suchen nach neuen Aspekten und Zusammenhängen in seinem inneren Erleben kommt deutlich zum Ausdruck.

Stufe 9: Der Klient schildert ausführlich seine spezifisch persönlichen inneren Erlebnisse. Es wird deutlich, daß er neue Aspekte und Zusammenhänge in seinem inneren Erleben findet.

Beispiele für die Einschätzung von Klientenäußerungen auf das Ausmaß der Selbstexploration[12]

Beispiel Stufe 2,0, Klient: ‚Also meine Tochter, die hat zum Beispiel ein ganz wunderbares Verhältnis zu meiner Frau. Es gibt also da keine Dinge, die sie nicht weiß oder was sie nicht wissen soll oder so. Also sie plaudert da wie mit einer Freundin, nicht? Wenn sie mal irgendwo gewesen ist, dann geht sie in die Küche, macht die Küchentür zu. Und dann wird also da geplauscht wie zu einer größeren Schwester. Viele Mütter haben nicht einen solchen Kontakt mit ihrer neunzehnjährigen Tochter.'

Beispiel Stufe 3,7, Kl.: ‚Nun ja, ich sag' mir schon – sehen Sie mal, ich habe meine Tochter nicht *einmal* in die Tanzstunde geschickt, ich habe sie zweimal in die Tanzstunde gehen lassen. Ich bin gerannt, es gab nichts. Ich bin gerannt, um meiner Tochter ein neues Kleid zu besorgen. Sie können die Bilder sehen, da sitzt nicht jedes Mädel mit einem langen Kleid; sie bekam eines. Ja, ich habe sie gehegt und gepflegt, wie es nur möglich war. Ich ging arbeiten, der Zusammenbruch kam. Mein Mann war vermißt, mein Bankkonto war gesperrt, ich kriegte kein Gehalt mehr, im April war es zu Ende. Kam der Zusammenbruch ... seit Oktober oder November kriegte ich kein Gehalt mehr, waren die Kassen geplündert. Hin und her: mein Mann war Offizier, ich hatte kein Geld. Ich habe mich nicht geschämt zu arbeiten. Man hat mich auch eine Ami-Hure genannt, und trotzdem bin ich arbeiten gegangen. Ich habe eine Zeitlang im Headquarter gearbeitet und habe auch eine Zeitlang die ganzen Lebensmittel unter mir gehabt.'

Beispiel Stufe 4,3, Kl.: ‚Na ja, zunächst doch schon mal, daß mein Bruder mich ablehnt, nicht? Ich meine, mein Bruder ist sonst sehr lieb, sehr lieb zu mir. Das kann ich gar nicht anders sagen. Aber er glaubt eben (schluchzend), er glaubt eben, der fehlt was, die ist auf dem Stande eines zwölfjährigen Mädchens. Das sagt mein Bruder. Und meine Mutter auch: ‚Du bist einfach stehengeblieben!' Da weiß man einfach nicht, was man sagen soll. Das sagt meine Mutter. Bei so manchen Sachen, die ich eben tue, da sagt sie: ‚Ach, wie konntest du das nur machen! Man kann nur den Kopf schütteln über dich.'

Beispiel Stufe 5,1, Kl.: ‚Ich war in den letzten drei Tagen, ich hab' Ihnen ja davon erzählt, zu Hause gewesen bei einer Hochzeitsfeier bei einem Verwandten, und da war die ganze Familie dabei. Und wider Erwarten, nicht wahr, als ich meine Eltern das erste Mal sah – wunderbar: ich konnte also wirklich drei Tage wieder gut sprechen, konnte alles sagen, was ich sagen wollte – nicht nur mit meinen Eltern oder so, auch mit Bekannten, Verwandten und so weiter. Also es ging wieder alles wunderbar.

---

12 Die Beurteilungen stellen die Mittelwerte von 7 naiven, vortrainierten Studenten anhand der revidierten Truax-Skala dar. Bei den Äußerungen handelt es sich um Transkribierungen von Tonaufnahmen deutscher Klienten in client-centered Psychotherapie.

Ich war dermaßen klar und ruhig und gelassen. – Hier wieder, fang'
ich an zu arbeiten, nicht wahr – also – gestern hab' ich hier wieder –
gestottert –.'

Beispiel Stufe 6,9, Kl.: ‚Ja – ja, zu dem Schluß bin ich eben gekommen –,
daß ich mich vielleicht unfrei gefühlt habe, weil ich – weil von mir so viel
erwartet worden ist, und ich in irgendwas hineingepreßt war – so etwas
ausführen mußte, was ich vielleicht gar nicht wollte, aber mußte, aber
gezwungen. Da haben wir den Zwang wieder – und dann unfrei – unfrei
lebe. Also im Sportverein bin ich völlig frei, das ist mir klar. Also da bin ich
– also zu nie was gezwungen. Da kann ich also reden, wann ich will, nicht
wahr, was ich gefragt werde, ja. Da geb' ich eben sofort die Antwort, weil
ich die Antwort darauf geben will, nicht wahr, nur für mich allein und nicht
für den anderen.'

Beispiel Stufe 7,1, Kl.: ‚Doch – ich bin in dem Sinne nicht allein. Ich meine
– und schließlich – und letzten Endes: Irgendwo ist jeder allein, nicht? Aber
– eh – im Endeffekt ja – sind – würde ich – hätte ich das Gefühl, vielleicht
aus meinen Erfahrungen raus, daß ich vor den wirklichen Schwierigkeiten –
eh – im Endeffekt allein gelassen würde. Ich möchte nicht sagen, daß es
gerade ein Mißtrauen ist, aber es ist auch nicht mehr die Fähigkeit, sich
darauf zu verlassen. Außer bei diesem einen Mann, meinem Chef nämlich.
Da könnte ich mich darauf verlassen. Und den mag ich nicht. Den mag ich
so sehr nicht, daß es...'

Beispiel Stufe 7,6, Kl.: ‚Es wäre viel schöner, wenn es so irgendwie har-
monischer ginge. Das liegt natürlich an mir. Wenn ich nicht so kritisch
wäre, wenn ich mein Gefühl geben würde und würde nicht so viel erwarten.
Dann wäre ich auch nicht enttäuscht und würde mir auch keine Gedanken
machen. Und würde nicht alles so genau unter die Lupe nehmen. Und dann
ginge es vielleicht. Und vielleicht geht es bei vielen anderen Leuten auch
so. Nur sprechen sie nicht darüber. Ich nehme an, vielleicht haben die auch
ihre Sorgen – oder sie kommen leichter drüber weg.'"

Eine sehr differenzierte Aufschlüsselung der Variablen Selbstexplo-
ration findet sich bei Schwartz (1975a, S. 22ff.), der folgende
Merkmale zusammengestellt hat, die jeweils als Endziele eines
Kontinuums charakterisiert sind:

„Klientenvariablen

KV 1 ‚Undifferenziertheit der Klientenäußerungen'

Benennung der Stufen	Erläuterung
I Der Klient äußert sich differenziert über sein gefühlsmäßiges Erleben und seine gefühlsmäßigen Beziehungen zur Umwelt	Der Klient – verwendet spezifische Begriffe (z. B. ‚ängstlich' statt ‚unwohl'; – setzt verschiedene Aspekte gegeneinander ab (z. B. ‚einerseits … andererseits'); – geht bei seinen Schilderungen ins Detail, spezifiziert seine Empfindungen (z. B. ‚In letzter Zeit merke ich, daß ich bei vielen Dingen leicht resigniere').
II Der Klient äußert sich pauschal über sein gefühlsmäßiges Erleben und seine gefühlsmäßigen Beziehungen zur Umwelt	Der Klient – verwendet unspezifische Begriffe (z. B. ‚unwohl' statt ‚ängstlich'); – nimmt verallgemeinernd, undifferenziert zu seinen Problemen und Schwierigkeiten Stellung, schildert oberflächlich (z. B. ‚Ich bin so depressiv').

Weiterer Hinweis:
Nur einzuschätzen bei gefühlsbezogenen Klientenäußerungen.

KV 2 ‚Intensität der Auseinandersetzung des Klienten mit sich selbst'

Benennung der Stufen	Erläuterung
I Man spürt, daß der Klient sich kaum mit sich selbst auseinandersetzt	Der Klient – läßt sowohl eigene als auch Psychotherapeutenäußerungen undiskutiert stehen, äußert bei letzteren meist nur Zustimmung oder Ablehnung, ohne weiter auf sie einzugehen; – berichtet über sich, andere Personen oder äußere Sachverhalte in Form von Feststellungen, Festlegungen, vorgefertigten Konzepten;

	– setzt dem Psychotherapeuten etwas auseinander und erwartet von diesem konkrete Reaktionen, Hinweise, Ratschläge.
II Man spürt, daß der Klient sich intensiv mit sich selbst auseinandersetzt	Der Klient – greift Psychotherapeutenäußerungen auf, bemüht sich um neue, treffendere Formulierungen in korrigierender, erweiternder oder einschränkender Weise, er wägt die Richtigkeit verschiedener möglicher Stellungnahmen gegeneinander ab; – spricht mehr mit sich selbst als mit dem Psychotherapeuten (verbalisierter ‚innerer Dialog‘).

KV 3 ‚Fehlen von gefühlsbezogenen Selbstreferenzen‘

Benennung der Stufen	Erläuterung
I Der Klient spricht überwiegend über seine gefühlsmäßigen Erlebnisinhalte	Inhalte der Klientenäußerungen sind überwiegend eigene Gefühle, gefühlsmäßige Stellungnahmen, Bewertungen von Ereignissen, Ziele, Wünsche sowie die Vorstellung, die der Klient von sich selbst und seiner Wirkung auf andere Menschen hat.[13]
II Der Klient spricht kaum über seine gefühlsmäßigen Erlebnisinhalte	Inhalte der Klientenäußerungen sind überwiegend äußere Sachverhalte, Ereignisse und Personen, die der Klient nicht in einen erkennbaren Zusammenhang zu seinem Erleben bringt.

---

13 Diese Erläuterung wurde der Definition der „Selbstexploration" angelehnt, wie sie zur entsprechenden Skala (Revision von Tausch u. a. 1969) gegeben wird (vgl. Tausch 1973, S. 243).

KV 4 ‚Gefühlsmäßige Nähe des Klienten zu seinen Äußerungen'

Benennung der Stufen	Erläuterung
I Bei seinen Schilderungen wirkt der Klient gefühlsmäßig distanziert	Der Klient – schildert Situationen, Probleme und u. U. auch seine Gefühle; diese Schilderungen scheinen jedoch vom gegenwärtigen Erleben des Klienten weit entfernt zu sein. Der Klient stellt Externales oder auch Emotionales wie aus der Vogelperspektive dar; seine Rückerinnerungen lösen offensichtlich kein emotionales Echo in ihm aus.
II Bei seinen Schilderungen geht der Klient innerlich mit	Der Klient – scheint die mit den geschilderten Situationen oder Problemen ursprünglich verbundenen Gefühle bei der Schilderung zumindest ansatzweise aufs neue zu erleben; – vollzieht die erlebten Situationen in vielen Einzelheiten noch einmal nach; – läßt erkennen, daß auch die gegenwärtige Psychotherapiesituation für ihn mit Emotionen verbunden ist.

Weiterer Hinweis: Die vorgelegten Psychotherapieausschnitte sollen im Hinblick auf diese Skala nach der *Art*, nicht nach dem *Inhalt* der Klientenäußerungen beurteilt werden.

KV 5 ‚Unspontaneität des Sprechens'

Benennung der Stufen	Erläuterung
I Der Klient redet von sich aus viel	Der Klient – erzählt ohne Stimulierung durch den Psychotherapeuten; – läßt keine Pausen entstehen.
II Der Klient redet von sich aus wenig	Der Klient – spricht nicht ohne Stimulierung durch den Psychotherapeuten; – läßt oft Pausen entstehen.

KV 6 ‚Akzeptierung eigener Gefühle‘

Benennung der Stufen	Erläuterung
I Man spürt, daß der Klient seinen Gefühlen gegenüber eine abwehrende Haltung einnimmt	Der Klient – neigt dazu, Gefühle, die der Psychotherapeut hinter oder in seinen Äußerungen zu sehen meint und ihm formuliert, ohne Reflexion abzulehnen; – verharmlost vom Psychotherapeuten geäußerte Gefühle, schwächt sie ab; – läßt nur schwache Gefühle als zutreffend gelten; – geht über Andeutungen von Gefühlen schnell hinweg, wechselt das Thema ins Unverfängliche; – verallgemeinert seine Probleme und Empfindungen (‚Das würde Ihnen doch auch so gehen‘, ‚Das würde wohl jeder so machen‘).
II Man spürt die Bereitschaft des Klienten, seine Gefühle für sich zu akzeptieren	Der Klient – ist bereit, alle Gefühle, die der Psychotherapeut hinter oder in seinen Äußerungen zu sehen meinte und ihm formuliert, zu reflektieren, ihre Gültigkeit für ihn zu erwägen oder zu akzeptieren; – akzeptiert auch stärkere Gefühle als zutreffend; – bleibt nach Gefühlsäußerungen beim Thema, weicht nicht aus.“

Demonstrationsmaterial

Vorbemerkung:

Auch bei diesem Beispielmaterial gelten die auf S. 65 gemachten Einschränkungen in bezug auf Textprotokolle, da auch die Selbstexploration des Klienten nicht nur verbal, sondern auch nonverbal vermittelt wird.

Ausschnitt aus einem Therapiegespräch (3. Kontakt):

Kl.: Ja, wenn ich mir das so überleg', dann stimmt es schon, daß ich wenig aus mir herausgehe. Ja, weil da früher so Sachen passiert sind, die waren blöd, ganz blöd waren die.

Th.: Wenn Sie so sagen blöd – kurze Pause – da sind Sie irgendwie verletzt worden.

Kl.: Ja... so... wenn man halt jemanden verarscht, wenn man einen Spaß mit ihm macht, irgendwie so.

Th.: So... so ganz klein sind Sie da gemacht worden.

Kl.: Eigentlich schon..., daß ich da bestimmte Sachen einfach nicht so gecheckt habe, die die anderen ganz bewußt gebracht haben. Die ich dann erst nachher, wenn die anderen drüber gelacht haben, da sind die mir dann aufgegangen.

Th.: Das fühlen Sie so richtig jetzt noch.

Kl.: (Pause), irgendwo, irgendwie, hängt das auch zusammen... (kurze Pause)... gestern abend, da war das auch so.

Th.: Da war so eine Situation, in der Sie das so empfunden haben wie damals.

Kl.: Ja... solche Situationen passieren jetzt schon auch mal ab und zu. Vielleicht nicht mehr ganz so stark, aber das Gefühl ist ganz genau so unbeschreiblich, wie es jetzt oder wie es damals war.

Th.: Das ist genau das gleiche geblieben.

Kl.: Irgendwie schon... irgendwie schon. Das ist so stark, daß das Gefühl irgendwie das blöde Gefühl eigentlich das ist, ... über die ganzen Jahre die einzige Erinnerung... (kurze Pause)..., daß... wenn ich mich zurücker-innere, wenn ich mich genau erinnere, eigentlich das das Gefühl ist, was am stärksten war. Das ist immer konstant so ein Gefühl nach dem anderen, was da abgelaufen ist.

Th.: Das, und das... ist so ein Bild, was Sie so ganz plastisch vor sich haben.

Kl.: Ja,... (kurze Pause)... das, das bin eigentlich ich.

Lernkontrolle

Aufgabe 1

Bitte beurteilen Sie – anhand der Truax-Skala – das Ausmaß an Selbst-exploration in den folgenden Klientenäußerungen.

Klient:

a) Sonntags, da gehe ich immer zum Fußballspiel. Das lasse ich mir nicht nehmen. Den Torwart sollten Sie sehen. Was der alles hält!

Stufe: _____

b) Ich bin oft so müde, wenn ich nach Hause komme. So völlig abgespannt und kaputt. Mir geht es schon sehr nahe, wenn,... wenn ich dann so sehe, wie meine Frau enttäuscht ist, daß wir wieder nichts unternehmen. Ich kämpfe dann mit mir. Aber, es ist so wahnsinnig,... wenn ich so müde bin, fällt es mir einfach schwer auf sie einzugehen.

Stufe: _____

c) Kennen Sie das, wenn man mit anderen zusammensitzt, man möchte was sagen und wird plötzlich aufgeregt? Ich spüre die Blicke, bei mir schnürt sich dann was zu. Ich bin so aufgeregt, daß meine Hände zittern. Und dabei kenne ich alle, aber so einen richtigen Diskussionsbeitrag, das habe ich noch nie geschafft. Ich fühle mich da so als Versager... Ja, das ist es. Ich habe so eine Angst, etwas Falsches zu sagen. Du darfst dich nicht blamieren... – das ist das hauptsächliche Gefühl.

Stufe: _____

d) Wenn ich in mein Auto steige, da kann ich richtig stolz darauf sein. Ich habe es jetzt zwei Jahre und es war noch nie was dran. Das freut mich riesig, daß ich da so einen guten Kauf gemacht habe.

Stufe: _____

Lösungen siehe Seite 257

1.6 Focusing

Lernziel

● Das Focusing-Konzept beschreiben können.

Ausgehend von der Frage, worin sich Klienten, die sich durch eine Psychotherapie bedeutsam verändern, von denen unterscheiden, bei denen sich keine Veränderung zeigt, entwickelte Gendlin – ein

Mitarbeiter Rogers' – das Konzept des Focusing. Gendlin stellte fest und konnte dies durch Untersuchungen empirisch untermauern, daß für den späteren Therapieerfolg weder die Technik der Therapeutin noch der Inhalt der Klientenäußerungen entscheidend waren: bedeutsam war allein, *wie* die Klienten sprechen. Diese Art und Weise, wie der Klient sich mitteilt bzw. was während des Gesprächs im Klienten gefühlsmäßig abläuft, nannte Gendlin (1961) ursprünglich *„Experiencing"*. Es stellte sich heraus, daß dieses Hinhorchen auf die eigene Befindlichkeit und das behutsame Begleiten des inneren Erlebens zu einer deutlich spürbaren Veränderung führt.

Nachdem Gendlin festgestellt hatte, daß sich die Klienten in bezug auf diese Fähigkeit schon in den ersten zwei Therapiestunden deutlich voneinander unterscheiden, arbeitete er in den folgenden Jahren daran, den Prozeß, den Weg hin zu dieser Erlebnisqualität, so genau zu analysieren und zu beschreiben, daß er lehr- und lernbar wird (Gendlin 1983, S. 12):

„Meinen Zweifeln zum Trotz begann ich mir zu überlegen, wie ich diesen wichtigen inneren Akt vermitteln könnte. Mit der Hilfe vieler Kollegen entwickelte ich Schritt für Schritt eine Anleitung, wie man das tun kann, was die seltenen erfolgreichen Patienten instinktiv richtig machen. Wir testeten diese Instruktionen an einer großen Zahl von Personen, verbesserten sie und probierten sie immer und immer wieder aus, und dies mehrere Jahre hindurch. Die einzelnen Schritte wurden sorgfältig ausgearbeitet und sind heute leicht erlernbar. Verschiedene Untersuchungen haben gezeigt, daß diese Anleitung den Patienten ermöglicht, diese innere Handlung zu vollziehen."

So entstand das Konzept des *Focusing*. Unterteilt in sechs Schritte wird der Prozeß genau beschrieben, der abläuft, wenn eine Person mit ihrem inneren Erleben so Kontakt aufnimmt, daß es zu einer *deutlichen, spürbaren Veränderung* kommt.

Es würde in diesem Rahmen zu weit führen, diese sechs Focusing-Schritte im einzelnen mit notwendigen Erklärungen aufzuführen, hier sei auf die im Anschluß angegebene weiterführende Literatur verwiesen. Wichtiger erscheint es, noch etwas dazu zu sagen, wie das Konzept des Focusing zum klientenzentrierten Konzept steht. Gendlin sieht Focusing nicht als Technik innerhalb einer bestimmten Therapie, sondern als eine *Beschreibung des inneren Veränderungsprozesses*. Dieser Veränderungsprozeß ist nicht unbedingt an eine Therapeut-Klient-Situation gebunden, sondern bietet sich nach Gendlin „überall dort an, wo man etwas von innen kommen lassen will, etwas sich entwickeln lassen will, was noch nicht gedacht ist... Focusing ist eine klientenzentrierte Therapie, die man in sich selbst durchführt. Das Körpergefühl ist der wirkliche Klient" (Gendlin 1984, S. 13). Das heißt, ich höre mir zu, ich lenke meine Aufmerksamkeit auf das, was in meinem Innern geschieht und versuche dies immer deutlicher wahrzunehmen, bis sich eine klare Körperempfindung, Bilder, Worte oder Gefühle einstellen.

Das setzt jedoch Focusing-Erfahrung voraus, denn die jeweilige Person muß erst einmal gelernt haben, sich in Kontakt zu ihrem Erlebensprozeß zu bringen. Dazu braucht sie in der Regel eine Therapeutin – als Expertin für diesen Prozeß – die sie entsprechend anleitet und eine Beziehung, die es ihr überhaupt erst ermöglicht, sich auf diesen Prozeß einzulassen.

Abschließend sei noch Agnes Wild-Missong (1981) zitiert, die das Vorwort zur deutschsprachigen Ausgabe von Gendlins Buch „Focusing" geschrieben hat und die die Beziehung zwischen Klientenzentrierter Psychotherapie und Focusing folgendermaßen zusammenfaßt:

„Die therapeutische Beziehung, die Wärme und Akzeptierung sind für Rogers wie für Gendlin unabdingbare Voraussetzungen für den therapeutischen Prozeß. Wenn Rogers sie als Rahmenbedingungen sieht, innerhalb derer der Reifungsprozeß stattfinden kann, dann sind sie für Gendlin die Basis dafür, daß der Klient vertrauensvoll in den Focusing-Prozeß einsteigen kann. Rogers nimmt persönlich Beziehung zu seinem Klienten auf. Gendlin nimmt die Beziehung zum inneren Focuser im Klienten auf.

Die Vorgangsweisen dieser beiden berühmten klientenzentrierten Psychotherapeuten liegen auf einem Kontinuum, auf einem breiten Band verschiedener Möglichkeiten. Gendlins präzise Focusing-Anweisungen liegen auf einem Ende dieses Kontinuums, Rogers' offen gewährende Haltung auf dem anderen. In bestimmten Fällen geht Rogers auch gezielter und selektiver vor. Dann bewegt er sich in die Mitte dieses Kontinuums. Gendlin tut dasselbe vom anderen Ende aus: sobald der Focusing-Prozeß selbständig abläuft, macht er nichts anderes, als empathisch-verstehend dabeizusein."

Wenn Sie mehr über das Focusing-Konzept erfahren wollen, so bieten sich verschiedene Bücher und Artikel an, die jedoch hier nur in einer Auswahl angegeben werden können. Für weitere In-

formationen sei auf das Focusing Zentrum Würzburg[14] verwiesen.
Als einführende Literatur empfehlen sich – neben dem Buch von Gendlin, E.T.: Focusing. Otto Müller, Salzburg 1983 – die folgenden Artikel:

- Wiltschko, J./Köhne, F.: Vom dumpfen Gefühl zur klaren Empfindung. In: Psychologie heute, 3, 1984.
- Wiltschko, J.: Zur Praxis des Focusing. Persönliche Erfahrungen mit Gene Gendlin. In: Informationsblätter der Gesellschaft für wissenschaftliche Gesprächspsychotherapie, 37, 1979.[15]

Es gibt auch einen Videolehrfilm,[16] in dem Gendlin Focusing demonstriert.

Lernkontrolle

Kreuzen Sie diejenige Aussage an, die das Focusing-Konzept zutreffend beschreibt:

Mit „Focusing" wird *in erster Linie bezeichnet,*

☐ A was während des Gesprächs im Klienten gefühlsmäßig abläuft, d. h., in welchem Ausmaß er in seinen Äußerungen eine Bezugnahme auf sein aktuelles Erleben zeigt;
☐ B alles, was der Klient erzählt;
☐ C ob der Klient über seine emotionalen Erlebnisse spricht, weniger wie, d. h. mit welcher emotionalen Beteiligung er davon spricht;
☐ D inwieweit der Klient über Personen und/oder Sachen spricht, die zu ihm in einer Beziehung stehen.

Lösungen siehe Seite 258

---

14 Focusing Zentrum Würzburg, Frankfurter Straße 10, 8700 Würzburg.
15 Die Artikel sind auch über das o. a. Focusing Zentrum zu beziehen.
16 Zu beziehen über: mediateam psychologie, Talackerstraße 20, 8100 Garmisch-Partenkirchen.

1.7 Rogers' Persönlichkeitstheorie

Lernziele

● Aussagen identifizieren können, die eine wesentliche These von Rogers' Persönlichkeitstheorie beinhalten.
● Angeben können, wie nach Rogers Angst- und Verteidigungshaltungen geändert werden können.

Darstellung des Persönlichkeitskonzeptes

Die Persönlichkeitstheorie von Rogers ist ein Versuch, die in der Therapie gemachten Erfahrungen theoretisch einzuordnen. Diese Theorie stellt daher weniger eine Theorie der Persönlichkeit dar, als vielmehr eine Theorie der Therapie bzw. des „therapeutischen Wandlungsprozesses" (Rogers 1977, S. 34). Rogers will dabei nicht so sehr erklären, *warum* es bei einem bestimmten Therapeutenverhalten zu einer Änderung des Klienten kommt, er versucht vielmehr diesen therapeutischen Vorgang zu beschreiben, d. h. zu erfassen, *wie* es zu dieser Veränderung kommt (vgl. Rogers 1977, S. 119). Und noch eine Vorbemerkung: Rogers will sein theoretisches Konzept nicht als Dogma verstanden wissen, sondern als ein sich weiterentwickelndes, modifizierbares Persönlichkeitsmodell.

Bei Rogers ist der Mensch von Natur aus gut, ausgestattet mit einer angeborenen Tendenz – der sogenannten *Aktualisierungstendenz* –, sich konstruktiv in Richtung auf Selbstverwirklichung und Unabhängigkeit hin zu entwickeln.

Während ein Kleinkind noch alle Erfahrungen danach bewertet, ob sie positiv oder negativ auf diese angeborene Aktualisierungstendenz wirken, so werden später die Werte anderer (der Eltern, der Umwelt) introjiziert, was dann zu einem Konflikt zwischen diesen gelernten Wertvorstellungen und dem angeborenen, dem sogenannten *organismischen Wertsystem,* welches sich an der Aktualisierungstendenz orientiert, führt. Rogers charakterisiert diesen Konflikt folgendermaßen: „Es gefällt mir, doch die andern lehnen es ab. Da ich will, daß sie mich gern haben, will auch ich dagegen sein" (zit. nach Wild 1975, S. 68). Dieses „da ich will, daß sie mich gerne haben" drückt das Bedürfnis nach positiver Wertschätzung aus, das ein jeder Mensch hat und das dann diesen Konflikt erst ermöglicht, denn es läßt ein *Selbstkonzept* entstehen (das Selbstkonzept ist das Bild, das eine Person von sich hat; es umfaßt alle

Erfahrungen, die ein Mensch bisher mit sich, d. h. mit seinen Wahrnehmungen, Gefühlen und Fähigkeiten gemacht hat), das sich eben nicht an dem organismischen Wertsystem orientiert, sondern an den Werten anderer („da ich will, daß sie mich gerne haben, will auch ich dagegen sein"). „Da diese introjizierten Wertvorstellungen zu einem Teil seines Selbstkonzepts werden, der nicht auf dem normalen Weg der Auswertung von Erfahrungen gewonnen wurde, haben die daraus entstehenden Konstrukte rigiden und statischen Charakter – sie werden häufig in Form eines „Sollte" oder „Müßte" erfahren. Das Individuum neigt dazu, seinen eigenen Erfahrungsprozeß zu ignorieren, sobald es mit diesen Konstrukten in Konflikt gerät. Es versucht, anders gesagt, das Selbst zu sein, das andere von ihm erwarten, anstelle des Selbst, das es eigentlich ist. Aus diesem Grund scheinen die Familie und andere institutionalisierte Beziehungen in unserer Kultur häufig die Brutstätte für psychische Krankheit zu sein" (Rogers 1977, S. 121).

Zusammengefaßt: Solange das Selbstkonzept und die organismischen Erfahrungen oder das organismische Selbst in Einklang sind, solange ist der Mensch ohne Konflikt, er ist kongruent. Er wird innerlich gespalten, *inkongruent*, wenn eine Diskrepanz zwischen dem rigiden Selbstkonzept, das sich aus den Werten anderer entwickelte und der Aktualisierungstendenz, d. h. dem organismischen Selbst, besteht.

Das Selbstkonzept, das eine Person von sich hat, strukturiert deren Wahrnehmung und beeinflußt damit das jeweilige Verhalten. So wird jemand, der sich als intelligent und erfolgreich erlebt, eine bevorstehende Prüfung und ein schlechtes oder gutes Abschneiden darin ganz anders erleben als jemand, der wenig Zutrauen zu sich hat und sich eher als Versager erlebt. Während ersterer die Prüfung als Herausforderung ansehen mag, als willkommene Gelegenheit, seine Leistung unter Beweis zu stellen, und ein schlechtes Abschneiden als Pech, ein gutes als Bestätigung seiner Leistungsfähigkeit wahrnehmen mag, so wird derjenige, der sich wenig zutraut, die Prüfung eher als Bedrohung empfinden, Angst davor haben, evtl. versuchen, der Situation zu entgehen und ein gutes Abschneiden als Glück, ein schlechtes jedoch als Bestätigung seiner Unzulänglichkeit ansehen.[17]

---

17 Vgl. hierzu auch das von Rotter (1966) entwickelte Konstrukt der internalen versus externalen Kontrolle, das erfaßt, inwieweit positive oder negative Ereignisse als direkte Konsequenzen des eigenen Ver-

Nach Rogers gibt es demzufolge keine objektive Realität, sondern immer nur eine – gemäß der individuellen selektiven Wahrnehmung – subjektive Wirklichkeit, die durch das Selbstkonzept einer Person strukturiert wird.

Daraus ergibt sich die zentrale Bedeutung des einfühlenden Verstehens: die Beraterin/Therapeutin versucht nicht, dem Klienten ihren – scheinbar objektiven – Bezugsrahmen aufzuzwingen, sondern bemüht sich, den inneren Bezugsrahmen, d.h. die subjektive Wahrnehmung des Klienten zu verstehen.

Angst und Spannung entstehen nach Rogers dann, wenn Erfahrungen, die nicht in das individuelle Selbstkonzept passen, in das Bewußtsein zu treten drohen, d.h., wenn die Gefahr besteht, daß die Diskrepanz zwischen Selbstkonzept und organismischer Erfahrung bewußt wird. In dieser Situation wehrt sich das Individuum dagegen, indem es dann die Erfahrung *leugnet* oder, noch häufiger, diese Erfahrung falsch, d.h. *verzerrt aufnimmt* (so, daß sie mit dem Selbstkonzept in Einklang zu bringen ist).

Ein Beispiel: Ein Ehemann, in dem die Überzeugung tief verankert ist, daß man keine sexuellen Beziehungen außerhalb der Ehe aufnehmen darf, hat dies auf einer Geschäftsreise doch getan. Die Folge ist, daß der Mann seinen Seitensprung zuerst ganz aus seinem Bewußtsein verdrängt und dann – mit der Tat konfrontiert – so sieht, daß er ja eigentlich von seinen Kollegen ganz bewußt unter Alkohol gesetzt und in diese beschämende Situation reingezwungen worden sei. So daß er ja eigentlich nichts dafür könne. Er würde so was ja nie aus freiem Willen tun. Das ist nach Rogers das „typische neurotische Manöver": Ich verleugne oder verzerre bestimmte Wahrnehmungen oder Erfahrungen, weil sie mit meinem Selbstkonzept nicht in Einklang zu bringen sind (was nicht sein darf, das nicht sein kann!).

Um die so erzeugten Ängste, Spannungen und Verteidigungshaltungen ändern zu können, muß wieder eine Übereinstimmung zwischen dem Selbstkonzept und den organismischen Erfahrungen hergestellt werden. Voraussetzung dafür ist jedoch, daß das Selbst-

---

haltens wahrgenommen werden (vgl. Weinberger u. Seidenstücker 1980), sowie die Untersuchungen zu „Erfolg" und „Mißerfolg" im Rahmen der Leistungsmotivationsforschung. So konnte Hoppe (1931) „nachweisen, daß nicht ‚objektiver', sondern ‚erlebter' Erfolg und Mißerfolg für leistungsmotivierte Verhaltensänderungen maßgeblich sind" (zit. nach Meyer 1973, S. 30).

konzept flexibler wird, so daß das Individuum wesentlich mehr Erfahrungen (z. B. auch die Erfahrung: ich mache Fehler) in das Selbstkonzept einbauen, d. h. für sich akzeptieren kann. Dazu ist es notwendig, daß das Individuum eine Beziehung findet, in der es weitgehend akzeptiert wird, so daß es keine Angst- und Verteidigungshaltungen aufbauen muß. Eine Beziehung, in der es sich langsam entdecken kann, so wie es ist. In der die rigiden Strukturen („Ich lüge nie!“, „Das darf mir nicht passieren!“) aufgelockert werden und auch negative Gefühle, die vorher mit dem Selbstkonzept nicht vereinbar waren, zugelassen werden können. So können dann die Grenzen des Selbstkonzepts Schritt für Schritt erweitert werden, bis das Selbstkonzept schließlich so flexibel ist, daß es alle auftretenden Erfahrungen – auch die bisher verdrängten oder verzerrten – einbauen kann.

Kennzeichnend für ein neurotisches rigides Selbstkonzept ist, daß eine deutliche Diskrepanz zwischen dem besteht, wie der Klient sich selbst sieht (reales Selbstkonzept) und dem, wie er gerne sein möchte (ideales Selbstkonzept). *Bei einem flexiblen Selbstkonzept sind das reale und das ideale Selbstkonzept dagegen aneinander angenähert: Das Individuum kann sich weitgehend so akzeptieren, wie es ist.* Rogers (1977, S. 123) schreibt: „Die neue Selbstgestalt ist eine fließende, veränderliche Struktur, wobei das eigene Erleben immer mehr zur Grundlage der Selbstbewertung wird.“ Dementsprechend wirken sich die Änderungen der Klienten nach einer Klientenzen-

---

Mehr über Rogers' Persönlichkeitstheorie und auch darüber, welche Bedeutung seiner Meinung nach einer klientenzentrierten Lebensauffassung zukommt – im persönlichen wie gesellschaftlichen Bereich – finden Sie in seinem Grundsatzartikel „Eine Theorie der Psychotherapie, der Persönlichkeit und der zwischenmenschlichen Beziehungen“. GwG-Verlag, Köln [2]1989 und in seinen Büchern: „Entwicklung der Persönlichkeit“, Klett, Stuttgart 1973; „Lernen in Freiheit“, Kösel, München 1974, und „Die Kraft des Guten“, Kindler, München 1978.
Sehr eindrucksvoll sind auch die Beiträge von Barry Stevans in dem Buch „Von Mensch zu Mensch“ von Rogers und Stevans, Junfermann, Paderborn 1984, sowie der Artikel von Michael Gutberlet: Power des personenzentrierten Zugangs zum Menschen. In: Informationsblätter der Gesellschaft für wissenschaftliche Gesprächspsychotherapie, 63, 1986, S. 9–19.

trierten Psychotherapie auch u. a. in einer größeren Unabhängigkeit von anderen Personen, einer vermehrten Durchsetzungskraft und Spontaneität, und im stärkeren Selbstvertrauen und größerer Selbstakzeptierung aus (vgl. S. 104).

Im einzelnen ist der Prozeß der Veränderung des Klienten in der Klientenzentrierten Psychotherapie – von einer sehr rigiden, Probleme und eigene Gefühle nicht wahrnehmenden Persönlichkeit bis hin zur Leitvorstellung der sog. „fully-functioning-person", die alle Erfahrungen in ihr Selbstkonzept integrieren kann – von Rogers in Form einer 7stufigen Prozeßskala beschrieben worden (vgl. Rogers 1977, S. 28 f.).

Kritik an Rogers' Persönlichkeitstheorie

Rogers gehört mit seinem Persönlichkeitskonzept zu den Begründern der sogenannten Humanistischen Psychologie, die in der amerikanischen Psychologie als dritte Kraft bezeichnet wird (neben Verhaltenstherapie und Psychoanalyse). „Allport (1949) spricht in diesem Zusammenhang von einer ‚Revolution des amerikanischen psychologischen Denkens', wobei er sich auf Kurt Goldstein, Karen Horney, Kurt Lewin und Carl Rogers bezieht" (zit. nach Graumann 1977, S. 40).

Zentraler Punkt dieses Ansatzes ist der Glaube an einen jedem Individuum innewohnenden Drang zum Wachstum, zur konstruktiven Veränderung, zur Selbstverwirklichung. Genau diese grundlegende Annahme ist in Rogers' Persönlichkeitskonzept der Hauptangriffspunkt sowohl von psychoanalytischer Seite, die von einem angeborenen Destruktionstrieb ausgeht, wie von lerntheoretischer Seite, die die Selbstaktualisierung als einen erlernten Trieb oder als die generelle Fähigkeit zu lernen ansieht (vgl. Martin 1975, S. 30).

Eine ausführlichere Auseinandersetzung mit den kontroversen Standpunkten zum Konzept der Tendenz nach Selbstverwirklichung kann in diesem Rahmen nicht stattfinden, hier sei auf entsprechende weiterführende Literatur verwiesen. So bringt Martin (1975) eine übersichtliche und prägnant zusammengefaßte kritische Bewertung der Psychoanalyse, der Klientenzentrierten Therapie und der lerntheoretischen Ansätze.

An Rogers' Persönlichkeitskonzept wird weiterhin kritisiert, daß es nur eine sehr allgemeine Beschreibung des Therapiegeschehens sei, und daß ein theoretisches Handlungsmodell fehle, das angibt, wann welche Interventionen der Therapeutin angemessen seien und wann nicht.

Ausgehend von dieser Kritik wird zur Zeit verstärkt an der Beschreibung einer Klientenzentrierten Krankheitstheorie (Speierer 1990) bzw. einer Gesprächspsychotherapeutischen Krankheitslehre (Finke 1991 a, 1991 b) gearbeitet, die Rogers' Persönlichkeitstheorie dahingehend differenziert und fortentwickelt, daß für die Klientenzentrierte Psychotherapie bzw. für die Gesprächspsychotherapie genauere Aussagen über Indikation und Kontraindikation sowie auch über den Einsatz störungsspezifischer therapeutischer Vorgehensweisen gemacht werden können.

Lernkontrolle

Aufgabe 1

Bitte kreuzen Sie diejenige(n) Aussage(n) (A–E) an, die eine wesentliche These von Rogers' Persönlichkeitstheorie beinhaltet (beinhalten).

☐ A Das Selbstkonzept, das ein Mensch von sich hat, beeinflußt dessen Wahrnehmung.
☐ B Jedes Individuum kann die Realität objektiv wahrnehmen.
☐ C Der Mensch ist von Natur aus gut, mit einem angeborenen Streben nach Selbstverwirklichung.
☐ D Es gibt ein angeborenes, sogenanntes organismisches Wertsystem.
☐ E Erfahrungen werden verfälscht aufgenommen oder verleugnet, wenn sie mit dem Selbstkonzept nicht in Einklang zu bringen sind.

Aufgabe 2

Bitte setzen Sie in diesen Lückentext, der beschreibt, wie nach Rogers Angst- und Verteidigungshaltungen geändert werden können, die zutreffenden fehlenden Formulierungen ein.

Text: Um die erzeugten Angst- und Verteidigungshaltungen ändern zu können, muß eine _____ zwischen dem Selbstkonzept und den organismischen Erfahrungen hergestellt werden. Voraussetzung dafür ist, daß das Selbstkonzept _____ wird, so daß das Individuum wesentlich mehr Erfahrungen (im Idealfall alle Erfahrungen) in das Selbstkonzept einbauen, d.h. für sich akzeptieren kann.

Aufgabe 3

Bitte kreuzen Sie diejenige(n) Aussage(n) (A–D) an, die zutreffend beschreibt/beschreiben, wie nach Rogers Angst- und Verteidigungshaltungen abgebaut werden können:

☐ A Das Selbstkonzept muß flexibler werden, so daß es alle auftretenden Erfahrungen integrieren kann.
☐ B Durch Manipulation des Verhaltens werden unerwünschte Verhaltensweisen abgebaut.
☐ C Das Individuum muß eine Beziehung finden, in der es keine Angst- und Verteidigungshaltungen aufbauen muß.
☐ D Durch nochmaliges Durcharbeiten der Kindheitsphasen werden die Störungen abgebaut.

Lösungen siehe Seite 258

1.8 Forschungsergebnisse zur Klientenzentrierten Psychotherapie

Die drei von Rogers postulierten Berater-/Therapeutenmerkmale haben sich in vielen Untersuchungen als bedeutsam für eine konstruktive Änderung des Klienten erwiesen. Die Untersuchungen zur Wirkungsweise einzelner Therapeutenmerkmale sind meist so aufgebaut, daß das eine oder andere Merkmal kontrolliert wird und dann mit dem Kriterium – der Änderung im Verhalten und Erleben des Klienten – in eine statistische Beziehung gebracht wird. Diese Daten werden dann mit denen einer Kontrollgruppe, d. h. einer vergleichbaren Klientenpopulation ohne psychotherapeutische Behandlung, verglichen.
Ein Problem bei den Untersuchungen zur Effektivität der einzelnen Therapeutenmerkmale stellen die recht unterschiedlichen Einschätzskalen dar. Die Vorteile dieser Skalen sind darin zu sehen, daß sie die einzelnen Haltungen operationalisieren, eine Therapiekontrolle überhaupt erst möglich machen und die Therapeutenmerkmale dadurch besser lehr- und lernbar sind. Nachteile dieser Skalen sind jedoch, daß sie zumeist nicht eindimensional sind (dies gilt insbesondere für die Skalen zur Erfassung der Variablen „Positive Wertschätzung" sowie „Echtheit") und die Abstände zwischen den Stufen kaum als gleich anzusehen sind (statistisch

ausgedrückt: es besteht Zweifel daran, ob die Skalen intervallskaliert sind). Eine weitere Schwierigkeit besteht darin, daß die Therapieziele, wie z. B. verstärkte Akzeptierung der eigenen Person; weniger Ängste, größere emotionale Sicherheit; verstärkte Selbständigkeit und Unabhängigkeit, durch gängige Testverfahren nur unzureichend erfaßt werden.

Zusammengefaßt lassen die Untersuchungen zur Effektivität der drei Grundhaltungen jedoch die Annahme zu, daß eine hohe Ausprägung bei unterschiedlichen Klienten (unterschiedlich in bezug auf Schichtenzugehörigkeit und Art und Ausmaß der seelischen Beeinträchtigungen) zu konstruktiven Änderungen führen, die charakterisiert werden als „Verminderung allgemeiner Unsicherheit, Spannungen, Niedergeschlagenheit, Minderwertigkeitsgefühle, emotionale Überkontrolle, Feindseligkeit, Verminderung nichtorganisch bedingter körperlicher Beeinträchtigungen, Verminderung oder Fortfall störender Verhaltenssymptome. Ferner Zunahme von Selbstakzeptierung, vermehrter Unabhängigkeit von anderen Personen, vermehrter Durchsetzungsfähigkeit und Spontaneität, vermehrtem Selbstvertrauen u. a." (Tausch 1976, S. 62).

In den letzten Jahren sind sehr viele Untersuchungen zur Anwendung und Wirksamkeit der Klientenzentrierten Psychotherapie bei den verschiedensten Erkrankungen durchgeführt worden, wobei zunehmend auch über die Anwendung der Klientenzentrierten Psychotherapie bei psychiatrischen Erkrankungen, bei Borderline-Störungen, bei Anorexie-Bulimie und bei Alkoholabhängigen berichtet wird (s. S. 179). Es herrscht Übereinstimmung darüber, daß dieses breite Anwendungsspektrum einen krankheitsspezifischen Einsatz der Therapeutenmerkmale erforderlich macht, umstritten ist dagegen, inwieweit dabei über das klientenzentrierte Konzept hinausgehende Interventionsmethoden zu integrieren sind (s. S. 128).

1.9 Die klientenzentrierte Grundhaltung in der psychosozialen Praxis

Zahlreiche Untersuchungen belegen, daß der Realisation der Merkmale „Einfühlendes Verstehen", „Positive Wertschätzung" und „Echtheit" eine entscheidende Bedeutung für den Aufbau positiver sozialer Beziehungen zukommt (Shapiro u. Voog 1969, Shapiro u. a. 1969, Carkhuff 1969). Das ist für alle in der psychosozialen Versorgung Tätigen von großer Bedeutung, denn *jeder Kontakt* zu einem Klienten stellt eine zwischenmenschliche Beziehung dar.

Die Helferin oder Beraterin, die die klientenzentrierte Grundhaltung in ihrem Arbeitsfeld konstruktiv verwirklichen will, muß dabei jedoch einige wichtige Hinweise beachten.

(1) Allgemeine Hinweise

1. Es darf nicht gleich mit jedem Klienten eine Psychotherapie gemacht werden. So schreiben Pörtner u. Monstein (1985, S. 68): „Erweiterung des personenzentrierten Ansatzes über den therapeutischen Bereich hinaus heißt nicht, beliebige berufliche Situationen in therapeutische umzufunktionieren. Dieses Mißverständnis wird leider immer wieder praktiziert und hat zu Recht Mißtrauen gegenüber dem personenzentrierten Ansatz hervorgerufen."

2. Die klientenzentrierte Grundhaltung darf nicht als eingeübte und beliebig anwendbare Technik verstanden werden, die die helfende Person dazu benutzt, den Klienten dahin zu bringen, wohin sie bzw. die Institution, für die sie arbeitet, ihn haben will. Mit anderen Worten: die klientenzentrierte Haltung darf nicht „zur Psychotechnik verkommen" (Wegener 1985).

3. Die klientenzentrierte Grundhaltung darf auf der anderen Seite auch nicht als „allgemeine Charaktereigenschaft", als generelles „Sei-lieb-zum-Klienten" (Biermann-Ratjen u. a. 1989, S. 148) mißverstanden werden.

Bei der klientenzentrierten Haltung handelt es sich vielmehr *um eine grundlegende Einstellung, dem Klienten in der konkreten Situation als Person zu begegnen und sich in der jeweiligen konkreten Situation dem Klienten gegenüber um positive Wertschätzung und Einfühlung in seine Person und Situation zu bemühen.* Dabei darf sich einfühlendes Verstehen nicht auf die „Verbalisierung emotionaler Erlebnisinhalte" reduzieren. Indem sich öfter Beraterinnen gleich auf die Gefühle des Klienten „stürzten" und diese voller Eifer – wie gelernt – verbalisierten, sind Klienten oftmals voreilig in eine quasi therapeutische Situation gedrängt worden.

Geht es Ihnen nun aber um eine wirkliche Realisation von Rogers' Grundhaltung, so muß dies in jeder Beziehung, in jedem Kontakt als ein sich entwickelnder *Prozeß* gesehen werden, in welchem Sie sich bemühen, dem Klienten echt, wertschätzend und einfühlend zu begegnen. Ob und inwieweit Ihnen dies in dem jeweiligen Fall gelingt, hängt von Ihnen, dem Klienten und ganz entscheidend von den Rahmenbedingungen ab, unter denen Sie arbeiten. In bezug auf Ihre Person spielen dabei folgende Faktoren eine Rolle:

– Ihr lebensgeschichtlicher Hintergrund, insbesondere frühere Beziehungserfahrungen: Bin ich so akzeptiert worden, wie ich bin? Wenn ja, von welchen Personen, von welchen nicht? Was für Leute mag ich nicht? Weiß ich warum?
– Ihre momentane Situation: persönliche Probleme; Arbeitsüberlastung („eigentlich nicht mehr können").

In bezug auf den Klienten sind diese Faktoren natürlich ebenso wichtig:

– sein lebensgeschichtlicher Hintergrund: frühere geglückte wie mißglückte Beziehungen; Mißtrauen hinsichtlich Zuwendung („da falle ich nicht mehr darauf rein");
– seine momentane Situation: andere Erwartungen, z.B. ich will schnelle Hilfe, ich will wissen, was ich tun soll, ich will, daß für mich etwas getan wird.

In bezug auf die Rahmenbedingungen:

– Wieviel Zeit steht mir zur Verfügung, um mit dem Klienten in Kontakt zu kommen, eine Beziehung aufzubauen?
– Ist das mein Auftrag? Wird das honoriert oder gilt das als Zeitverschwendung?
– Geht es bei dem Klienten um persönliche Klärung oder geht es darum, primär für den Klienten etwas *zu tun,* z.B. eine Fördermaßnahme zu beantragen etc.?

Während sich die persönlichen Faktoren nicht alle vorher „klären" lassen, da sie ja teilweise erst im Beratungsprozeß sichtbar werden und dann Thema der – hoffentlich begleitenden – Supervision sein sollten, müssen die Rahmenbedingungen von vorneherein miteinbezogen werden. Das heißt, daß Sie als erstes für sich klären müssen, *unter welchen Bedingungen* Sie überhaupt eine Beziehung zum Klienten aufnehmen. Am Beispiel der *behördlichen Sozialarbeit* – bei der die Beziehung Beraterin/Klient sehr vielen Einschränkungen unterworfen ist – soll dies im folgenden näher verdeutlicht werden.

(2) Beispiel: behördliche Sozialarbeit

1. Rahmenbedingungen behördlicher Sozialarbeit

Zu den Aufgaben der Dipl.-Sozialpädagoginnen (FH) und Sozialarbeiterinnen in Ämtern und Institutionen der Sozial- und Gesundheitsverwaltung gehören neben Tätigkeiten wie Mitwirkung bei Sorgerechtsentscheidungen, Gewährung bzw. Vermittlung materieller Unterstützung und konkrete Hilfe bei Wohnungs- und Arbeitssuche auch die Beratung, verstanden hier als sozialpädagogische bzw. sozialtherapeutische Einflußnahme, nicht als reine Beratung über gesetzliche Möglichkeiten (s. auch S. 113).

Diese sozialtherapeutische Arbeit, die in den verschiedensten Ämtern – sei es Gesundheits-, Jugend- oder Sozialamt – von den Sozialarbeiterinnen geleistet wird und eine dementsprechende Qualifikation verlangt, ist jedoch mit ganz speziellen Schwierigkeiten verbunden, die durch die Organisation und Struktur der Behörden, durch das Sozialarbeiterinnen darin jeweils zugestandene Aufgabengebiet und die spezielle Klientenauslese bedingt sind. Die Schwierigkeiten werden im folgenden näher erläutert.

Das Subsidiaritätsprinzip und seine Folgen
für die behördliche Sozialarbeit

Viele Erschwernisse in der Betreuung von Klienten resultieren aus dem Subsidiaritätsprinzip, welches besagt, daß die öffentliche Hand auf dem Gebiet des Wohlfahrtswesens Aufgaben erst dann übernimmt, wenn feststeht, daß nur sie allein zu ihrer Erledigung in der Lage ist. Beispielsweise kann nach § 8 des Bundessozialhilfegesetzes die Sozialarbeiterin erst dann beratend tätig werden, wenn Erziehungs- und Familienberatungsstellen und sonstige therapeutische Einrichtungen staatlicher und kirchlicher Träger dem Klienten nicht oder nicht mehr helfen können. Dieses Vorgehen führt natürlich zu einer erheblichen sozialen Auslese. Die in einer Behörde tätige Sozialarbeiterin begegnet gehäuft Unterschichtklienten, die sozusagen durch die Maschen des sozialen Versorgungssystems gefallen sind. Diese Klienten haben häufig schon einige gescheiterte Problemlösungsversuche – u. a. unter Zuhilfenahme von Beratungsstellen der freien Verbände oder Selbsthilfegruppen – hinter sich, bevor sie sich direkt oder indirekt an eine Behörde wenden. Sie wünschen dann aber, wenn sie sich einmal zu diesem Schritt entschlossen haben, ein sofortiges und meist rigoroses Vorgehen.

Die Kontrollfunktion der Sozialarbeiterin

Häufig hat die in einer Behörde tätige Sozialarbeiterin auch eine Kontrollfunktion. Sie muß prüfen, ob Sachleistungen wirklich gerechtfertigt sind, ob dem Klienten gemachte Auflagen eingehalten werden o. ä. Diese Kontrollfunktion beim Sozial-, Jugend- und Gesundheitsamt stellt für jegliche sozialtherapeutische Arbeit eine große Belastung dar, weil sie häufig zu Konsequenzen führt, die der Einflußnahme der Sozialarbeiterin entzogen sind.

Die eingegrenzte Verschwiegenheit

An Behörden arbeitende Sozialarbeiterinnen haben wie alle Sozialarbeiterinnen kein Zeugnisverweigerungsrecht. Darüber hinaus müssen sie im Rahmen der sogenannten Amtshilfe Unterlagen anderen „auskunftsberechtigten Dienststellen" zur Verfügung stellen, soweit diese die Informationen für die Wahrnehmung ihrer Aufgaben benötigen. Tonbandaufnahmen gelten juristisch als Teil der Akte; sie müßten theoretisch ebenfalls zur Verfügung gestellt werden. Zu diesen Problemen kommt für Behörden, die mit Minderjährigen arbeiten, eine zusätzliche Erschwernis. Beispielsweise in Jugendämtern können Erziehungsberechtigte auf Akteneinsicht bestehen und auch die auf Kassette oder Tonband aufgenommenen Beratungsgespräche mit ihrem jugendlichen Sohn oder der Tochter verlangen, sobald sie ein berechtigtes Interesse gegenüber dem Jugendamt nachweisen können.

Abgesehen davon werden die Möglichkeiten zur Wahrung anvertrauter Geheimnisse dadurch begrenzt, daß Aktenunterlagen (also auch Tonbänder) bis zu 30 Jahre lang bei der jeweiligen Dienststelle aufbewahrt werden müssen.

Das Bild der Behörde in der Öffentlichkeit

Behörden werden häufig als Bedrohung angesehen. Sie haben den Beruf der Sozialarbeiterin in ihre Strukturen integriert und sich ihn dienstbar gemacht. Sowohl für die dort tätigen Sozialarbeiterinnen als auch für die Menschen, welche Behörden aufsuchen (müssen), treten Fachkompetenz und Selbstverständnis der Sozialarbeiterin in den Hintergrund; vordergründig wird die Sozialarbeiterin als „Amtsträgerin" angesehen, in einer oft als beängstigend empfundenen öffentlichen Verwaltung.

Ist nun eine Behördenvertreterin anders, als es diesem gängigen Bild entspricht, d. h., ist sie dem Klienten sehr zugewandt und nimmt sich ausreichend Zeit, so wird dies zuweilen als ein besonderer Behördentrick angesehen. Der Klient kann nicht annehmen, daß eine Behördenbedienstete an ihm als Person interessiert sein könnte und nicht nur an seiner Rolle als Hilfesuchender. In persönlichen Fragen werden dann auch „Fallen" vermutet.

Unübersehbar ist zudem, daß durch die zunehmenden öffentlichen Diskussionen über die Mißbrauchsmöglichkeiten gesammelter persönlicher Daten gerade bei der Klientel der im öffentlichen Dienst tätigen Sozialarbeiterin das Mißtrauen gewachsen ist.

2. Konsequenzen in bezug auf die Verwirklichung der klientenzentrierten Grundhaltung und die Durchführung von Beratungsgesprächen

Die Rahmenbedingungen, die Sie als *Sozialarbeiterin* in der Institution betreffen, verlangen

- bezüglich der *Kontrollfunktion*, daß Sie als erstes für sich genau klären, inwieweit Sie von dieser Funktion betroffen sind, inwieweit Sie hinter dieser Kontrollfunktion stehen. Als nächstes vermitteln Sie dies dem Klienten so klar wie möglich. Auch wenn Seibert (1978, S. 155 f.) sehr konsequent das sogenannte Doppelmandat (dem Klienten und der Institution verpflichtet) der Sozialarbeiterin ablehnt, so ist dies heute in den genannten Institutionen eben doch zumeist die Realität, und es bleibt der Sozialarbeiterin nur der Weg, sich und dem Klienten diese Funktion als Kontrolleurin wie als helfende Beraterin und oft sogar als wesentliche Bezugsperson möglichst transparent zu machen.
- In bezug auf die *begrenzte Verschwiegenheit* müssen Sie ebenfalls als erstes für sich klären, wie Sie damit umgehen wollen und was das für Ihre Beziehung zum Klienten bedeutet.

In jedem einzelnen Fall müssen Sie für sich genau Stellung beziehen, inwieweit Sie unter den gegebenen Umständen überhaupt eine

Beziehung zum Klienten aufbauen können, inwieweit Informationen „aktenkundig" gemacht werden und unter welchen Umständen und zu welchem Zweck Sie Informationen weitergeben wollen oder müssen. Tonbandaufnahmen sind in diesem Rahmen, so nützlich diese auch zur eigenen Gesprächskontrolle sein mögen, nur in Ausnahmefällen zu verantworten – wenn, dann muß das unter Zusicherung strikter Anonymität genau besprochen werden (warum und wozu die Aufnahmen).

Die Rahmenbedingungen, die den *Klienten* betreffen (Subsidiaritätsprinzip, „Klientenauslese", überzogene Erwartungen des Klienten) verlangen eine sorgfältige *Strukturierung* des Beratungsgesprächs (s. Hoffmann u. Gerbis 1981, die ausführlich auf diesen Punkt eingehen). Im einzelnen heißt dies:

– Es müssen gemeinsam mit dem Klienten *klare Absprachen* darüber getroffen werden, wo, wie oft und über voraussichtlich welchen Zeitraum man sich zu Beratungsgesprächen trifft.
– Die *Erwartungshaltung* des Klienten muß diskutiert werden. Es muß dem Klienten deutlich gemacht werden, warum es keine schnellen Lösungen oder Patentrezepte für ihn geben kann, was bestenfalls erreicht werden kann und was nicht.
– Je nach Aufgabenstellung muß mit dem Klienten gemeinsam ein *Problemlösungsprozeß* durchlaufen werden, in dessen Verlauf immer wieder gemeinsam Inhalte und anzustrebende Ziele festgelegt werden und der die Einbindung des Klienten in sein soziales Umfeld berücksichtigt und auch die äußere Problemstruktur – wie die materielle Situation, die Wohnungs- und Arbeitsplatzsituation – miteinbezieht.

(3) Klientenzentrierte Hilfe in der psychosozialen Praxis

Am Beispiel der behördlichen Sozialarbeit sollte deutlich werden, daß klientenzentriert zu helfen heißt:

1. eine *klientenzentrierte Haltung* zu verwirklichen, die Sie als Beraterin/Helferin offenmacht für eigene Gefühle wie für die des Klienten, für die Beziehung, die Sie zu dem Klienten aufnehmen, wie auch für die Reaktion des Klienten hierauf. Mit dieser Haltung läßt sich klären, welche Hilfe der Klient überhaupt braucht. Häufig stellt sich auch erst über eine klientenzentrierte

Haltung das „eigentliche" Problem heraus (s. hierzu auch die Falldarstellung auf S. 250f.).

2. je nach Problem und Aufgabenbereich mit den zur Verfügung stehenden *Kompetenzen* zu arbeiten: So kann die Vermittlung von Informationen im Vordergrund stehen (Sachkompetenz), es kann darum gehen, für und/oder mit dem Klienten etwas zu tun (z. B. organisatorische Kompetenz; pädagogische oder pflegerische Kompetenz), und es können Entscheidungsfindungen und/oder die konkrete Auseinandersetzung mit dem Erleben des Klienten – d. h. mit gefühlsmäßigen Einstellungen, Ängsten und Hemmungen – im Vordergrund stehen (Kompetenz in Klientenzentrierter Gesprächsführung).

Geht es um eine Klientenzentrierte Gesprächsführung, so können – je nach Problem und Rahmenbedingungen – über die klientenzentrierte Grundhaltung hinaus differentielle Interventionen im Sinne einer deutlichen Strukturierung und Themenzentrierung erforderlich sein (s. S. 128f.).

Eine gute, sehr persönlich und engagiert geschriebene Darstellung der wesentlichen Merkmale des Beraters bzw. Therapeuten in der klientenzentrierten Therapie finden Sie in dem Buch von C. R. Rogers: „Therapeut und Klient". Kindler, München 1988.

Während Rogers' Bücher „Die nicht-direktive Beratung" und „Die Klientenzentrierte Gesprächspsychotherapie" – die beide schon 1942 in den USA erschienen sind – eher die Anfangsphase der Klientenzentrierten Therapie kennzeichnen, bezieht das o. a. Buch auch die neuere – stärker auf das Erleben des Klienten gerichtete – Entwicklung des klientenzentrierten Konzepts mit ein.

Eine ausführliche Darstellung des klientenzentrierten Konzepts enthalten weiterhin die Lehrbücher:

– Tausch, R./Tausch, A.-M.: Gesprächspsychotherapie. 9. Auflage. Hogrefe, Göttingen 1990 – wobei sich das Buch an alle richtet, die als Helfer tätig werden.
– Bommert, H.: Grundlagen der Gesprächspsychotherapie. Kohlhammer, Stuttgart ⁴1987.

- Biermann-Ratjen, E./Eckert, J./Schwartz, H.-J.: Gesprächs-psychotherapie. Verändern durch Verstehen. Kohlhammer, Stuttgart [5]1989 – das sich in erster Linie mit Rogers' Konzept als therapeutischem Beziehungskonzept auseinandersetzt.
- Schmid, P. F.: Personale Begegnung. Echter, Würzburg 1989 – ein sehr umfassendes und ansprechend geschriebenes Buch, das die Anwendung des personenzentrierten Ansatzes in Psy-chotherapie, Beratung, Gruppenarbeit und speziell auch in der Seelsorge behandelt.

Sowohl interessante konzeptionelle als auch praxisbezogene Bei-träge zur Anwendung des klientenzentrierten Konzeptes in der psychosozialen Praxis finden sich bei Deter, D./Straumann, U. (Hrsg.): Personenzentriert Verstehen – Gesellschaftsbezogen Denken – Verantwortlich Handeln. GwG, Köln 1990.
Speziell als Trainings- bzw. Lernprogramm konzipiert sind die Bücher von Egan, G.: Helfen durch Gespräch. Beltz, Weinheim 1990, und von Weber, W.: Wege zum helfenden Gespräch. Ernst Reinhardt, [9]1991.

1.10 Berufsspezifische Fragen zur Realisierung der klientenzentrierten Grundhaltung

Zum Abschluß noch einige konkrete Probleme, die in Ausbildungs-kursen in Klientenzentrierter Gesprächsführung immer wieder an-gesprochen werden – besonders von Sozialarbeiterinnen – und die sich wiederum auf berufsspezifische Variablen beziehen, die eine Verwirklichung der klientenzentrierten Grundhaltung erschwe-ren.
Diese Probleme, die hier nur andiskutiert werden können, sollten in Kleingruppen ausführlicher zur Diskussion gestellt werden.

(1) Die Aufgabenstellung in meiner Institution schränkt eine Beziehung Beraterin/Klient sehr ein.

Dieses Problem betrifft in erster Linie die sogenannte normative oder institutionale Sozialarbeit, d. h. die Tätigkeit der Sozialarbeiterin/Sozialpädagogin im Gesundheitsamt, im Jugendamt und in sonstigen behördlichen Einrichtungen, in denen es weniger um psychologische Betreuung als vielmehr um Sorgerechtsentscheidungen und die Gewährung materieller Unterstützung geht.

Wenn diese Tätigkeiten auch im Vordergrund stehen mögen, so finden doch auch hier neben der Bearbeitung von Anträgen direkte Beratungsgespräche statt. So ergab eine empirische Untersuchung zum Tätigkeitsbereich der Sozialarbeiter/Sozialpädagogen (Weinberger 1980) folgende Aufgaben der Sozialarbeiterin/Sozialpädagogin in den oben angeführten Institutionen:

a) *im Gesundheitsamt:*
- Beratung in Alkoholiker- und TBC-Fragen,
- Betreuung von psychisch Kranken,
- Arbeit mit Problemgruppen (Behinderten, alten Leuten),
- Hausbesuche und Beratungsgespräche im Amt,
- materielle und therapeutische Einzelfallhilfe;

b) *im Stadtjugendamt:*
- Familienfürsorge,
- Verwaltungsarbeit,
- Arbeit mit Kindern und Jugendlichen,
- Vermittlung und Betreuung von Adoptions- und Pflegesätzen;

c) *in der Bewährungshilfe:*
Betreuung von Bewährungspflichtigen, im einzelnen
- Gespräche führen,
- Berichte schreiben,
- Verbindungen mit Behörden aufnehmen,
- Wohnungs- und Arbeitssuche.

Diese Aufgaben zeigen, daß die Sozialpädagogin in den genannten Institutionen neben sogenannter Verwaltungsarbeit auch eine sozialpädagogische oder sozialtherapeutische Aufgabe zu erfüllen hat, für die die Realisierung der Rogersschen Grundhaltungen wichtig ist – unter Berücksichtigung der auf den Seiten 101 f. angegebenen Grenzen.

(2) Ich habe Angst, daß durch eine klientenzentrierte Grundhaltung beim Klienten Erwartungen geweckt werden, denen ich dann – bedingt durch finanzielle, zeitliche und institutionelle Grenzen – nicht gerecht werden kann.

Dieser Einwand ist gerechtfertigt, und Sie sollten sich dieser Gefahr bewußt sein, doch fragt sich, ob daraus der Schluß gezogen werden soll, kein wertschätzendes, einfühlendes klientenzentriertes Verhalten zu zeigen. Eine positive Lösung wäre, daß Sie

a) versuchen, den Klienten nicht alleine damit stehen zu lassen, sondern sich die Zeit nehmen, mit ihm gemeinsam dieses Problem (die Grenzen der Hilfe) durchzuarbeiten und/oder

b) versuchen, alles in Ihrer Macht stehende dafür zu tun, daß dem Klienten weitergeholfen wird, z. B. im Rahmen einer anderen Einrichtung oder direkter psychotherapeutischer Hilfe.

Sehr hilfreich ist es, wenn Sie einen persönlichen Kontakt zu den Personen haben, zu denen Sie den Klienten dann schicken, bzw. wenn Sie in dieser Hinsicht eine gewisse Auswahl getroffen haben, so daß Sie sicher sein können, daß der Klient dort gut aufgehoben ist.

(3) Als Sozialarbeiterin beim Gesundheitsamt habe ich einen so großen Bezirk zu betreuen, daß ich – speziell, wenn eine längere Autofahrt nötig ist – zu erschöpft bin, um ein hohes Maß an Einfühlung, Wertschätzung und Echtheit zu realisieren.

Dieses Problem – zu viele Klienten, zu wenig Zeit – trifft wohl mehr oder weniger alle im sozialen Bereich engagiert Tätige, auch wenn es in diesem Fall noch erschwert sein mag.
Es ist jedoch wichtig, daß Sie die Realisierung der Grundhaltung nicht als „entweder – oder" sehen, d. h. entweder ich realisiere sie oder nicht. Wie schon betont wurde (s. S. 43 und S. 51), kommt es darauf an, dies als ein Ziel anzusehen, das anzustreben ist, dem aber sicher immer wieder Grenzen gesetzt sind – bedingt durch äußere wie durch in einem selbst liegende Schwierigkeiten. Ein „ich muß jetzt einfühlend, wertschätzend und echt sein", wäre mit Sicherheit genau das nicht. Sie sollten als erstes sich spüren und sich akzeptieren – so müde und „abgekämpft" Sie momentan auch sein

mögen. Erst wenn Sie das bei sich zulassen können, können Sie auch den Klienten richtig wahrnehmen.

(4) Der äußere Rahmen, z. B. ein kahles Arbeitszimmer, ein ständig klingelndes Telefon, ein „Hereinplatzen" anderer Klienten, erschweren mir den Aufbau einer positiven Beziehung.

Dies gilt in erster Linie für in Behörden arbeitende Sozialarbeiterinnen/Sozialpädagoginnen, nicht so sehr für Sozialpädagoginnen in psychosozialen Beratungsstellen, in denen meist ein spezieller Raum für beratende Gespräche zur Verfügung steht. In Institutionen und Ämtern, die weniger klientenzentriert eingerichtet sind, sollten die Betroffenen sich dafür einsetzen – möglichst gemeinsam und auf verschiedenen Ebenen –, daß derartig ungünstige Bedingungen geändert werden.

In manchen Fällen kann vielleicht schon ein Zettel an der Tür und ein leiser gestelltes Telefon hilfreich sein (s. dazu die Falldarstellung auf S. 231 ff.).

(5) Es heißt doch immer, der Klient solle die Inhalte selbst bestimmen. Das geht in meiner Arbeitsstelle nicht, da käme ich vom Hundertsten ins Tausendste, und die anderen Klienten stünden wartend vor der Tür.

Die Aussage, der Klient kann die Inhalte selbst bestimmen, gilt für eine längerfristige Beratung oder Psychotherapie, in der die Aufgabenstellung explizit die ist, dem Klienten bei emotionalen Schwierigkeiten zu helfen, an emotionalen Problemen zu arbeiten. Das kann auch für Erstgespräche oder sonstige Kontakte zutreffen, in denen *Raum und Zeit* dafür da ist, sich wirklich auf den Klienten einzulassen. Haben Sie dagegen nur eine kurze Zeit für den Klienten und ist dies verbunden mit einer präzisen Aufgabenstellung, z. B. herauszufinden, warum der Klient seit Monaten seine Miete nicht mehr bezahlt, und ihn dann zu motivieren, eine Beratungsstelle aufzusuchen, als Voraussetzung dafür, daß die Behörde die Mietschulden übernimmt – bei dieser Aufgabenstellung müssen Sie selbstverständlich *themenzentriert* vorgehen, d. h. genau zu diesen Punkten Fragen stellen. *Wie* die Fragen dann gestellt werden und *wie* dabei mit dem Klienten atmosphärisch umgegangen wird, das kann natürlich ausfragend verurteilend wie auch einfühlend wertschätzend geschehen und hängt davon ab, welche Einstellung Sie haben und wie Sie die momentane Situation erleben. Bei einem sehr aggressiven Klienten, der droht, wegen der ihm bevorstehenden Zwangsräumung aus dem Amt und Ihnen Kleinholz zu machen, ist die Situation eine ganz andere als bei einem Klienten, der Sie von vornherein mit seinen Problemen (Alkohol, drohende Scheidung) überschüttet. Natürlich gibt es da verschiedenste Zwischenstufen, die Beispiele sollen jedoch veranschaulichen, daß es hier – wie auch in allen anderen Situationen – kein klientenzentriertes Verhalten nach einem Schema geben kann. Sie müssen für sich klären, wie Sie solche Situationen erleben, z. B. inwieweit sie Ihnen Angst machen, Sie Situationen als bedrohlich empfinden oder inwieweit sie sich überfordert fühlen. Erst aus diesem Zugang zum eigenen Erleben heraus können Sie versuchen, in Ihren Beratungssituationen echt zu sein, als Person transparent zu sein, als Voraussetzung dafür, dem Klienten wertschätzend und einfühlend zu begegnen, um die Grundlage dafür zu schaffen, daß er für weitere Hilfe offen wird.

(6) Bei meiner Stelle ist die Möglichkeit zu längerfristigen Beratungen gegeben, doch habe ich Angst, ich könnte bei so einer Beratung etwas auslösen, z. B. eine Depression.

Wenn eine längerfristige Beratung durchgeführt wird, sollte auf jeden Fall die Möglichkeit gegeben sein, solche und ähnliche Befürchtungen, die sich mit Sicherheit auf die Beratungsgespräche auswirken, in einer Supervisionsgruppe zu klären. Nur wenn dieser Rückhalt gegeben ist, können Sie sich – zumindest am Anfang – wirklich auf weitergehende Beratungsgespräche einlassen.

(7) Ich muß im Rahmen der Familiengerichtshilfe bei Scheidungssituationen Stellung beziehen, wo z. B. das gemeinsame Kind besser aufgehoben ist. Wie kann ich da klientenzentriert vorgehen, ohne daß ich die klientenzentrierte Grundhaltung als Methode ausnutze, um an Informationen zu kommen?

Wollen Sie in diesen Situationen mit den Klienten echt, wertschätzend und einfühlend umgehen, dann heißt das:

1. Sie müssen Ihre Situation deutlich machen, als Person, die helfen will und gleichzeitig Stellung beziehen muß.
2. Sie müssen den Klienten deutlich machen, wofür die Informationen verwendet werden.
3. Sie müssen den Klienten klar sagen – evtl. gemeinsam absprechen –, was in die Stellungnahme aufgenommen wird. Statt Einzelheiten „auszuplaudern", können Sie z. B. schreiben, daß die Klientin ihre vergangene Situation sehr kritisch sieht oder die Fähigkeit zur Selbstreflexion hat. Sprechen Sie sich gegen einen Klienten aus, so sollen Sie auch dies mitteilen und begründen. (Zum Beispiel: „Ich habe Bedenken, mich da für Sie auszusprechen, weil _____" oder „Ich sehe die Schwierigkeit _____".)

Weitere Hinweise ergeben sich aus der Falldarstellung auf S. 231f., in der eine Sozialarbeiterin berichtet, wie sie mit dem Problem „Stellung beziehen" umgeht.

(8) In meiner Tätigkeit muß ich den Klienten mit ganz bestimmten Bedingungen konfrontieren, z. B., wenn er sich in einer bestimmten Zeit nicht hier und dort meldet, dann hat das die und die Konsequenzen. Wie kann ich da klientenzentriert arbeiten, wenn ich ihm so einen „Knüppel" zwischen die Beine werfen muß?

Gelingt es Ihnen, sich und dem Klienten Ihre Situation und Funktion sowie die Situation des Klienten deutlich zu machen, dann braucht die vorgegebene Struktur nicht unbedingt als „Knüppel" gesehen werden, sondern vielleicht auch als „Geländer zum Festhalten".

2 Übungen zur Verwirklichung der klientenzentrierten Grundhaltung

2.1 Allgemeine Anweisungen

In folgenden Übungen sollen Sie lernen, sich auf Ihre Gesprächspartnerin einzustellen und sie aus ihrem inneren Bezugsrahmen heraus zu verstehen – als Grundlage eines jeden partner- wie klientenzentrierten Gesprächs. Dabei wird davon ausgegangen, daß der Erwerb der grundlegenden Verhaltensweisen des klientenzentrierten Konzepts unbedingt mit den diesen Verhaltensweisen zugrundeliegenden Einstellungen in Zusammenhang gesehen werden muß.

Es wurde versucht, diesem Aspekt folgendermaßen Rechnung zu tragen:

a) Gestaltung des Übungsabschnitts als zusammenhängender Blockunterricht mit nicht mehr als 15 Teilnehmerinnen.

b) Zur Förderung der Fähigkeit, sich in die Erlebniswelt der jeweiligen Gesprächspartnerin einzufühlen, werden Rollenspiele „Beraterin" – „Klient" eingesetzt. Sie werden dabei aufgefordert, als Klient jeweils ein Thema zur Sprache zu bringen, das eine persönliche Bedeutung für Sie hat. Nur so können Sie unmittelbar die Bedeutung der klientenzentrierten Grundhaltung *erfahren.* Darüber hinaus ist es für die jeweilige Teilnehmerin in der Rolle der Beraterin wesentlich einfacher, sich in den Klienten einzufühlen, wenn diesen das angesprochene Thema persönlich betrifft, als wenn es nur gespielt wäre.

Weitere Anmerkungen zur Durchführung:

1. Dieser praktische Lernabschnitt ist in mehrere aufeinander aufbauende Übungsstufen unterteilt, die jeweils neue Lernziele einführen. Neben den jeweils neu hinzugekommenen Lernzie-

len, die in der jeweiligen Übung schwerpunktmäßig zu berücksichtigen sind, sind aber auch die Lernziele bereits durchgeführter Übungen zu beachten.

2. Die meisten Übungen finden in Kleingruppen (je 3 Teilnehmerinnen) statt. Während einer Übungsstufe können – müssen aber nicht – diese 3er-Gruppen in ihrer Zusammensetzung gleichbleiben; nach einer Übungsstufe sollte die Zusammensetzung der Gruppe wechseln, um neue Erfahrungen möglich zu machen.

Von jeder Gruppe wird erwartet,
daß sie relativ selbständig arbeitet.

3. Spätestens vor dem Wechsel von einer Übungsstufe zur anderen sollte im Plenum (alle Teilnehmerinnen) eine Diskussion der jeweils gemachten Erfahrungen stattfinden. *Hier können evtl. auch Schwierigkeiten bei der Durchführung einer Übung diskutiert werden, die unter Umständen eine Modifikation der Übungen erforderlich machen.* Weiterhin empfiehlt es sich, daß alle Teilnehmerinnen vor Beginn der Übungsstufe VII im Plenum die Lernziele nennen, auf die sie bei der nächsten Übungsstufe besonders achten möchten. Das laute Verbalisieren hilft dabei, sich diese Ziele besser zu merken, gleichzeitig wird erfahren, daß andere Teilnehmerinnen ganz ähnliche Zielsetzungen haben.

4. Bei den Rollenspielen sollte die Beraterin nicht gleich die ersten Äußerungen des Klienten aufgreifen, sondern den Klienten, wie dies auch in der realen Situation der Fall wäre, erst einmal etwas erzählen lassen.

5. Während aller Übungen – und speziell während der Diskussion in den Kleingruppen wie im Plenum – sollten alle Teilnehmerinnen versuchen, ein hohes Ausmaß an positiver Wertschätzung, Echtheit und einfühlendem Verstehen zu verwirklichen.

6. | Bei allen Rollenspielen ist darauf zu achten, daß die Beziehung, die Interaktion zwischen Beraterin und Klient nicht zugunsten „der richtigen Antwort" vernachlässigt wird!

2.2 Übungsstufen

Übungsstufe I

Lernziele

● Konzentriertes Zuhören,
● sich in die Gesprächspartnerin hineinversetzen,
● die wesentlichen Aussagen der Partnerin erfassen,
● Sensibilisierung für Selbst- und Fremdwahrnehmung,
● freies Sprechen vor der Gruppe/Abbau sozialer Angst.

Übung

Partnerinterview

Instruktion: Es bilden sich jeweils Paare, möglichst solche, die sich noch nicht so gut kennen. Aufgabe ist es, sich gegenseitig abwechselnd ca. 10 Minuten zu interviewen. In diesem Interview soll man versuchen, ein Bild von seiner Gesprächspartnerin zu bekommen. Erfragt werden können berufliche wie auch persönliche Angaben, alles, was man gerne vom anderen wissen möchte. Dabei hat die Gesprächspartnerin jedoch immer die Möglichkeit, auf eine Frage nicht zu antworten.
Es sollten keine Aufzeichnungen (Notizen etc.) während des Gesprächs gemacht werden.
Nach Ablauf der beiden Interviews stellt jede ihre Partnerin in der Gruppe vor, und zwar in *Ich-Form*, also: „Ich bin die...".

Erläuterung zu dieser Übung: Diese Übung fordert von Ihnen, daß Sie genau zuhören, was Ihre Gesprächspartnerin sagt und daß Sie sich die wesentlichen Aussagen merken. Dadurch, daß man seine Partnerin in Ich-Form vorstellt, wird das „Sich-Hineinversetzen" in den anderen direkt erlebt und empfunden. Hört man seine eigenen Gedanken und Empfindungen durch einen anderen dargestellt, nimmt man sich aus einer gewissen Distanz wahr – ganz ähnlich wie der Klient in der Klientenzentrierten Gesprächsführung.
Dazu kommt, daß Unterschiede und Gemeinsamkeiten in bezug darauf erfahren werden, wie man sich selbst sieht und wie der andere die persönliche Selbstdarstellung wahrnimmt und strukturiert.

120

Gleichzeitig fördert diese Übung den Abbau sozialer Angst in der Gruppe: jeder teilt etwas mit, hört sich einmal sprechen, und durch die einzelnen persönlichen Vorstellungen wird ein vertrauensvolles Gruppenklima erleichtert.

Lernkontrolle

Nach jeder „Vorstellung" äußert die vorgestellte Partnerin entweder Zustimmung – falls alles Wesentliche sinngemäß richtig wiedergegeben wurde – oder sie korrigiert oder ergänzt die gemachten Aussagen.

Übungsstufe II

Lernziele

● Konzentriertes Zuhören.
● Die wesentlichen Aussagen der Partnerin erfassen und mit eigenen Worten wiedergeben (paraphrasieren), ohne den Gesprächsfluß zu stören.

Übung

Rollenspiel in 3er-Gruppen. Zwei Teilnehmerinnen führen ein persönliches Gespräch, Teilnehmerin A erzählt, Teilnehmerin B hört zu und faßt das Gesagte ab und zu mit eigenen Worten zusammen. Teilnehmerin C fungiert als Beobachterin.

Themenvorschläge:

– Wie geht es mir, wenn ich jemandem über eine längere Zeit hinweg zuhören soll? Wie geduldig/ungeduldig bin ich dabei? Wovon hängt das ab?
– Passiert es mir manchmal, daß ich so tue, als ob ich zuhöre, während ich in Wirklichkeit mit meinen Gedanken ganz woanders bin?
– Wie geht es mir mit Kindern? Höre ich ihnen zu oder schalte ich schnell ab, wenn sie mir zu ausführlich dies und das erzählen?
– Gab es in meiner Lebensgeschichte jemanden, der gut zuhören konnte?

Lernkontrolle

Diskutieren Sie, inwieweit es der „Zuhörerin" gelang, aufmerksam zuzuhören und das Gesagte ab und zu zu paraphrasieren. Wichtigstes Kriterium ist die Rückmeldung der Teilnehmerin, die ja genau sagen kann, ob sie sich richtig verstanden fühlte und ob das Paraphrasieren zu oft, zu wenig oder im richtigen Maß erfolgte.

Übungsstufe III

Lernziele

- Die emotionale Bedeutung in Aussagen wahrnehmen und aufgreifen,
- Aussagen mit einem Frageton abschließen,
- Positive Wertschätzung (bzw. emotionales Engagement und nicht an Bedingungen gebundenes Akzeptieren) zeigen,
- Kongruenz verwirklichen.

Übung

Rollenspiel in 3er-Gruppen: Beraterin – Klient – Beobachterin

Themenvorschläge:

Was halte ich von Selbsterfahrungsgruppen?
Wie würde ich mich in einer Selbsterfahrungsgruppe verhalten?
Was halte ich von Rollenspielen?
Fällt es mir leicht/schwer, mich für ein Rollenspiel zur Verfügung zu stellen?

Instruktion: Die Gruppenteilnehmerinnen teilen unter sich die Rollen auf (Beraterin, Klient, Beobachterin). Während sich Beraterin und Klient über eines der o. a. Themen unterhalten, ist es die Aufgabe der Beobachterin, auf die Realisierung der Lernziele zu achten (sie kann sich Notizen machen, wenn das Beraterin wie Klient nicht stört).
Jede ist abwechselnd einmal Klient, Beraterin und Beobachterin. Die Übung sollte jedoch öfter durchgeführt werden – d. h., jede ist

zwei- bis dreimal Beraterin, Klient, Beobachterin – bis die Lernziele hinreichend realisiert werden. Dabei ist es vorteilhaft, wenn die Kleingruppen über einen längeren Zeitraum hinweg in ihrer Zusammensetzung nicht verändert werden, da nur so Vertrauen und ein „Sich-Einlassen" wachsen können.

Beim 1. Durchgang sollte der „Klient" jeweils nicht länger als 10′ reden, anschließend nicht länger als 15′ (die Beobachterin kontrolliert dabei die Zeit). Alle Gespräche sollten auf Tonband aufgenommen werden!

Die Gefahr bei dieser wie auch bei den nachfolgenden Übungen ist, daß die jeweilige Beraterin sich durch die Lernziele, die sie „im Kopf hat", blockiert fühlt, sich in einen Leistungsdruck versetzen läßt und es ihr dann nicht mehr richtig gelingen wird, sich *gefühlsmäßig* auf ihren Partner bzw. auf den „Klienten" und seine Empfindungen einzustellen bzw. diese wahrzunehmen. Es sollte daher bei *jedem* Rollenspiel – neben „Positiver Wertschätzung" und „Kongruenz" – schwerpunktmäßig auf das Lernziel „die emotionale Bedeutung in Aussagen wahrnehmen und aufgreifen" geachtet werden und diesem erst, wenn sich die Beraterin dazu in der Lage fühlt, *ein Lernziel nach dem anderen* hinzugefügt werden.

Lernkontrolle

Nach jedem Gespräch diskutiert die 3er-Gruppe die Interaktion Beraterin – Klient. Dabei empfiehlt sich folgende Vorgehensweise:

1. Nacheinander sagen alle drei (in der Reihenfolge Klient, Beraterin, Beobachterin), wie sie die Unterhaltung empfunden haben und was ihnen aufgefallen ist.
2. Das Gespräch wird anhand der o. a. Lernziele diskutiert. Dabei soll noch nicht Satz für Satz durchgegangen werden, sondern das Gespräch im Ganzen beurteilt werden. Als Gedächtnisstütze und zur Veranschaulichung einzelner Passagen sollte jedoch das Tonband herangezogen werden.

3. Bei dieser, aber auch bei den nachfolgenden Lernkontrollen, sollte besonders darauf geachtet werden, ob die Beraterin sich in der Interaktion mit dem Klienten schwerpunktmäßig auf die inhalts- oder gefühlsmäßige Ebene konzentriert. Ebenso sollte die Beraterin nach jedem Rollenspiel eine Rückmeldung darüber erhalten, inwieweit der Klient sie als wertschätzend, emotional engagiert und echt empfunden hat.

Übungsstufe IV

Lernziele

● Sensibilisierung für eigenes Verhalten,
● Sensibilisierung für die Einstellung anderer gegenüber.

Übung

Rollenspiel in 3er-Gruppen: Beraterin, Klient, Beobachterin.

Themen:
a) Wann, in welchen Situationen fällt es mir schwer, echt zu sein, in welchen nicht so sehr? Wann bin ich echt, wann nicht?
b) Wann, in welchen Situationen fällt es mir schwer, wertschätzend und emotional engagiert zu sein, in welchen nicht so sehr? Wann bin ich wertschätzend und emotional engagiert, wann nicht?

Instruktion: Wie bei der Übungsstufe III.
Jede Teilnehmerin sollte mindestens zweimal Klient gewesen sein (Thema a + b).

Lernkontrolle

1. Wie bei Übungsstufe III.

Zusätzlich sollten die Teilnehmerinnen diskutieren, inwieweit folgende Aussage mit ihren Erfahrungen als Klient im Rollenspiel übereinstimmt:
Wenn man ein persönliches Problem schildert, ist man emotional zu sehr beteiligt, um konzentriert zuzuhören. Längere Ausführungen der Beraterin werden daher als störend empfunden.

2. Diskussion des Gesprächs. Dabei werden in einem ersten Schritt je 5′ des Gesprächs anhand der im Text angegebenen Skalen in bezug auf die Variablen einfühlendes Verstehen, positive Wertschätzung sowie Echtheit und auch in bezug auf die Selbstexploration des Klienten eingeschätzt. Anschließend wird Satz für Satz durchgegangen und anhand der Lernziele diskutiert.

Übungsstufe V

Lernziele

● Die aktuelle Befindlichkeit der Partnerin wahrnehmen und verbalisieren;
● nonverbale Gefühle wahrnehmen und ausdrücken.

Übung

Rollenspiel in 3er-Gruppen (Beraterin – Klient – Beobachterin).

Themenvorschläge:

- Was erwarte ich mir von meinem Beruf?
- Wo sehe ich die größten Schwierigkeiten in meinem Beruf?
- Wie stehe ich zu der Ausbildung in Klientenzentrierter Gesprächsführung?
- Was fällt mir dabei leicht, wo habe ich Schwierigkeiten?
- Was würde ich mir anders wünschen (in dieser Ausbildung)?
- Was beschäftigt mich momentan außerhalb dieses Trainings?

Instruktion: Zeit pro Gespräch 10′, Aufnahme des Gesprächs mit dem *Videorecorder.*

Lernkontrolle

Wie bei der Übungsstufe IV; *zusätzlich:*
1. Rückmeldung durch die Videoaufnahme.
2. Werden persönliche Probleme zur Sprache gebracht, so sollte

nicht vergessen werden, daß in 5 oder 10 Minuten keine Problemlösung zu erwarten ist. Dies sollte deshalb nicht Gegenstand der Beurteilung sein. Dagegen sollte das Gespräch hinsichtlich folgender Punkte analysiert werden:

a) Wann redet der Klient mehr über sogenannte externale Inhalte,[18] wann ist er offener, spontaner?

b) Wo beantwortet er mehr oder weniger die Verbalisierung der Beraterin, wo hat man das Gefühl, daß er sich wirklich mit seinem Problem auseinandersetzt?

Diese Analyse soll deutlich zeigen, daß ausschlaggebend für das „richtige" Verhalten der Beraterin immer der Klient ist. Hat die Äußerung der Beraterin ihm weitergeholfen, so war sie „richtig".

3. | Versuchen Sie, sensibel für die *Gesprächsdynamik* zu werden, in der neben der nonverbalen Kommunikation auch die Stimmführung (Lautstärke, Betonung) der Beraterin wie des Klienten eine große Rolle spielen.

Übungsstufe VI

Lernziele

● Die Empfindungen des „Klienten" in einfacher, bildreicher Sprache ausdrücken;
● die Empfindungen möglichst deutlich aufgreifen (accurate emphatic understanding);
● das Gespräch strukturiert unterbrechen.

---

18 Unter externalen Inhalten werden Aussagen verstanden, die sich nicht auf persönliche Verhaltens- oder Erlebnisweisen des Klienten beziehen, sondern auf andere Personen oder Verhaltensbeschreibungen wie z.B. „Sonntags spiele ich immer Fußball" oder „Ich fahre jedes Wochenende nach Hause. Die Fahrt ist sehr anstrengend. Die vielen Autos!" (vgl. die Stufen 1 und 2 auf der Skala zur Selbstexploration).

Übung

Themen und Instruktion wie bei der Übungsstufe V. Statt Video-aufnahmen reichen hier auch Tonbandaufnahmen aus. Statt per-sönlicher Themen kann auch ein Problem geschildert werden, das der „Klient" aus seinem Bekannten- oder Verwandtenkreis oder aus einem Praktikum kennt und in das er sich gut hineinversetzen kann.

Lernkontrolle

Wie bei Übungsstufe V.

Übungsstufe VII

Lernziele

● Festigung der Lernziele der Stufen III–VI.

Übungen

A: Rollenspiel in 3er-Gruppen.

Instruktionen:

Instruktion der Stufe III mit folgenden Änderungen:

1. Die Gesprächszeit sollte sukzessiv über die Dauer von 10' hinaus verlängert werden.
2. Jede Teilnehmerin sollte sich in bezug auf die Lernziele persön-liche Schwerpunkte setzen, d. h. Lernziele, auf die sie sich besonders konzentriert.

Lernkontrolle

Siehe Stufe III oder IV.

3 Differentielle Interventionen

Wie bereits auf S. 104 erwähnt, gibt es im Rahmen der Klientenzentrierten Psychotherapie unterschiedliche Meinungen darüber, ob die Merkmale „Kongruenz", „Wertschätzung" und „Einfühlendes Verstehen" auf seiten der Therapeutin allein notwendige und hinreichende Bedingungen einer effektiven Psychotherapie sind, wie es Rogers (1957) postulierte. Es gibt Autoren (z. B. Howe 1982), die sich deutlich für ein sogenanntes integratives Handeln, d. h. für eine Kombination der Klientenzentrierten Psychotherapie mit Methoden anderer therapeutischer Verfahren aussprechen. Andere Autoren, wie z. B. Biermann-Ratjen u. a. (1989) lehnen eine derartige Methodenkombination ebenso deutlich ab. Sie schreiben (S. 47):

„Wir möchten wieder deutlich machen: Der gesprächspsychotherapeutische Prozeß stellt sich dar als Entwicklung einer Beziehung. Der Begriff ‚Entwicklung' impliziert dabei, daß nicht bereits zu Beginn einer Therapie eine bestimmte Art von Beziehung bestehen muß, etwa im Sinne einer ‚guten' Beziehung. Dies bedeutet dann aber auch, daß das Nichtannehmenkönnen des therapeutischen Beziehungsangebotes durch den Klienten nicht Anlaß sein muß, das therapeutische Angebot auf seine Angemessenheit für den konkreten Klienten hin zu überprüfen und ggf. Modifikationen zu erfinden, sondern das Nichtannehmenkönnen kann entscheidender Bestandteil des therapeutischen Prozesses sein; wir vergeben wesentliche Veränderungschancen, wenn wir durch Modifikationen der Therapieprozedur diesen ‚Widerstand' umgehen, statt ihn zu bearbeiten."

Weitere Ansätze gehen der Frage nach, inwieweit im Rahmen des klientenzentrierten Konzepts theoriegeleitet und wissenschaftlich überprüfbar differentielle Vorgehensweisen erforderlich sind bzw. angewandt werden können (z. B. Tscheulin 1976, 1983).
Da sich diese unterschiedlichen Standpunkte in erster Linie auf die Klientenzentrierte Psychotherapie beziehen, wird hier nicht weiter

darauf eingegangen. Es sind jedoch folgende Anmerkungen ange-
bracht:

1. Ein Teil der Kritik an Rogers' Konzept geht darauf zurück, daß
   zu lange das Merkmal „Verbalisierung emotionaler Erlebnisinhalte" – so wie es in der von Tausch überarbeiteten Truax-Skala,
   die auf S. 58 als Hilfsmittel zur *Orientierung* angegeben ist, –
   dem einfühlenden Verstehen, wie es Rogers formulierte, *gleichgesetzt* wurde. Damit wird man Rogers jedoch nicht gerecht. So
   lautet die höchste Stufe der von Tausch revidierten Truax-Skala,
   die das Merkmal „Verbalisierung emotionaler Erlebnisinhalte"
   operationalisiert: „Verbalisierung in genauer Form aller wesentlichen vom Klienten geäußerten persönlich-emotionalen Inhalte
   des Erlebens durch den Psychotherapeuten" (Tausch 1973,
   S. 82). Rogers (1977, S. 20f.) betont jedoch ausdrücklich, daß
   der Therapeut nicht nur die Empfindungen aufgreifen sollte, die
   der Klient explizit äußert, sondern „im Idealfall äußert sich ein
   solches Verstehen durch kommentierende Bemerkungen, die
   sich nicht nur auf das beziehen, was dem Klienten bewußt ist,
   sondern auf die neblige Zone am Rande der Gewahrwerdung".
   Die Reaktion des Klienten beschreibt er dann „als ein allmäh-
   liches Anerkennen. ‚Das habe ich vielleicht gemeint. Ja, vielleicht ist es *das*, was ich gemeint habe.' Hier hat der Therapeut
   dem Klienten eindeutig geholfen, in der Erkundung der unbe-
   kannten Aspekte seines Wesens ein Stück weiterzukommen."
   Darüber hinaus betont Rogers auch die Bedeutung eines präzisen (accurate) einfühlenden Verstehens.
   Berücksichtigt man dies, so wundert es nicht, wenn als „neue",
   bedeutsame Therapeutenmerkmale u. a. „Tiefe der Interpretation", „Sprachliche Aktivität", „Spezifität und Konkretheit",
   „Aktives Bemühen und Innere Anteilnahme" angeführt werden
   (vgl. Minsel 1974).
   Liest man nach, wie Rogers einfühlendes Verstehen versteht,
   und schaut man sich Protokolle seiner Therapie an, so besteht
   kein Zweifel, daß das Merkmal „einfühlendes Verstehen" sehr
   komplex ist und die „zusätzlichen" Variablen durchaus mitein-
   schließt.

2. Entscheidend ist, daß der klientenzentrierte Ansatz von einem
   ganz bestimmten *Menschenbild* ausgeht. Dieses vorausgesetzt,
   sind durchaus verschiedene Vorgehensweisen möglich, wie z. B.
   das Focusing-Konzept zeigt. So schreibt Wiltschko (1982, S. 9):

„... es stellt sich die Frage, *wie* das, was verschiedene Schulen betont und differenziert haben, aufeinander bezogen werden kann. Gendlins Verdienst ist es u. a., daß er gezeigt hat, wie nichtverbale Signale, Körpererleben und imaginative Prozesse *in* der Klientenzentrierten Psychotherapie ihren Platz haben können, *ohne* den personenzentrierten Ansatz aufgeben zu müssen. Er hat damit den Wahrnehmungs- und Handlungsraum des klientenzentrierten Therapeuten und auch den Anwendungsbereich (z. B. therapeutische Nutzung von Träumen, Körperausdruck und Bewegung, Psychosomatik) wesentlich erweitert."

3. Aussagen von Rogers, wie die Formulierung der Hypothese, „daß die gleichen psychotherapeutischen Prinzipien für alle Personen gelten, ob sie nun mit dem Etikett normal, neurotisch oder psychotisch versehen sind" (Rogers 1977, S. 116), führen – sieht man diese Aussage isoliert – leicht zu der Annahme, bei allen Klienten, die irgendwie unter psychischen Beeinträchtigungen leiden, sei die klientenzentrierte Methode das Mittel der Wahl.

Rogers differenziert diese Aussage jedoch an anderer Stelle, indem er sagt:

„Eine Atmosphäre des Akzeptierens, des Respekts und des tiefen Verstehens ist ein gutes Klima für persönliches Wachsen, und deshalb ist sie für unsere Kinder, für unsere Kollegen und Studenten ebenso geeignet wie für unsere Klienten, gleichgültig, ob sie normal sind, neurotisch oder psychopathisch. Das heißt aber nicht, daß sie jeden psychischen Zustand *heilt*... ein psychologisches Klima, das ein Individuum für ein tieferes Selbstverständnis, für eine Reorganisation des Selbst in Richtung auf eine realistischere Integration, für die Entwicklung angenehmer und reifer Verhaltensweisen nutzen kann – ein solches Klima ist für einige Gruppen von Nutzen und für andere nicht. *Eher handelt es sich einfach um einen gewissen Standpunkt, der grundsätzlich allen Individuen gegenüber eingenommen wird, selbst wenn dadurch nicht alle Probleme gelöst und nicht alle Hilfe geboten werden kann, die ein bestimmtes Individuum braucht"* (Rogers 1972b, S. 214)[19].

Für die psychosoziale Praxis heißt das, daß die entsprechenden Rahmenbedingungen es erforderlich machen, daß die helfende Per-

---

19 Hervorhebung von der Verfasserin.

son über die klientenzentrierte Grundhaltung hinaus über verschiedenste Kompetenzen verfügen muß, um je nach Aufgabengebiet die jeweils adäquate, d. h. *klientenzentrierte* Hilfe zu leisten (s. S. 111). Stehen Entscheidungsfindungen und Problemlösungsprozesse im Vordergrund, so kann – je nach Problem und Rahmenbedingungen – eine Klientenzentrierte Gesprächs*führung* erforderlich sein, die im Sinne einer deutlichen Strukturierung und Themenzentrierung, ausgehend von einer klientenzentrierten Grundhaltung, differentielle Interventionen miteinbezieht.

Bevor im folgenden einige differentielle Interventionen vorgestellt werden, sei noch einmal Rogers zitiert, der zum Thema „Techniken und Methoden" den Standpunkt vertritt, wonach „der Berater, der in der klientenzentrierten Therapie erfolgreich tätig ist, über ein zusammenhängendes und ständig sich weiterentwickelndes, tief in seiner Persönlichkeitsstruktur verwurzeltes Sortiment von Einstellungen verfügt, ein System von Einstellungen, das von Techniken und Methoden, die mit diesem System übereinstimmen, ergänzt wird" (Rogers 1972b, S. 34).

3.1 Anwendung eines allgemeinen Problemlöseschemas

Die Ziele der Klientenzentrierten Psychotherapie wie z. B. ein verstärktes Akzeptieren der eigenen Person, eine verstärkte Selbständigkeit und Unabhängigkeit, mehr Durchsetzungsfähigkeit und mehr Selbstvertrauen (vgl. S. 104) lassen sich auch als übergreifende Ziele der Klientenzentrierten Gesprächsführung formulieren, die unter entsprechenden Rahmenbedingungen (s. S. 105f.) angestrebt und erreicht werden können. Häufig wird eine Klientenzentrierte Gesprächsführung jedoch erst einmal damit beginnen müssen, dem Klienten bei der Lösung *einzelner Probleme* zu helfen (Themenzentrierung).

Der Prozeß der Problemlösung läßt sich nach Goldfried u. D'Zurilla (1971) folgendermaßen schematisieren:

1. Allgemeine Orientierung,
2. Problemformulierung und Definition,
3. Entwicklung von Alternativen,
4. Entscheidung,
5. Verifikation.

Trotz unterschiedlichster Probleme und unterschiedlichster Fähigkeiten, die zu einer jeweiligen spezifischen Problemlösung erforderlich sind, beschreibt dieses Schema doch den allgemeinen Ablauf von Problemlösungsprozessen. Dabei muß berücksichtigt werden, daß diese Stufen in der Praxis ineinander übergreifen können.

In Anlehnung an König (1976), der, ausgehend von diesem Schema, detaillierte Aufgaben für die Therapeutin in der Gesprächspsychotherapie herausgearbeitet hat, lassen sich für die Beraterin in der Klientenzentrierten Gesprächsführung folgende Aufgaben formulieren:

(1) Zur allgemeinen Orientierung

Eingangs muß mit dem Klienten gemeinsam geklärt werden, welcher Art die vorliegenden Probleme sind: ob es sich um reine Sachprobleme handelt, ob Sachprobleme vorgeschoben sind und sich dahinter persönliche Probleme verbergen und wie weitgehend die entsprechenden Probleme sind. Ein Beispiel: In einer Beratung, bei der die Klientin „nur" wissen will, auf welche weiterführende Schule sie ihre Tochter am besten schickt, stellt sich im Laufe des Gesprächs heraus, daß diesem Entschluß der Mutter, die Tochter auf eine weiterführende Schule gehen zu lassen, von seiten des Vaters die heftigsten Widerstände entgegengesetzt werden.

Ebenso wichtig, wie dem Klienten dazu zu verhelfen, einzelne Probleme zu erkennen, ist es, seine Erwartungen kennenzulernen und gegebenenfalls zu modifizieren. Dazu gehört, daß Sie ihm kein Patentrezept für seine Probleme geben können, daß diese wohl aber gemeinsam – unter aktiver Beteiligung des Klienten – angegangen werden können. Wie im 5. Lernabschnitt noch näher ausgeführt, belegen Untersuchungen die Zusammenhänge zwischen den positiven Erwartungen von Klienten und konstruktiven Änderungen in der Therapie.

Als letztes gilt es, den Klienten dabei zu helfen, nach einer Identifizierung des Problems nicht sofort zu reagieren. „So läßt sich zeigen, daß wenig erfolgreiche Problemlöser sich von erfolgreichen durch Impulsivität, Ungeduld und schneller Bereitschaft aufzugeben, unterscheiden. ‚Stop and think' wird so zu einer entscheidenden Voraussetzung für adäquate Problemlösung" (König 1976, S. 92).

(2) Zur Problemformulierung und Definition

In dieser Phase geht es darum, die einzelnen Elemente des Problems zu identifizieren. Gerade in Konfliktsituationen werden einzelne Gegebenheiten oft gar nicht oder nur verzerrt wahrgenommen. So ist es z. B. charakteristisch für einen Streit, daß jeder Beteiligte dazu neigt, die Reaktionen des anderen deutlicher wahrzunehmen als die eigenen Reize, die ausgesendet werden und die unter Umständen Auslöser des Streits gewesen sind (vgl. Rogers' Persönlichkeitskonzept und Watzlawick u. a. [1974] zur Interpunktion von Ereignisfolgen).

Diese Elemente der problematischen Situation gilt es zu operationalisieren, d. h. in eine überprüfbare, nachvollziehbare Handlung oder Verhaltensbeschreibung zu übersetzen.

Konkret lassen sich in dieser Phase folgende Aufgaben formulieren. Sie müssen den Klienten dabei unterstützen:

a) die Elemente der problematischen Situation zu erkennen, zu konkretisieren und zu operationalisieren und
b) Teilschritte festzulegen.

(3) Zur Entwicklung von Alternativen

Sie versuchen mit dem Klienten gemeinsam alternative Vorgehensweisen zur Lösung des Problems zu entwickeln, zu reflektieren und zu operationalisieren. Dabei ist es von Vorteil, auch die Gemeinsamkeiten und Verbindungen der Alternativen durchzugehen, um etwaige Teile zu kombinieren.

In dieser Stufe der Problemlösung kann dem Klienten auch durch konkrete Informationen geholfen werden, die eventuell das Spektrum der Alternativen erweitern.

In der Auseinandersetzung mit verschiedenen Lösungsmöglichkeiten müssen Sie besonders vorzeitige Bewertungen des Klienten (z. B. „Das hilft ja doch nichts", „Das macht der nie") reflektieren. Dabei mag sich anbieten, im Rollenspiel verschiedene Alternativen bzw. deren Konsequenzen (z. B. die antizipierten Reaktionen unmittelbarer Bezugspersonen) durchzuspielen.

Bei der Entwicklung von Alternativen, aber auch bei der nachfolgend aufgeführten Entscheidungsfindung und bei der Umsetzung der geplanten Maßnahmen in konkrete Handlungen, darf das Verhalten und Erleben des Klienten deshalb nicht losgelöst von den ihn

umgebenden sozialen Bedingungen gesehen werden, vielmehr müssen diese Faktoren in den Problemlösungsprozeß miteinbezogen werden.
Wichtige zu berücksichtigende Informationen können dabei z. B. sein:

- Welche körperlichen Beeinträchtigungen hat der Klient (z. B. Seh- oder Hörschwäche, Kinderlähmung), die bei dem Problemlöseprozeß berücksichtigt werden müssen?
- Welches sind die Charakteristika des momentanen soziokulturellen Milieus des Klienten (Wohngegend, sozioökonomischer Status, religiöse Einstellungen, Normen)?
- Welche Personen oder Gruppen üben die wirkungsvollste und weitreichendste Kontrolle über den Klienten aus?
- Ist durch die Umgebung, das Milieu des Klienten, eine Unterstützung oder Behinderung für Einstellungs- und/oder Verhaltensänderungen des Klienten zu erwarten?

So können im günstigsten Fall wichtige Bezugspersonen in die Beratung miteinbezogen werden, im anderen Fall sollten Sie den Klienten anregen und unterstützen, sich mit den zu erwartenden Schwierigkeiten auseinanderzusetzen bzw. nach Möglichkeiten zu suchen, diese zu minimieren.
Zusammengefaßt: Sie müssen den Klienten dabei unterstützen:

a) eine verinnerlichte, vorzeitige Bewertung von Informationen und Lösungsalternativen abzubauen;
b) sich mit einer Vielzahl von Lösungsalternativen auseinanderzusetzen und
c) diese Alternativen zu konkretisieren und zu operationalisieren.

(4) Zur Entscheidungsfindung

Aufgrund der emotionalen und rationalen Auseinandersetzung mit den verschiedenen Alternativen müssen Entscheidungen über die geeignetste Vorgehensweise getroffen werden.
Ein erster Schritt ist, den Klienten anzuregen, sich mit den Konsequenzen der jeweiligen Alternativen auseinanderzusetzen. Dabei empfiehlt es sich, die Alternativen bzw. deren Konsequenzen anhand bestimmter Kriterien abzuwägen. Dies wären z. B. persönli-

che Bedeutung, persönlicher Nutzen: kurzfristig – langfristig/positiv – negativ – neutral.

Wichtig ist auch, daß Sie als Beraterin nicht durch Ihre Wertvorstellungen die Entscheidungen des Klienten beeinflussen.

Im einzelnen müssen Sie den Klienten dabei unterstützen:

a) die mutmaßlichen Konsequenzen der Lösungsalternativen zu identifizieren und
b) die Konsequenzen in bezug auf einzelne Kriterien abzuwägen.

(5) Zur Verifikation

Werden die Maßnahmen realisiert, die sich aufgrund der vorherigen Überlegungen als die geeignetsten herauskristallisiert haben, gilt es abzuklären, inwieweit die angestrebten Ziele oder Teilziele erreicht worden sind bzw. warum sie nicht erreicht werden konnten.

Man muß davon ausgehen, daß Umweltfaktoren, Verhaltensdefizite und/oder psychische Beeinträchtigungen auf seiten des Klienten sowie dessen Bezugspersonen oft eine mehrmalige Modifikation des ursprünglich festgesetzten Lösungsweges erforderlich machen. So können alternative oder zusätzliche Schritte reflektiert werden, um die Bemühungen zu einer befriedigenden Lösung des Problems zu erweitern und zu verstärken. So können z. B. auch längerfristige therapeutische Maßnahmen erforderlich werden.

Dies macht deutlich, daß in der Klientenzentrierten Gesprächsführung *kein einmaliger Problemlösungsprozeß* abläuft, sondern daß ständig wieder neue Probleme oder Teilprobleme erkannt und definiert und Alternativen entwickelt, ausgewählt und praktisch erprobt werden müssen.

Zusammengefaßt müssen Sie den Klienten dabei unterstützen:

a) die mutmaßlichen Schwierigkeiten zu reflektieren, die den Klienten gegebenenfalls bei der Realisierung seiner Entscheidung behinderten;
b) das Handlungsergebnis mit dem angestrebten Ziel, der Lösung der problematischen Situation, zu vergleichen, gegebenenfalls die Ursachen der Abweichung zu suchen und unter Umständen in einen neuen Problemlösungsprozeß einzusteigen und
c) gegebenenfalls bestimmte psychische und/oder verhaltensbezo-

gene Beeinträchtigungen, die einer adäquaten Realisierung der Handlungen im Wege standen, zu erkennen und zu beheben.

Wie bereits erwähnt, läuft eine Problemlösung in der Praxis nicht unbedingt in der aufgezeigten streng schematisierten Form ab, doch sind die einzelnen Elemente, wie allgemeine Orientierung, Problemformulierung, Entwicklung von Alternativen, Entscheidung und Überprüfung der Realisierbarkeit und Brauchbarkeit der Maßnahmen, Bestandteile eines jeden Lösungsprozesses. Dabei handelt es sich immer um einen *dynamischen Prozeß*, bei dem den einzelnen Stufen je nach Art und Umfang des Problems eine unterschiedliche Gewichtung zukommt.

Eine *Fallschilderung*[20] soll im folgenden die einzelnen Stufen des Problemlösungsprozesses praktisch veranschaulichen:

Institutioneller Rahmen: Gemeinwesenarbeit in einer Obdachlosensiedlung.

Fallschilderung: Ein 17jähriger körperbehinderter Junge (noch 4 Geschwister) soll eine Ausbildung in einem Rehabilitationszentrum machen, wehrt sich aber sehr dagegen. Der Junge war bereits mit 15 Jahren einmal in einem Heim zur Rehabilitation körperlich Behinderter, verließ das Heim aber nach einem halben Jahr. Als Grund gibt der Junge an, daß er in der Schule nicht mitkam.

(1) Allgemeine Orientierung:

Aufgrund vorheriger Gruppenarbeit bestand schon ein Vertrauensverhältnis zwischen dem Sozialarbeiter und dem Jungen, so daß der Junge bereit war, mit dem Sozialarbeiter über seine Abneigung zu sprechen, in dem Rehabilitationszentrum eine Lehre zu machen und sich nicht von vornherein auf die Position „Da gehe ich nicht hin!" versteifte.

Im Gespräch mit dem Sozialarbeiter kommt heraus, daß für seinen damaligen Abbruch das Versagen in der Schule nur ein äußerer Grund war und daß er jetzt nicht wieder so eine Ausbildung anfangen möchte, nicht weil er befürchtet, in der Schule nicht mitzukommen, sondern weil er Angst vor den anderen Schülern bzw. Lehrlingen hat.

---

20 Dieser Fallschilderung liegt die Aufzeichnung eines Sozialarbeiters über einen von ihm betreuten Fall zugrunde.

(2) Problemformulierung und Definition:

Im einzelnen gelingt es dem Jungen, sich im Laufe der Gespräche bewußt zu machen, daß er Angst vor dem Heim hat:

- weil er sprachliche Schwierigkeiten hat,
- weil er von zu Hause fort muß (Trennung von gewohnter Umgebung und Familie),
- weil er sich als „Obdachloser" schämt,
- weil er dort niemanden kennt und von sich aus keine Bindungen eingeht.

Dieser Punkt wird noch konkretisiert. Es zeigt sich, daß der Klient generell Schwierigkeiten in zwischenmenschlichen Beziehungen hat, da er von sich aus nie die Initiative übernimmt. Er hat Angst, sich irgendwie zu blamieren, einen „doofen" Eindruck zu machen und kommt sich schon aufgrund seiner Behinderung irgendwie immer unterlegen vor.

Kommentar: Es ist anzunehmen, daß bis zu diesem Stadium des Gesprächs schon ein Lernprozeß stattgefunden hat, in dem folgendes abgelaufen ist:

a) Der Junge ist sich über seine eigentlichen Empfindungen, darüber, wie er sich im Vergleich zu anderen sieht, klarer geworden.
b) Er hat seine Empfindungen verbalisieren können.
c) Er ist im Gespräch mit dem Sozialarbeiter für zwischenmenschliches Annäherungsverhalten, für das Verbalisieren von Gefühlen und für echtes und offenes Verhalten verstärkt worden.
d) Er hat den Sozialarbeiter als Modell für offenes, echtes Verhalten erlebt.
e) Er hat eine positive zwischenmenschliche Beziehung aufbauen können.

(3) Entwicklung von Alternativen[21]:

Der Klient wird angeregt, so viele Möglichkeiten hinsichtlich seiner Zukunft zu nennen wie ihm einfallen. Der Sozialarbeiter unterstützt den Klienten bei diesem „Brainstorming", indem er z. B. auch dem Klienten bisher nicht verfügbare Informationen miteinbringt.
In diesem Fall lassen sich folgende Möglichkeiten denken: Der Klient macht eine Lehre in einem Rehabilitationszentrum; er macht keine Lehre; er sucht sich eine Heimarbeit, die er zu Hause durchführen kann; er bleibt einfach so zu Hause; er bleibt zu Hause, versucht aber Kontakt nach „draußen" aufzunehmen, z. B. indem er in einen Behindertenclub geht.

(4) Entscheidungsfindung:

Im Gespräch mit dem Berater wird dem Klienten klar, daß er am liebsten schon eine richtige Berufsausbildung hätte, aber die Angst, von zu Hause wegzugehen, doch noch größer ist. Am liebsten wäre ihm, es gäbe ein Rehabilitationszentrum in der Nähe; dann könnte er jeden Tag nach Hause gehen, da würde er sich sicherer fühlen. In einem Heim den anderen so ausgeliefert zu sein, das ist für ihn eine ganz fürchterliche Vorstellung. Besonders da er es ja schon einmal erlebt hat. Im Laufe des Gesprächs ergibt sich, daß es am besten ist, wenn der Klient erst einmal in einen Behindertenclub eintreten würde. Das würde er sich schon zutrauen, denn da wäre er einerseits mal mit anderen Leuten zusammen (nicht immer nur zu Hause), andererseits wäre das nicht den ganzen Tag, sondern nur einmal die Woche. Überhaupt könnte dann der Klient selbst bestimmen, wie oft er mit anderen Kontakt haben möchte und er würde so die Verbindung zu seiner Familie behalten.

(5) Verifikation:

Die Entscheidung, erst einmal zu Hause zu bleiben, aber Kontakt zu einem Behindertenclub zu suchen, ist als Teilziel zu sehen, das der Klient nun in die Praxis umsetzen muß. Dabei kann ihn der

---

21 Weitere Aufzeichnungen über diesen Fall liegen nicht vor. Es wird deshalb hypothetisch demonstriert, wie das Gespräch weitergeführt werden könnte.

Sozialarbeiter unterstützen, indem er z. B. Kontakt zu einem Mitglied des Behindertenclubs aufnimmt und diesen bittet, seinen Klienten etwas zu betreuen.
Dann gibt es mehrere Möglichkeiten:

a) Der Klient kommt in dem Behindertenclub zurecht, er kann dort Beziehungen zu anderen Jugendlichen aufnehmen und wird so sicherer im Umgang mit anderen Leuten. Er würde ebenfalls dort Informationen darüber erhalten, was andere Behinderte machen, wie diese zu einer Berufsausbildung gekommen sind und so evtl. Modelle für „seinen Weg" bekommen.
   In diesem Fall müßte der Sozialarbeiter zu einem späteren Zeitpunkt noch einmal mit dem Jungen über seine weitere Zukunft reden, um ihm bei der Problemlösung zu helfen.
b) Der Klient kommt in dem Behindertenclub nicht zurecht und vergräbt sich wieder in seiner Familie.
   Da es bei dem Klienten nicht nur um Verhaltensdefizite geht (wie z. B. die Unfähigkeit, Kontakte zu anderen aufzubauen und aufrechtzuerhalten), sondern auch allgemeine psychische Beeinträchtigungen (wie z. B. Minderwertigkeitsgefühle), bedingt durch die Behinderung sowie durch die Tatsache, aus einem sogenannten „asozialen Milieu" zu kommen, eine Rolle spielen, wäre an eine Gesprächspsychotherapie zu denken.
   Eine andere Vorgehensweise wäre, im Rahmen einer Klientenzentrierten Gesprächsführung mit dem Klienten noch einmal andere Möglichkeiten durchzugehen, andere Teilziele zu bestimmen.

Abschließend sei noch darauf hingewiesen, daß das aufgezeigte Problemlöseschema kein Trainingsprogramm darstellt, in dem die einzelnen zu einer effektiven Problemlösung notwendigen Fertigkeiten systematisch eingeübt werden. Das Problemlöseschema soll vielmehr eine *Klientenzentrierte* Gesprächs*führung anleiten*, bei der sich der Klient verstanden und angenommen fühlt, und unter Verwendung verschiedener Techniken angeregt und *aktiv* unterstützt wird, sich mit seinen Problemen, zur Verfügung stehenden Alternativen und anzustrebenden Zielen *emotional* auseinanderzusetzen und in diesem Prozeß der Auseinandersetzung sich besser kennenzulernen, um so auch längerfristig mit seinen Problemen besser fertig zu werden.

3.2 Ausdifferenzierung einzelner Gesprächsmerkmale

Schwartz (1975 a) versuchte, das therapeutische Geschehen in der Gesprächspsychotherapie über die globalen Basisvariablen hinaus dezidierter zu erfassen. Er fand heraus, daß Psychotherapeuten deutlich gebesserter Klienten sich von denen nicht gebesserter Klienten darin unterschieden, daß sie ein höheres Ausmaß an emotionaler Zuwendung zeigten und innerlich beteiligter wirkten. In ihren Äußerungen gingen sie über das vom Klienten Gesagte eher hinaus, waren im Sprachverhalten flexibler und sprachen deutlicher über die Gefühle ihrer Klienten. Davon ausgehend benannte und erläuterte er unter anderem folgende Verhaltensweisen des Therapeuten (1975 a, S. 17 ff.):

– *„Weitergehen des Psychotherapeuten"*

Erläuterung: Der Psychotherapeut bringt zusätzliche Aspekte hinein, die der Klient nicht ausgedrückt hat, die aber vermutlich in engem Zusammenhang mit seinem Erleben stehen.
Der Psychotherapeut erweitert mit seiner Äußerung den Assoziationsrahmen, indem er über das vom Klienten Geäußerte hinausgeht und z. B. frühere Äußerungen miteinbezieht oder emotionale Erlebnisweisen, wie Befürchtungen des Klienten, vorwegnimmt. Er knüpft unmittelbar an das vom Klienten Gesagte an, reflektiert es nicht allein, sondern setzt es fort.
Der Psychotherapeut geht in den Satz des Klienten hinein und beendet ihn.

– *„Flexibilität im Sprachverhalten"*

Erläuterung: Die Verbalisierungen des Psychotherapeuten sind gekennzeichnet durch
– Vermeiden von Wiederholungen,
– abwechslungsreiche Wortwahl,
– geschickte Formulierungen.

– *„Konkretheit der Formulierungen des Psychotherapeuten"*

Erläuterung: Die Äußerungen des Psychotherapeuten sind plastisch. Beispiele oder sehr anschauliche Schilderungen verdeutlichen, was der Psychotherapeut meint. Als Wortarten werden Verben und Adjektive benutzt. Der Psychotherapeut spricht mögliche Empfindungen in direkter Rede aus (Beispiel: „Sie fühlen sich da tief enttäuscht.")

- *„Deutlichkeit der Psychotherapeutenäußerung"*

  Erläuterung: Der Psychotherapeut bezieht sich direkt auf die geäußerten oder vermuteten Gefühle des Klienten, ohne sie abzuschwächen; er benennt auch negative Emotionen mit der Intensität, in der der Klient sie vermutlich erlebt.
  Beispiele:
  „Als Sie Ihrem Vorgesetzten gegenübersaßen, verspürten Sie eine starke Angst."
  „Sie hassen Ihre Mutter."

Diese Verhaltensweisen sind wichtige Aspekte des „einfühlenden Verstehens", auf die im folgenden näher eingegangen wird. Ausgehend von Vukovichs (1975) Ansatz der Argumentationsfiguren wurde dabei versucht, diese Merkmale teilweise an Hand von Gesprächsfiguren darzustellen. Diese Gesprächsfiguren charakterisieren einige wesentliche, immer wiederkehrende verbale Verhaltensmuster, die das Gespräch u.a. sprachlich plastisch aufbereiten, es strukturieren, oder den Klienten zu einer Differenzierung stimulieren.
Dabei muß betont werden, daß in bezug auf die Gesprächsfiguren kein Anspruch auf Vollständigkeit erhoben wird, sondern daß es lediglich darum geht, *einzelne* Aspekte des Beraterverhaltens *transparenter* zu machen, so daß Sie einige *Anhaltspunkte* haben, an denen Sie Ihr Gesprächsverhalten immer wieder orientieren können.
Auch wenn weder die agogische noch die psychologische Forschung soweit ist, ein Handlungsmodell zu erstellen, das sagt, wann, bei wem und wie oft die einzelnen Verhaltensmerkmale am effektivsten einzusetzen sind, so ist die Hypothese doch die, daß die Vermittlung eines bestimmten „Verhaltensrepertoires" eine strukturierte und auch therapeutische Prozesse miteinbeziehende Gesprächsführung erleichtert. Dafür spricht z.B. auch, daß nach Minsel (1974) erfahrene Therapeuten sich von unerfahrenen dadurch unterscheiden, daß sie ein größeres Verhaltensrepertoire besitzen und verwirklichen.

(1) Zur sprachlichen Ausdrucksform

Die sprachliche Ausdrucksform der Beraterin, d.h. ein flexibles, deutliches und konkretes Aufgreifen der Klientenäußerungen wird im folgenden

1. an Hand einiger allgemeiner Richtlinien und
2. mit Hilfe spezifischer Gesprächsfiguren
   näher veranschaulicht und präzisiert.

Lernziele

● Von vorgegebenen Kriterien (Richtlinien), die bei einem flexiblen, deutlichen und konkreten Verbalisieren zu beachten sind, die zutreffenden identifizieren können.
● Gesprächsfiguren, die ein flexibles, deutliches und konkretes Verbalisieren kennzeichnen, identifizieren können.

Allgemeine Richtlinien

1. Die Empfindungen des Klienten werden in Form eines *Synonyms* oder *Antonyms* (Verneinung des Gegenteils) verbalisiert.

   Beispiele:

   1. Bedrückt sein
      Synonyme: belastet, geängstigt, bekümmert, bedrückt, betrübt, gequält;
      Antonyme: nicht froh, nicht heiter, nicht vergnügt, nicht munter, nicht strahlend, nicht lachend.
   2. Hemmungen haben
      Synonyme: Spannungen verspüren, sich beeinträchtigt fühlen, Angst haben, sich behindert fühlen, belastet sein;
      Antonyme: sich nicht frei fühlen, sich nicht locker fühlen, nicht unabhängig, nicht zwanglos sein.

Synonyme und Antonyme dienen nicht nur dazu, Wiederholungen zu vermeiden und flexibel und abwechslungsreich zu sprechen, sondern ebenso verhelfen sie dem Klienten dazu, sein psychisches Empfinden zu spezifizieren, d. h. herauszubekommen, was es für ihn ganz genau bedeutet, wenn er z. B. sagt, er habe Hemmungen oder er fühle sich bedrückt.

2. Eine Hilfe ist es, wenn Sie bei der Spezifizierung der psychischen Empfindung auf das *Repräsentationssystem* (Bandler & Grinder 1984) des Klienten achten. Mit dem Repräsentationssystem ist die Sinnesmodalität (Hören, Sehen, Riechen, Schmecken, Fühlen) gemeint, die jemand benutzt, um das, was er als Information wahrnimmt, sprachlich auszudrücken, zu repräsentieren. In erster Linie nehmen wir über das Sehen, Hören und über körperliche Empfindungen (Kinästhetik) Informationen über unsere Umwelt auf. Bandler & Grinder haben aufgezeigt, daß dabei häufig ein bestimmtes Repräsentationssystem bevorzugt wird, d. h., jemand hat sehr oft innere Bilder, sieht etwas vor seinen Augen; bei einem anderen werden schnell auditive Vorstellungen ausgelöst, bei ihm „klingelt's" und ein Dritter ist gleich von etwas berührt (ihm wird heiß oder kalt). Welches Repräsentationssystem jemand bevorzugt verwendet, läßt sich an sogenannten *Prozeßwörtern* erkennen, das sind die Verben, Adjektive und Adverbien, die der Betreffende benutzt.

Beispiele:

visuell: Ich kann das nicht mehr sehen!
Mir wird rot vor Augen!
auditiv: Ich kann das nicht mehr hören!
Bei mir schreit alles!
kinästhetisch: Mich schüttelt es bei dem Gedanken!
Ich könnte kotzen!

Es ist offensichtlich, daß es von Vorteil ist, das bevorzugte Repräsentationssystem des Klienten zu erkennen und aufzugreifen, denn dann ist es möglich, „die Sprache des Klienten zu sprechen" (Grinder & Bandler 1984, S. 21).

Beispiel 1:

Klient: Ich kann dieses ewige Gejammere von ihr nicht mehr hören (auditiv).
Nicht: – Sie wollen sie nicht mehr sehen (visuell) oder
– Sie zucken da richtig zusammen (kinästhetisch),
sondern je nach Intensität des Gesagten:

- Das klingt Ihnen ständig nach.
- Da machen Sie die Ohren zu.
- Da schalten Sie auf Durchzug.
- Da möchten Sie am liebsten losbrüllen.

Beispiel 2:

Klient: Ich begreife langsam, daß ich da so eine Last mit mir herumschleppe.
Nicht: – Da geht Ihnen jetzt ein Licht auf oder
– Da hat's jetzt bei Ihnen gefunkt.
sondern: – Sie spüren, wie Sie das drückt.
– Sie spüren jetzt, wie hart das ist.
– Das fühlt sich richtig schwer an.
– Sie wollen das nicht länger tragen.

Anmerkung: Diese „Anleihe" beim Neurolinguistischen Programmieren (NLP) ist jedoch nur dann sinnvoll, wenn Sie mit der Zeit lernen, automatisch das Repräsentationssystem des Klienten zu beachten, wie Psychotherapeuten (z. B. Milton H. Erickson und Virginia Satir) dies intuitiv taten, lange bevor Bandler/Grinder dies von der Linguistik herkommend analysierten.

3. Es werden eher *kürzere Sätze* gebraucht, da diese zum einen eher verständlich sind als längere Sätze und der Klient zum anderen dadurch gezwungen wird, sich mit Ihrer konkreten Äußerung auseinanderzusetzen.

4. Es werden *keine Fremdwörter und Fachtermini* verwendet, da diese relativ unspezifisch und abstrakt sind und wenig gefühlsmäßige Dynamik enthalten.

Beispiel:

Kl.: Ich kann mich nicht überwinden, zu ihm zu gehen und ihn zu fragen.
B.: Da können Sie nicht aus Ihrer Haut raus (nicht: Da haben Sie Komplexe).

5. Es werden Adjektive, Verben und Adverbien Substantiven vorgezogen, da Adjektive, Verben bzw. Adverbien gefühlvoller, persönlicher sind und weniger schwerfällig wirken.

Beispiel:

Kl.: Irgendwie traue ich mich nicht, ihm das zu sagen.
B.: Da verspüren Sie Furcht (Substantiv).
B.: Da fürchten Sie sich vor (Verb.).

6. Es werden *kurze, einfache, häufig gebrauchte Wörter* verwendet, da die Kommunikation allgemein durch einfache Wörter verbessert wird (Teigeler 1969).

Zusammengefaßt gilt:
Vermeiden Sie eine abstrakte Sprache, drücken Sie sich so einfach und klar wie möglich aus! Spricht Ihr Klient eine „einfache" Sprache, so passen Sie sich diesem Sprachniveau an, so daß der Klient sich wirklich verstanden und angenommen fühlt. Spricht Ihr Klient dagegen sehr „akademisch", so versuchen Sie, ihn von dieser abstrakten Ebene „herunterzuholen" und zu konkreten, gefühlsmäßigen Aussagen zu bringen, indem Sie auch bei diesem Klienten eine möglichst einfache, plastische Sprache gebrauchen.

Spezifische Gesprächsfiguren

Neben diesen allgemeinen Richtlinien gibt es noch *spezifische Gesprächsfiguren*, die dazu beitragen, das Gesagte anschaulich und einprägsam zu gestalten:
Während die allgemeinen Richtlinien möglichst immer beachtet werden sollten, müssen nicht in jeder Erwiderung alle Gesprächsfiguren berücksichtigt werden. Die einzelnen Gesprächsfiguren stellen vielmehr ein *Repertoire* an Möglichkeiten dar, sich anschaulich und abwechslungsreich auszudrücken, auf das beliebig zurückgegriffen werden kann.

Sprachliche Bilder

Sie versuchen das Gesagte in Form eines sprachlichen Bildes zu veranschaulichen. Dabei kann ein Bild visuelle, akustische oder kinästhetische Empfindungen ausdrücken, je nach dem bevorzugten Repräsentationssystem des Klienten.

Beispiele[22]

Beispiel 1:

Kl.: Ich weiß manchmal gar nicht, wie ich mich verhalten soll.
Th.: Sie haben den Eindruck, völlig *im Dunkeln zu tappen.*

Beispiel 2:

Kl.: ... Ich weiß nicht, ob ich das einfach so zu ihr sagen kann.
Th.: ...daß da doch irgendwie *eine Schranke ist.*

Beispiel 3:

Kl.: Obwohl ich dann oft gar nicht mehr am nächsten Morgen genau weiß, was es war, aber ich weiß nur, daß eben meine Eltern irgendwelche Rolle spielten und Personen aus der Vergangenheit und irgendwie hat es mich bedrückt.
Th.: Ist es so, daß diese Eltern und das, was Sie mit ihnen erlebt haben, gleichsam wie ein... *ein Stein* (Geste) auf Ihnen liegt?

Verbalisierung in Ich-Form

Sie reden in direkter Rede von dem Klienten. Dadurch zeigen Sie, daß Sie versuchen, sich ganz in den Klienten hineinzuversetzen, gleichzeitig erzielen Sie auch hier eine stark stimulierende Wirkung.

Beispiel 1:

Kl.: Es ist heute überhaupt oft so, daß ich prinzipiell erst einmal „nein" sage und dann vielleicht hinterher doch einwillige; aber (Th.: Mhm) irgendwie hat sich das so ... so genau ins Gegenteil umgekehrt; früher habe ich sofort alles getan, wenn man mir etwas sagte; ganz gleich, meine Eltern oder mein Chef oder... (Th.: Mhm) andere Personen mich um etwas baten, ich hab's sofort getan (Th.: Ja) und heute fällt's mir sehr schwer, es zu tun.

---

22 Die folgenden Beispiele stammen – soweit nicht anders vermerkt – aus den im Rahmen des Projekts „Psychologie der Gesprächsführung" hergestellten Videoaufzeichnungen einzelner Gesprächspsychotherapiesitzungen (Vukovich 1977).

Th.: Da haben Sie sich gewandelt. Früher: gehorchen auf einen Befehl; aber heute das erste, was kommt: *„Nein, stop, ich will es nicht".*

Beispiel 2:

Kl.: Früher hab' ich mich hauptsächlich um die anderen gekümmert und habe versucht, ihnen zu helfen; hab' mich sehr mit ihren Problemen beschäftigt und... (Th.: Ja) ich hab' in letzter Zeit festgestellt, daß mich das sehr belastet, wenn ich mich direkt mit Problemen anderer beschäftige.
Th.: Ich weiß nicht, ob ich das richtig sehe; ist es so, daß Sie gleichsam sagen: *„Ich... ich habe genug mit mir (auf sich deutend) zu tun, ich... ich kann jetzt nicht (wegdeutend) oder ich will jetzt nicht mich noch mit... mit anderen beschäftigen?"*

Übungen

1. Synonyme und Antonyme bilden

a) Synonyme bilden
Im folgenden finden Sie eine Reihe von gefühlsmäßigen Empfindungen. Versuchen Sie, zu jedem Ausdruck möglichst viele Synonyme, d. h. Worte mit gleicher oder ganz ähnlicher Bedeutung, zu finden. Überlegen Sie nicht zu lange, sondern sagen Sie spontan alle Ausdrücke, die Ihnen zu der entsprechenden Empfindung einfallen.

Beispiel:

Traurig sein: niedergeschlagen, bedrückt, unglücklich, mutlos, betrübt, bekümmert, trostlos.

Psychische Empfindungen:
1. sich zurückgewiesen fühlen,
2. sich unsicher fühlen,
3. sich unbehaglich fühlen,
4. sich freuen,
5. völlig leer sein,
6. sich ausgelacht fühlen,

7. ängstlich sein,
8. ärgerlich sein,
9. glücklich sein,
10. sich allein fühlen,
11. sich geborgen fühlen.

b) Antonyme bilden

Versuchen Sie bei dieser Übung die o. a. Empfindungen jeweils durch ein Antonym, d. h. die Verneinung des Gegenteils, auszudrücken.

Beispiel:

Traurig sein: nicht froh, nicht freudig, nicht glücklich.

2. Bilder finden

Versuchen Sie, die oben aufgeführten Empfindungen in ein sprachliches Bild umzusetzen. Da sich fast jede Empfindung in mehreren Bildern ausdrücken läßt, versuchen Sie, jeweils so viele passende sprachliche Bilder zu finden wie möglich.
Fällt Ihnen zu einer Empfindung kein Bild ein, so gehen Sie zum nächsten Ausdruck über.

Beispiel:

Ärgerlich sein.
Bild: an die Decke gehen, rot sehen, innerlich kochen.

3. Auf die unterschiedlichen Repräsentationssysteme achten

a) Sammeln Sie visuelle, auditive und kinästhetische Prozeßworte (Verben, Adjektive, Adverbien)

Beispiel:

visuell: sehen, hell,
auditiv: klingeln, laut,
kinästhetisch: begreifen, weich.

b) Sammeln Sie Sprichwörter und Redewendungen, die die verschiedenen Repräsentationssysteme widerspiegeln.

Beispiel:

visuell: Das sticht mir ins Auge.

auditiv: Nur mit einem Ohr dabei sein.

kinästhetisch: Es schnürt mir das Herz ab.

Lernkontrolle

Aufgabe 1

Kreuzen Sie die Aussage(n) (A–D) an, die zutreffend beschreibt/beschreiben, was bei einem flexiblen, deutlichen und konkreten Verbalisieren zu beachten ist:

☐ A Es werden eher kürzere Sätze als längere formuliert.
☐ B Es werden Substantive den Adjektiven, Adverbien oder Verben vorgezogen.
☐ C Es werden kurze, einfache, häufig gebrauchte Wörter verwendet.
☐ D Es werden Fremdwörter und Fachtermini vermieden.

Aufgabe 2

Ordnen Sie die Klientenaussagen (A–F) folgenden Repräsentationssystemen zu:

1. visuell: _____

2. auditiv: _____

3. kinästhetisch: _____

Klientenaussagen:

A. Mir fällt die Decke auf den Kopf.
B. Das klingt überzeugend.
C. Ich kriege die Sache schon in den Griff.
D. Ich habe da doch den Durchblick.
E. Ich werde mich da schon freistrampeln.
F. Da bin ich dann einfach sprachlos.

Lösungen siehe Seite 258

(2) Zur methodisch-inhaltlichen Gesprächsform

Im folgenden werden Gesprächsfiguren vorgestellt, die geeignet sind, das von Schwartz beschriebene „Weitergehen des Psychotherapeuten" (s. S. 140) faßbarer zu machen. Diese spezifischen Gesprächsfiguren dienen dazu, daß Gespräch zu strukturieren – z. B. auf ein momentan im Vordergrund stehendes Thema zu zentrieren – oder den Klienten zu einer Differenzierung zu stimulieren.

Lernziel

● Gesprächsfiguren, die das Gespräch strukturieren oder den Klienten zu einer Differenzierung anregen, identifizieren können.

Weitere spezifische Gesprächsfiguren

Rekapitulieren

Statt oder neben einer Verbalisierung der letzten Klientenäußerung fassen Sie die wesentlichen emotionalen Erlebnisinhalte aus den vorherigen Aussagen schwerpunktmäßig zusammen.
Das Rekapitulieren erfolgt oft in Verbindung mit einer Konkretisierungsforderung (s. S. 154), um einen oder mehrere Aspekte noch einmal genauer durchzuarbeiten.

Beispiel:

Kl.: Ja. Selbst wenn ich einsehe, daß es sehr wichtig ist, daß ich die Aufgabe sofort erledige. Aber es kostet mich sehr viel Energie, es dann sofort zu tun.
Th.: Mhm. Vernunftmäßig sagen Sie sich: „Es ist wichtig, es müßte eigentlich gemacht werden"; (Kl.: Ja) aber gefühlsmäßig bäumen Sie sich auf und sagen: „Verdammt, warum muß ich mir so was sagen." (Kl.: – nickend – Ja) Ja? Mhm. (Kurze Pause) Und – *wenn ich das richtig sehe – das . . . das bereitet Ihnen teilweise auch in Ihrem Beruf Schwierigkeiten, wenn Ihnen da jemand keine Freiheit geben will, in der Art, wie Sie etwas tun sollen?*

Den roten Faden aufgreifen

Sie greifen „den roten Faden" auf, etwas, das die ganze Zeit über unterschwellig vorhanden war oder einen bestimmten Aspekt, der immer wieder auftaucht. Die letzte Klientenäußerung ist hier nur insofern von Interesse, da sie eventuell den Anstoß dazu gegeben hat, jetzt den roten Faden aufzugreifen. Formuliert wird dies durch Sätze wie: *„Ich hör' so die ganze Zeit da durch, daß es Ihnen sehr viel bedeutet, was Ihr Mann dazu sagt."* *„Es taucht immer wieder auf, daß Sie eigentlich gar nicht so richtig dahinterstehen."*
Greifen Sie einen „roten Faden" auf, so ist es besonders wichtig, daß Sie Ihre Aussagen sehr offenlassend, fragend verbalisieren, damit der Klient den „roten Faden" keineswegs als Diagnose auffaßt.

Das „Hier und Jetzt" betonen

Redet der Klient von der Vergangenheit, so versuchen Sie zu ermitteln, was das Vergangene zur Zeit für den Klienten bedeutet, d. h. daß Sie in Ihrer Verbalisierung die Gegenwart ansprechen.

Beispiel:

Kl.: Ja und dann kommen eben bei mir dann so... so zwei, drei Erfahrungen dazu, die so 'ne Art negative Konditionierung dann bewirkt haben; wo ich eben das so durchexerziert hab', diese... diese Öffnung von meiner Seite, das... ja das Sich-verletzlich-Machen, indem man sich öffnet – und dann das... das Zurückgestoßen-Werden, so das Zurück-gewiesen-Werden.
Th.: Und *heute* sehen Sie sich... ja heute sehen Sie sich als einen Menschen, der ungünstige Erfahrungen gemacht hat, und der... ja irgendwie vorgewarnt ist und der es nicht mehr so recht wagt, sich zu öffnen in der Erwartung: „Du wirst wieder... äh... verletzt werden".

Das momentane Empfinden ansprechen

Ein einfühlendes Verstehen impliziert, daß Sie auch merken, was in dem Klienten während des Gesprächs vorgeht. Statt oder neben einer Verbalisierung der emotionalen Erlebnisinhalte in der letzten Klientenäußerung sprechen Sie deshalb gegebenenfalls das momentane Empfinden des Klienten an, ohne daß dies vom Klienten direkt angesprochen wurde.

Beispiel[23]:

Kl.: Denn ich war wirklich auf dem absteigenden Ast. Und ich kann jetzt auch wieder schlafen. Ich habe...
Th.: Ja, Sie sind ganz überrascht, daß so auf einmal alles wieder ins Lot kommt.
Kl.: Ja. Und diese Überraschung gibt mir neuen Mut.
Th.: Mh... Ja... *Ich hab' den Eindruck, Sie sind jetzt im Augenblick sehr aufgeregt.*

Gegenüberstellung

Sie können die Äußerung des Klienten strukturieren, indem Sie einzelne Aspekte in der Äußerung des Klienten deutlich gegenüberstellen. Die Gegenüberstellung kann sich auch aus der letzten und einer früheren Äußerung ergeben. Verbalisiert wird die Gegenüberstellung durch Formulierungen wie „vernunftgemäß – gefühlsgemäß; an sich – aber dann; einerseits – andererseits" etc.

Beispiel 1:

Kl.: Ja. Selbst wenn ich einsehe, daß es sehr wichtig ist, daß ich die Aufgabe sofort erledige. Aber es kostet mich sehr viel Energie, es dann sofort zu tun.
Th.: Mhm. *Vernunftmäßig* sagen Sie sich: „Es ist wichtig, es müßte eigentlich gemacht werden"; aber *gefühlsmäßig* bäumen Sie sich auf und sagen: „Verdammt, warum muß ich mir so was sagen".

---

23 Aus Minsel (1974, S. 174).

Beispiel 2:

Kl.: Eigentlich wollte ich vielleicht gar nicht ihre Anerkennung, sondern ständig die Anerkennung meiner Eltern.
Th.: Daß Sie *vernunftmäßig* zwar sehen: „Ja, ich möchte die Anerkennung oder die Liebe zu Ihren... die... die können Sie nicht bekommen bei Ihren Eltern; aber *daß irgend etwas doch in Ihnen ist*, was... was sich nicht damit abfinden läßt? Daß Sie...

Perspektivenwechsel

Sie regen den Klienten zu einer Differenzierung des Gesagten an, indem Sie die Klientenäußerung jeweils von verschiedenen Blickwinkeln her betrachten. Sie erweitern so das Wahrnehmungsfeld des Klienten, so daß bisher nicht beachtete Aspekte dem Klienten zugänglich gemacht werden können.
Es gibt verschiedene Formen des Perspektivenwechsels:

● *Konkretisieren:* Ist der Klient in seiner Äußerung sehr abstrakt, so versuchen Sie die Klientenaussage zu spezifizieren, indem Sie eine möglichst konkrete Aussage formulieren.

Beispiel 1:

Kl.: Ich bin sehr leicht frustriert.
Th.: Wenn *Ihnen etwas nicht gleich gelingt*, dann sind Sie sofort „sauer“.

Beispiel 2:

Kl.: Ich bin der Ruhige in unserer Ehe.
Th.: Wenn *Ihre Frau irgend etwas unternehmen will*, dann haben Sie keine richtige Lust mitzumachen.

● *Abstrahieren:* Ist der Klient umgekehrt sehr konkret, hält sich viel mit spezifischen Beispielen auf, so versuchen Sie das Allgemeine, das Gemeinsame herauszuarbeiten.

Beispiel 1:

Kl.: Wenn er sowas sagt, dann könnte ich vor Wut das nächstbeste Stück oder Ding an die Wand schmeißen.
Th.: Wenn Sie wütend sind, dann haben Sie *oft* den Impuls, irgend etwas kaputtzuschlagen.

Beispiel 2:

Kl.: Tja, ich tu's eigentlich für sie, nicht für mich. Das ist auch bei meiner Freundin so, daß, wenn sie, wenn sie was von mir verlangt, daß ich das eigentlich mehr für sie tue, also auch tue, wenn's mir eigentlich gar keinen Spaß macht.
Th.: Daß es in *vielen Verhältnissen* eigentlich so ist, daß Sie mehr dem anderen zuliebe etwas tun?

Konkretisierungsforderung

Sie fordern den Klienten auf, einen bestimmten – vom Klienten angesprochenen – Aspekt genauer zu verdeutlichen, zu konkretisieren.

Beispiel 1:

Kl.: Ja, oder... es gibt bestimmte Situationen, wo vielleicht meine Mitmenschen ähnlich meinen... ähnlich reagieren wie meine Eltern und dann taucht das plötzlich auf und ich reagiere dann vielleicht oft ein bißchen heftig.
Th.: Ah mhm, Sie... Sie merken dann, daß Sie... Sie sehr ungewöhnlich reagieren und – *ist es dann so, daß Sie sich sagen: „Aha, das ist... die erinnern mich an meine Eltern?"*

Beispiel 2:

Kl.: Ja, das kann man wohl sagen, ja. Natürlich ist dieser Ärger auch dadurch bedingt, daß ich... so wenn ich gehe: leise rieselt der Kalk... Es ist nimmer so das beste aller denkbaren Modelle. Denkmodelle.
Th.: Ihr Alter macht Ihnen auch Sorgen; daß Sie denken: „Ich bin zu alt, um alles noch zu lernen, was ich lernen sollte?"
Kl.: Das ist wohl richtig.

154

Th.: *Ist es so*, daß Sie in sich so... so Grenzen spüren, die Ihnen Sorgen machen, daß Sie's nicht schaffen könnten?

Beispiel 3:

Kl.: Hm. – Ja, ich glaube, das ist: die Unzufriedenheit mit meinem Nicht-lernen-Können.
Th.: Ja? Das... das macht Ihnen Sorgen, daß Sie bestimmte Dinge nicht so gut behalten können. *Ist es das?*

Beispiel 4:

Kl.: Ja, zum Teil schon. Denn es wiederholen sich ja Situationen.
Th.: *Ich versuche mir eine solche Situation vorzustellen*, wo es dann... wo Sie dann unangemessen handeln und wie... wo es nicht so ist, wie Sie es wünschen?

Positive/negative Verbalisierung

Ist eine Klientenaussage gefühlsmäßig – nicht formal-sprachlich – ambivalent, d.h. sie enthält positive wie negative Aspekte, so können Sie entweder den positiven Anteil oder den negativen Anteil aufgreifen und den Klienten dadurch anregen, diesen Aspekt weiter zu differenzieren.

Beispiel 1:

Kl.: Nur meine Kinder geben mir noch Kraft zum Leben.
Th.: Die halten Sie aufrecht (positiv).
Th.: Wenn die mal aus dem Haus sind, dann hat das Leben für Sie keinen Sinn mehr (negativ).

Beispiel 2:

Kl.: Ich bin eigentlich meistens furchtbar traurig und einsam.
Th.: Sie finden nichts, was Ihnen Spaß macht (negativ).
Th.: Sie sagen *eigentlich*: Ab und zu gibt es aber doch etwas, worüber Sie sich freuen können (positiv).

Lernkontrolle

Aufgabe 1

Ordnen Sie Aussagen von Therapeutinnen (A–F), die jeweils eine oder auch mehrere Gesprächsfiguren enthalten, den Gesprächsfiguren 1–7 zu. Dabei genügt es, wenn Sie in jeder Aussage eine richtige Gesprächsfigur identifizieren.

1. Perspektivenwechsel: _____
2. Rekapitulieren: _____
3. Den roten Faden aufgreifen: _____
4. Das momentane Empfinden ansprechen: _____
5. Gegenüberstellung: _____
6. Konkretisierungsforderung: _____

Therapeutinnenaussagen:

Ausschnitt A:[24]
Kl.: ... und vor diesen Situationen habe ich immer Angst. Immer, daß dieses auftritt. Daß irgendwann mal 'ne Leere da ist und dann mir die ganze Situation peinlich ist.
Th.: Ja. Jetzt im Moment ist Ihnen das wahnsinnig unangenehm. (Kl.: Ja) Ja. Ich frag' mich, wie Sie das wohl empfinden, wie Sie dazu stehen.

Ausschnitt B:[24]
Kl.: Ich meine, daß ich hier etwas sagen muß, was mich unbedingt weiterbringt.
Th.: Sie haben so den Eindruck: alles andere wäre fast Verschwendung (Kl.: Ja, 30 Sek. Pause). Jetzt kommt so wieder langsam diese Aufregung in Ihnen hoch... mhm... irgendwie gelingt es Ihnen nur schwer, nichts zu sagen und sich zu entspannen.

Ausschnitt C:
Kl.: In der Schule ist es eigentlich nur bei dem Mathelehrer so, bei den anderen nicht.
Th.: Es gibt bestimmte Leute, da spürst Du so, da bist Du aufgeregt, wenn Du zu denen mußt, und bei anderen ist es nicht so.

Ausschnitt D:[25]
Kl.: Nein. Da... das ist dann in dem Moment die Situation, in der ich dann wirklich mir dann vorher alles Mögliche ausdenke, um... um wirklich da

---

24 Aus Minsel (1974).
25 Aus Minsel (1974).

ohne Gefahr einen Satz... ohne Gefahr einen Satz zustande zu bringen. Und das hindert mich oft daran, überhaupt zu reden.

Th.: Mh... Irgendwie liegt Ihnen sehr viel daran, wie Ihre Kollegen Sie sehen.

Kl.: Ja. Leider.

Th.: Mh... Ja... Ich frag' mich, wie das wohl aussehen soll. Wie Sie wahrgenommen werden möchten.

Ausschnitt E:

Kl.: Ich frag' mich bei Festen immer, was ich da soll.

Th.: Da ist Ihnen innerlich gar nicht so zum Feiern zumute.

Kl.: Das berührt mich irgendwie überhaupt nicht. Ich stehe dann immer einfach so da.

Th.: Und das ist bei jedem Fest so.

Kl.: Naja, es gibt schon ab und zu Feste, die haben mir wirklich Spaß gemacht.

Lösungen siehe Seite 258

3.3 Stellung beziehen

Während sich in der Klientenzentrierten Psychotherapie keine inhaltliche Stellungnahme der Therapeutin findet, erfordert die soziale Praxis in vielen Fällen eine Klientenzentrierte Gesprächsführung, in die über ein einfühlendes Verstehen hinaus auch aktive, direkte Verhaltensstimulierungen – und somit auch inhaltliche Stellungnahmen – miteinbezogen werden. Dabei ist es nicht so zu sehen, daß dies einen eindeutigen qualitativen Unterschied zwischen Klientenzentrierter Psychotherapie und Klientenzentrierter Gesprächsführung darstellt, da jede Interaktion in irgendeiner Form eine Einflußnahme darstellt: „Menschliches Verhalten ist immer (auch) durch das Verhalten anderer Menschen mitbestimmt und ist insofern immer schon unfrei" (Fietkau 1977, S. 14). Auch die Klientenzentrierte Psychotherapie stellt eine Einflußnahme dar. So zeigt Truax (1966), daß Rogers – entgegen seiner eigenen Theorie – auch nicht unbedingt bei allen Klientenäußerungen ein gleiches Ausmaß an Einfühlung und Akzeptierung realisierte, sondern die Klientenäußerungen selektiv verstärkte, die ein hohes Ausmaß an Selbstexploration und Problemorientierung zeigten.

Wichtig ist, daß inhaltliche Stellungnahmen nie losgelöst vom emotionalen Erleben des Klienten aufgegriffen werden. Mit anderen

Worten: *Der Klient soll die inhaltlichen Stellungnahmen der Bera-*
terin in seinen Selbstexplorationsprozeß miteinbeziehen können,
d. h.: Vorschläge und Alternativen anbieten, aber kein Dirigieren,
Einwände und Bedenken gegen bestimmte Verhaltensweisen, aber
kein Moralisieren.

Nur wenn das *subjektive Erleben* des Klienten im Mittelpunkt des
Gesprächs bleibt, ergibt sich kein Bruch, sondern ein fließender
Übergang zwischen Gesprächselementen, wie sie in Form der Gesprächsfiguren dargestellt wurden und den nachfolgend vorgestellten Verhaltensweisen. Denn auch ein Perspektivenwechsel, eine
Konkretisierungsforderung stimuliert den Klienten, seine Einstellungen und Verhaltensweisen in Frage zu stellen und globale Empfindungen wie „Das mag ich nicht", „Das stört mich", „Das macht
mich aggressiv" zu differenzieren. Diesen Prozeß gilt es – je nach zur
Verfügung stehender Zeit und Aufgabenstellung – zu unterstützen
bzw. zu intensivieren.

Lernziel

● Verschiedene Möglichkeiten, Stellung zu beziehen,
  nennen und identifizieren können.

Bekräftigen von Verhaltensweisen

Zu einer eher indirekten Einflußnahme – die sich u. a. in vermehrter
Zuwendung z. B. zu emotionalen Äußerungen des Klienten zeigt –
kann in der Klientenzentrierten Gesprächsführung eine *direkte Be-*
kräftigung von Verhaltensweisen hinzukommen. Viele Klienten
bekommen in ihrer Umwelt kaum Verstärkungen oder Bekräftigun-
gen für ihr Verhalten. Da ist es sehr wichtig, daß Sie z. B. neue
Aktivitäten des Klienten auch direkt anerkennen und ermutigen.
Die direkte Form der Bekräftigung geschieht durch verbales wie
nonverbales Verhalten. Während das nonverbale Verhalten bereits
bei der Diskussion der Grundhaltung diskutiert und geübt wurde,
geht es jetzt vorrangig um verbales Bekräftigen. Hier gibt es mehrere Möglichkeiten:

– kommentierende, kurze, positive Äußerungen durch Bemerkungen wie z. B. „Ja", „gut", „o. k.";

- längere positive Stellungnahmen zum geäußerten Verhalten ohne Begründung, z. B. „Das finde ich gut", „Da sind Sie aber schon ein ganzes Stück weitergekommen", „Das sind Sie gut angegangen", „Das haben Sie gut gemacht";
- längere positive Stellungnahmen zum geäußerten Verhalten mit Begründung, z. B. „Das finde ich gut, weil Sie da schon mal gezeigt haben, daß Sie auch alleine zurechtkommen";
- Verbalisierung von Vertrauen, z. B. „Ich glaube schon, daß Sie das schaffen werden".

Es ist wichtig, daß auch kleine Fortschritte positiv verstärkt werden. Also nicht nur komplexe Handlungen, sondern besonders auch einzelne Lernschritte.

Während in der Stufe der allgemeinen Problemeinstellung die Verstärkung in erster Linie durch eine *vermehrte Zuwendung* zu emotionalen Äußerungen bzw. zu Äußerungen, die Einstellungen und Meinungen in Frage stellen (Problembewußtsein!), erfolgen sollte, ist eine direkte Verstärkung in erster Linie bei der Entwicklung von Alternativen sowie der Umsetzung der Alternativen in konkrete Handlungen angezeigt.

Stimulieren von Verhaltensweisen

Sie stimulieren Verhaltensweisen, indem Sie z. B. bei der Stufe „Entwicklung von Alternativen" selbst aktiv Vorschläge machen und Alternativen aufzeigen, z. B. im Rahmen eines gemeinsamen „Brainstormings". Dabei müssen Sie sicherstellen, daß der Klient Ihre Vorschläge bzw. die von Ihnen aufgezeigten Alternativen als Anregungen auffaßt. Als Anregung, sich damit auseinanderzusetzen, nicht als Ratschlag! Der Klient muß reflektieren, welche persönliche Bedeutung der Vorschlag für ihn hat, was er dazu denkt und – was noch wichtiger ist – wie er gefühlsmäßig dazu steht.

Hinterfragen von Verhaltensweisen

Auch hier nehmen Sie direkt inhaltlich Stellung, indem Sie z. B. bestimmte Alternativen oder die Entscheidungen für die Ausführung einer bestimmten Verhaltensweise noch einmal hinterfragen. Dies geschieht z. B. durch Formulierungen wie „Ich weiß nicht, ob das so gut ist", „Ich würde darauf so und so reagieren" oder „Ich könnte mir vorstellen, daß".

Sie sollten *Anregungen, Denkanstöße* bieten, nicht aber ins Moralisieren kommen. Also nicht: „So was sollte man nicht tun", sondern *persönliche* Meinung, Bedenken dazu sagen und den Klienten so anregen, sich damit auseinanderzusetzen.

Mit Worten aus der Kommunikationspsychologie: Kein *indirekter Ausdruck von Gefühlen"* in Form eines „Du solltest" *(„Du-Botschaft")*, sondern ein *direkter Ausdruck von Gefühlen"* in Form einer *„Ich-Botschaft"*.

Beispiel „Du-Botschaft":

Beraterin: Sie sollten sich viel mehr Zeit für sich selber nehmen!
Klient: Das sagen Sie so leicht! Wo soll ich die denn hernehmen?

Beispiel „Ich-Botschaft":

Beraterin: Ich erschrecke wirklich vor Ihrem vollen Terminkalender. Das macht mich direkt atemlos.
Klient: So geht es mir eigentlich auch. Ich komme kaum zum Schnaufen.

Fragen stellen

Statt der Konkretisierungsforderung in Form von „Ich versuche mir das vorzustellen", „Ich frage mich, ob" können Sie auch direkt eine Konkretisierungsforderung stellen, z. B. „Könnten Sie das noch etwas genauer schildern?", „Fällt Ihnen dazu ein Beispiel ein?" oder „Das habe ich jetzt nicht ganz verstanden, können Sie das etwas verdeutlichen?" Wann die eher indirekte und wann die direkte Form der Konkretisierungsforderung zu wählen ist, hängt von dem Stadium des Gesprächs ab: Steht die Selbstexploration des Klienten im Vordergrund, ist die „indirekte" Konkretisierungsforderung günstiger, da sie den Gesprächsfluß nicht so unterbricht. Geht es z. B. um die Entwicklung von Alternativen, bei der Sie aktiv sind, so sind direkte Fragen angemessener.

Konfrontieren

Sie machen den Klienten direkt auf Widersprüche aufmerksam, z.B.

- Widersprüche zwischen verbalem und nonverbalem Verhalten;
- Widersprüche zwischen den Verhaltensweisen, die der Klient zeigt, und den Zielen, die er anstrebt (z.B. will unbedingt weiterkommen, sich fortbilden, ist aber total passiv, unternimmt nichts);
- Widersprüche, die sich im Laufe des Gesprächs ergeben und
- Widersprüche, zwischen dem Bild, das der Klient von sich selbst gibt („Ich kann ja nichts"), und dem Bild, das Sie von ihm haben („ist sehr fähig").

Sinn der Konfrontation ist es, den Klienten auf etwas aufmerksam zu machen, worauf er nicht achtet, was er nicht wahrnimmt oder bisher nicht wahrnehmen wollte oder konnte.

Wichtig bei der Konfrontation ist:

1. daß bereits eine Beziehung zwischen Ihnen und dem Klienten aufgebaut ist und
2. daß die Konfrontation so vermittelt wird, daß sie der Klient als *Hilfe* und nicht als *Vorwurf* empfindet.

Auch hier ist es deshalb wichtig, daß Sie eine Ich-Botschaft verwenden, z.B. „mir fällt auf...“; „es erstaunt mich, wenn...“; „ich bin verwirrt, wenn ich sehe...“. Nur so kann der Klient an sich heranlassen, daß es darum geht Klarheit zu bekommen – und nicht darum, ihn bloßzustellen.

Lernkontrolle

Aufgabe 1

Nennen Sie die im Text genannten Möglichkeiten,
Stellung zu beziehen.

1. ....
2. ....
3. ....
4. ....
5. ....

Aufgabe 2

Ordnen Sie Aussagen von Beraterinnen (A–G) den folgenden Möglichkeiten, Stellung zu beziehen (1–5) zu:

1. Bekräftigung von Verhaltensweisen: _____

2. Hinterfragen von Verhaltensweisen: _____

3. Stimulieren von Verhaltensweisen: _____

4. Fragen stellen: _____

5. Konfrontieren: _____

Aussagen von Beraterinnen:

A. Eine Möglichkeit wäre es, sich beim Arbeitsamt zu erkundigen, welche
   Fortbildungsmöglichkeiten es gibt.
B. Ich finde das persönlich nicht gut, weil...
C. Mir fällt auf, daß Sie einerseits sehr viel vorhaben, andererseits aber es
   irgendwie noch nicht schaffen, mal zu einer Stelle hinzugehen und dort
   nähere Auskünfte einzuholen.
D. Ich finde, das war schon eine große Leistung, daß Sie diesmal der
   Versuchung haben widerstehen können.
E. Ich könnte mir vorstellen, daß dies dazu führt, daß Sie wieder Lust auf
   Hasch bekommen.
F. Mir fällt auf, daß Sie vorhin gesagt haben, daß Sie auf keinen Fall
   wieder auf eine Schule wollen. Jetzt kommt es mir so vor, als wenn
   dieser Entschluß doch nicht so eindeutig ist.
G. Ich finde es ganz gut, daß Sie jetzt schon einmal alleine für ein paar
   Tage weggefahren sind.

Lösungen siehe Seite 259

3.4 Die Bedeutung der differentiellen Interventionen

Die vorgestellten differentiellen Interventionen bergen die große Gefahr in sich, daß Sie während des Gesprächs ständig am Überlegen sind, welche Technik, welche Formulierung Sie jetzt einbringen. In dem Moment, wo Sie jedoch den nächsten „Schachzug" überlegen, sind Sie nicht mehr in der Lage, sich auf den Klienten einzustellen, konzentriert zuzuhören und zu versuchen, dessen Empfindungen zu verstehen. Ein klientenzentriertes Gespräch, gekennzeichnet durch einfühlendes Verstehen, innere Beteiligung und Echtheit wäre dieses nicht mehr. Aus diesem Grunde muß betont werden, daß die im ersten Lernabschnitt vorgestellte Grundhaltung wirklich die *Basis* des Gesprächs darstellt. Die differentiellen Interventionen dienen lediglich dazu, um auf dieser Basis das Gesprächsverhalten *punktuell* in bezug auf *einzelne Teilziele* des Problemlöseprozesses deutlicher und bewußter *strukturieren* und *analysieren* zu können.

Das vorgestellte Schema zur Verbesserung der Problemlösefähigkeit des Klienten ist dabei als *theoretischer Rahmen* zu verstehen, den Sie im „Hinterkopf" haben sollten, um für das Gespräch jeweils anzustrebende *Teilziele* vorzugeben. Dabei ist zu berücksichtigen, daß jeder Klient, jeder Fall anders ist. Die einzelnen Prozeßziele (wie z. B. Problembewußtsein erreichen, die Elemente einer problematischen Situation erkennen, sich mit Alternativen auseinandersetzen) müssen daher jeweils individuell gesetzt werden und so werden auch die differentiellen Interventionen jeweils in unterschiedlicher Auswahl und Reihenfolge und mit unterschiedlichen Schwerpunkten eingesetzt werden müssen.

Vorrangig in jedem Gespräch muß es sein, den Klienten anzuregen, sich in bezug auf ein bestimmtes Thema oder einen bestimmten Themenaspekt (des jeweiligen Problems bzw. der jeweiligen Stufe der Problemlösung) mit seinem gefühlsmäßigen Erleben auseinanderzusetzen und so zu lernen, Gefühle wahrzunehmen und zu reflektieren. Sie geben dem Klienten konkrete Hilfen, doch lassen Sie diese immer wieder am gefühlsmäßigen Erleben des Klienten prüfen und der Klient lernt, daß diese Vorschläge, Hilfen, Denkanstöße nicht per se gut oder schlecht, falsch oder richtig sind, sondern daß sein gefühlsmäßiges Erleben der Maßstab für die Bewertung dieser Hilfen ist. Der Klient wird so sensibler für das, was in ihm vorgeht, was in ihm abläuft. Rogers (1977, S. 32) bezeichnet dies als „irreversible Veränderung", denn es ist damit ein *Prozeß* in

163

Gang gesetzt worden, der zeitweise stagnieren mag, doch hat der Klient einmal angefangen wahrzunehmen, daß und welche Gefühle und Empfindungen er hat, so hat sich *seine Wahrnehmung* verändert, er sieht Dinge, die er vorher nicht oder nicht so gesehen hat, dies läßt sich nicht mehr rückgängig machen.

Ähnlich heißt es in der Sozialen Einzelhilfe (Perlmann 1974, S. 155):

„Mit wenigen Ausnahmen... bitten die Menschen, die zu den Sozialstellen kommen, um Hilfe, weil sie oder andere mit einer menschlichen Beziehung oder mit einer Aufgabe nicht zurechtkommen. Daß das zunächst erkannte Problem während der Behandlung neu formuliert wird; daß es nach innerpsychischer Untersuchung und psychotherapeutischer Behandlung verlangt; daß es sich als Endergebnis einer ganzen Kette von anderen Problemen erweist: alle diese Möglichkeiten können in einem Fall gegeben sein. Es ist aber eine einfache Regel, daß man zunächst dort beginnen muß, wo der Klient steht, und daß sich seine Ziele erst dann erweitern lassen, wenn er dazu gebracht wurde, seine Schwierigkeiten anders zu sehen und zu empfinden und eine Motivation dafür da ist, sie von neuen Gesichtspunkten her in Angriff zu nehmen. Ziele kann man stets erweitern, sie entwickeln und entfalten sich."

4 Übungen zu den differentiellen Interventionen

4.1 Allgemeine Anweisungen

Vorbemerkungen: Ging es bei den Übungen zur klientenzentrierten Grundhaltung primär um die Sensibilität für eigene Empfindungen wie für Empfindungen anderer, geht es hier darüber hinaus darum, den Klienten bei Problemlösungsprozessen und Entscheidungsfindungen hilfreich zu unterstützen.

Aus diesem Grunde werden im folgenden einige konkrete Fallschilderungen aus dem Tätigkeitsbereich der Sozialarbeit/Sozialpädagogik aufgeführt, die – mit Ausnahme der I. Übungsstufe – während der Übungen in den einzelnen Rollenspielen zum Thema genommen werden können. Es handelt sich dabei um Originalprotokolle aus dem einjährigen Praktikum der Sozialarbeit/Sozialpädagogik. Um die Fallschilderungen nicht isoliert vom jeweiligen institutionellen Rahmen zu sehen, wurden jeweils die einzelnen Aufgabenbereiche der Sozialarbeiterin/Sozialpädagogin mitangegeben, während aus Gründen der Anonymität nicht mitgeteilt wurde, um was für eine Institution es sich handelt. Ebenso wurden alle Namen und Daten, die zu einer Identifizierung der einzelnen Personen beitragen könnten, weggelassen.

Im einzelnen gelten für die Übungen folgende Anweisungen:

1. Alle Teilnehmer sollten sich einen Fall heraussuchen, der ihnen – evtl. aus Praktikaerfahrungen – nicht allzu fremd vorkommt, so daß es ihnen gelingt, sich mit der Rolle des Klienten zu identifizieren. Die hier aufgeführten Fallschilderungen sind dabei als Themenangebote anzusehen, die durch Fälle ergänzt werden können, die jemand aus seinem Erfahrungsbereich kennt.
2. Während der Übungen sollten die Teilnehmer als „Klient" im Rollenspiel bei ihrem „Fall" bleiben, so daß alle Abschnitte des

Problemlöseprozesses durchlaufen werden können. Dabei sollte sich jede 3er-Gruppe (Beraterin – Klient – Beobachter) intensiv mit den jeweiligen Fällen befassen und versuchen, im Laufe der Übung zu konkreten Hilfen zu kommen.

3. Die Teilnehmer sollten im Laufe dieser Übungen angeregt werden, sich anhand der Praxisfälle kritisch mit den Problemen der Klienten, Aufgaben der helfenden Person und Möglichkeiten und Grenzen der Hilfsmöglichkeiten allgemein und der in dieser Anleitung vorgestellten Klientenzentrierten Gesprächsführung im besonderen auseinanderzusetzen.

4. Zum Schluß der Übungen sollten die Gruppen im Plenum diskutieren, inwieweit sie mit den jeweiligen Rollen des Klienten und Interventionen der Beraterin zurechtkamen. Da die meisten Falldarstellungen in mehreren Gruppen „durchgespielt" wurden, ist ein Erfahrungsaustausch darüber möglich, welche verschiedenen Entwicklungen der einzelne Fall in jeder Gruppe nahm.

5. Eine bestimmte zeitliche Begrenzung der Rollenspiele wurde nicht festgesetzt, dies ist dem Verlauf der Übungen zu überlassen.

6. Bei allen Übungsstufen wird die Realisierung der Grundhaltung vorausgesetzt.

4.2 Fallschilderungen

1. *Aufgabenbereich:* Arbeit mit Jugendlichen, speziell mit jugendlichen Randgruppen – sog. „Rockern".
   Fallschilderung: Ein Jugendlicher wird aufgrund einer Schlägerei von der Polizei verhaftet. Er kommt in Untersuchungshaft, verliert jeden Kontakt zu seinen Freunden, wird bedingt durch seine Umgebung noch aggressiver.
   Nach ca. 3 Monaten wird er wieder entlassen. Findet jedoch keine Weiterbeschäftigung bei seiner ehemaligen Lehrstelle. Findet nur bei seinen Freunden in der alten Bande Bestätigung.

2. *Aufgabenbereich:* Beratung für Alkoholiker, Tbc-Kranke, ältere Leute, die ins Heim sollen, Behinderte oder Eltern von behinderten Kindern.
   Fallschilderung: Alkoholikerin, die bemüht ist, von ihrer Abhängigkeit loszukommen, dies ohne fremde Hilfe zu schaffen

166

glaubt und dabei immer wieder rückfällig wird. Ihr Freund ist ebenfalls Alkoholiker, gesteht es sich und anderen aber nicht ein.

3. *Aufgabenbereich:* Familienberatung.

Fallschilderung: Mutter von drei Kindern, kommt auf Ratschlag einer Bekannten und erkundigt sich nach den Möglichkeiten einer Müttererholung. Das jüngste Kind, ein 8jähriges Mädchen, ist geistig behindert, bedarf ständiger Pflege. Mutter selbst ist 60% körperbehindert. Die Familie steckt in finanziellen Schwierigkeiten. Die Familie mußte aufgrund der wirtschaftlichen Rezession ihr Lebensmittelgeschäft aufgeben, der Mann wurde Reisebusfahrer. Die Mutter erhielt bis jetzt keinerlei Unterstützung oder Beratung von seiten einer Organisation (Lebenshilfe, Sozialarbeit), sie möchte einfach „einmal ausspannen, dann ginge es schon wieder".

4. *Aufgabenbereich:* Sozialbetreuung von Betroffenen der Stadtsanierung.

Fallschilderung: 60jährige behinderte Frau muß ihre angestammte Wohnung verlassen. Ihr eigenes Wohnhaus wird abgebrochen (saniert!) zwecks Errichtung eines Kaufhauses.

5. *Aufgabenbereich:* Hausbesuche, Klientengespräche und Beratung.

Fallschilderung: 38jährige Ehefrau, Mutter von 6 Kindern, Ehemann auswärts berufstätig. Probleme: Frau X. wird nicht mit ihrem Haushalt fertig; stark heruntergekommene Wohnung, Kinder sehr vernachlässigt. Frau X. ist sehr ängstlich, da sie jedes Wochenende wegen ihrer Haushaltsführung von ihrem Ehemann geschlagen wird. Sie nimmt deshalb täglich Beruhigungstabletten. Folge: ständige Müdigkeit und Gleichgültigkeit.

6. *Aufgabenbereich:* Mitarbeit in einer Seniorenbegegnungsstätte (d.h. Leute empfangen, Kurse organisieren, bei Veranstaltungen helfen). Hausbesuche bei hauptsächlich älteren Menschen mit teilweise finanziellen, teilweise persönlichen Problemen, Unterbringung in Altenheimen, Betreuung von Mündeln. Arbeit mit psychisch Kranken im Nervenkrankenhaus: Gruppennachmittage...

Fallschilderung: Pflegemutter kommt, klagt über große Schwierigkeiten mit ihrem Pflegekind. Kind, 8 Jahre, leibliche Mutter ist im Nervenkrankenhaus, Vater unbekannt, lebt bei Pflegemutter, die geschieden ist und eine eigene uneheliche Tochter hat. Sie ist die Cousine der leiblichen Mutter des Kindes. Pflegemutter möchte Kind ins Heim geben.

7. *Aufgabenbereich:* Beratung alter Leute, Betreuung in Altenclubs, Hausbesuche.

   Fallschilderung: Ehepaar, beide 70 Jahre alt, schlagen sich gegenseitig, einer beschuldigt den anderen, es geht soweit, daß beide Angst davor haben, daß der andere Ehepartner ihn umbringt. Polizei, Gesundheitsamt, Ordnungsamt, Pfarrer usw., alle hatten mit den beiden schon zu tun.

8. *Aufgabenbereich:* Gruppenarbeit in Altenheimen.

   Fallschilderung: Tablettensüchtige Frau, war früher Pflegerin auf privater Basis ohne Ausbildung, aber mit Erfolg, fühlt sich im Altenheim unverstanden, ärgert sich über Führungsrolle anderer und über die Tatsache, daß diese Rollen von den meisten Insassen bejaht werden. Ist sehr isoliert, geistig rege, entzieht sich den Veranstaltungen im Altenheim. Kontrolliert das Verhalten der Leitungs- und Pflegekräfte sehr stark.

9. *Aufgabenbereich:* Erwerbslosen die Möglichkeit zum Nachholen bzw. Vorbereitung des qualifizierenden Hauptschulabschlusses geben. Ziel: nicht nur formalen Abschluß nachholen, sondern auch Sozialisationsdefizite aufzuarbeiten und auszugleichen.

   Fallschilderung: 23jährige, normaler, also kein qualifizierender Hauptschulabschluß, wohnte in Wohngemeinschaft, hatte Lehre als Verkäuferin abgeschlossen. Motivation war sehr groß, wollte alles wissen, auch weniger wichtigen Lernstoff, aber die Intensität ließ nach ½ Stunde immer deutlich nach. Große Schwächen in einzelnen Lerngebieten. Fehlte häufig mit fadenscheinigen Gründen. War als „sehr sensibel" einzustufen, also häufig hochjauchzend fröhlich und im nächsten Moment deprimiert. Große finanzielle Schwierigkeiten und schlechtes Verhältnis zu den Eltern. War allgemein sehr beliebt in der Klasse, knüpfte schnell und intensiv Kontakte.

10. *Aufgabenbereich:* Hausaufgabenbetreuung mit Kindern aus der 1. und 2. Klasse Grundschule. Die Kinder waren sonderschul- oder versetzungsgefährdet.

   Fallschilderung: Ein Junge, Alter 9 Jahre, 1. Klasse Grundschule; da zweimal nicht versetzt, sonderschulgefährdet. 4 Geschwister, die aber einen anderen Vater als er haben. Die Mutter war mit der Erziehung überfordert. Der Junge zeigte Verwahrlosungserscheinungen, z. B. fehlte oft in der Schule, da die Mutter ihn nicht zur Schule schickte. Er mußte meistens dann auf seine kleineren Geschwister aufpassen. Der Junge kam das 2. Jahr in die Hausaufgabenbetreuung, allerdings sehr unregelmäßig. Bei Hausbesuchen wurde die Mutter immer wieder darauf hingewiesen, ihn zur Schule und Hausaufgabenbetreuung zu schicken.

4.3 Übungsstufen

Übungsstufe I: Sprachliche Ausdrucksform.

Lernziele

● Konkret verbalisieren,
● deutliches verbalisieren,
● flexibel verbalisieren.

Übung

Instruktion: Rollenspiel in 3er-Gruppen: „Beraterin" – „Klient" – „Beobachterin"; Tonbandprotokoll. Jeder sollte mindestens einmal die Rolle der „Beraterin", des „Klienten" und der „Beobachterin" innehaben.

Themenvorschläge:

– Wie komme ich bisher mit der Klientenzentrierten Gesprächsführung zurecht? Wie stehe ich zu den differentiellen Interventionen? Welche Gefahren sehe ich dabei? Was finde ich gut daran?
– Ein persönliches Problem.

Lernkontrolle:

Diskussion des jeweiligen Rollenspiels:

1. Gesamteindruck der Beraterin, des Klienten, der Beobachterin.
2. Analyse einzelner Erwiderungen der Beraterin anhand der Tonbandaufnahme. Dabei sollte darauf geachtet werden, inwieweit die auf S. 142 angeführten Richtlinien zum flexiblen, deutlichen und konkreten

Verbalisieren berücksichtigt wurden und inwieweit einzelne Gesprächsfiguren zum deutlichen und konkreten Verbalisieren zur Anwendung kamen – ohne daß das Gespräch deshalb an spontaner Dynamik verlor.

Zeigen sich einzelne Aussagen als mechanisch-wiederholend, vage oder abstrakt, so sollten alle drei Gruppenmitglieder versuchen, bessere Erwiderungen zu finden.

Übungsstufe II: Die Repräsentationssysteme

Lernziele

● Das eigene bevorzugte Repräsentationssystem erkennen,
● das Repräsentationssystem des Klienten erkennen,
● das Repräsentationssystem des Klienten aufgreifen.

Übung A

Erkennen des eigenen bevorzugten Repräsentationssystems

Anhand einer gelenkten Phantasiereise, in der die drei wichtigsten Repräsentationssysteme angesprochen werden, können Sie Ihr bevorzugtes Repräsentationssystem erkennen:
Suchen Sie sich eine bequeme Stellung im Liegen oder Sitzen, entspannen Sie sich und hören Sie dann der Phantasiereise mit geschlossenen Augen zu oder – falls Sie allein arbeiten – lesen Sie sich die Geschichte durch und versuchen Sie herauszufinden, an welchen Stellen Sie die deutlichsten Empfindungen haben.
Anweisung: Stellen Sie sich vor, Sie sind an einem langen Sandstrand. Sie spüren den trockenen Sand unter Ihren Füßen und die warme Luft an Ihrer Haut. Sie gehen ein paar Schritte in Richtung auf das Meer und spüren, wie der Sand unter Ihren Füßen langsam feuchter wird. Jetzt ist er naß, und schon spüren Sie, wie das erste Wasser Ihre Füße umspült. Sie gehen langsam in das Wasser hinein und spüren die Temperatur des Wassers und die bereits nassen Füße und Knöchel im Gegensatz zu den noch trockenen Körperteilen. Während Sie dann Schritt für Schritt tiefer in das Wasser gehen und noch einmal die Berührung des Wassers auf der Haut spüren, sehen Sie in der Ferne zwei Segelschiffe, das eine mit weißen Segeln, das

andere mit bunten. Die Segelschiffe fahren aneinander vorbei, auf einem können Sie mehrere Leute herumlaufen sehen, auf dem anderen sonnen sich ein paar Gestalten. Ganz am Horizont sehen Sie jetzt ein großes Passagierschiff mit einem dicken weißschwarzen Schornstein, das sich von rechts kommend ganz langsam nach links bewegt. Eine kurze Zeit haben Sie alle drei Schiffe vor Augen, dann sind die schnelleren Segelschiffe weiter weg. Sie sind inzwischen tief im Wasser, schwimmen ein paar Züge, eventuell tauchen Sie auch mit dem Kopf unter. Dann schwimmen Sie langsam zurück. Jetzt können Sie wieder gut stehen und Sie hören jetzt ganz deutlich die Brandung: das Rauschen der sich überschlagenden Wellen und das Klatschen, wenn Wellen an weiter weg liegende Felsen stoßen. Ganz fasziniert lauschen Sie jetzt auch den Vögeln, die sich in ihren hell ausgestoßenen Lauten ganz markant von dem eher dumpfen Wassergrollen abheben. Sie bleiben noch einen Moment im Wasser stehen und lauschen diesen so verschiedenen Geräuschen: der Brandung, dem Geräusch des ganz leichten Windes und den Vögeln. Dann hören Sie in der Ferne einen Strandverkäufer, der lauthals seine Ware anbietet. Jetzt gehen Sie ganz aus dem Wasser heraus zu Ihrem Platz zurück und trocknen sich ab.

Zur Beendigung der Übung räkeln Sie sich und/oder zählen langsam von 10 bis 1 rückwärts und machen dann die Augen wieder auf. Tauschen Sie sich dann darüber aus, was und wie deutlich sie *gesehen, gehört* und *gefühlt* haben. In der Regel zeigen sich bei dieser Übung ganz deutliche Präferenzen für das eine oder andere Repräsentationssystem.

Übung B:

Rollenspiel in 3er-Gruppen (Beraterin – Klient – Beobachterin)

Themenvorschläge:

- Reflexion der Phantasiereise: was hängt mir noch nach; was war für mich neu dabei.
- Ein persönliches Problem.

Lernkontrolle

Diskussion des jeweiligen Rollenspiels:

1. Gesamteindruck der Beraterin, des Klienten, der Beobachterin.
2. Analyse des Gesprächs anhand der Tonaufnahme: Welches Repräsentationssystem hat der Klient bevorzugt verwendet? Inwieweit hat die Beraterin das Repräsentationssystem aufgegriffen?
3. Inwieweit ging dieses Achten auf „Technik" auf Kosten von Einfühlung, Wertschätzung und Echtheit?

Denken Sie gerade bei dieser Übung daran, daß es darum geht, schrittweise dahin zu kommen, sich ganz automatisch auf das Repräsentationssystem des Klienten einzustellen.

Übungsstufe III: Anwendung des Problemlöseschemas

Lernziele

- Konzentration des Gesprächs auf das zur Diskussion stehende Problem (Themenzentrierung),
- Konzentration des Gesprächs auf die Identifizierung einzelner Elemente der problematischen Situation und *je nach Verlauf des Gesprächs:*
- Verstärken von Verhalten,
- Stimulieren von Verhalten,
- Hinterfragen von Verhalten,
- Konfrontation.

Übung

Unter Berücksichtigung der Tatsache, daß es in einer realen Beratungssituation eine geraume Zeit dauert, bis Beraterin und Klient einen Problemlöseprozeß durchlaufen haben, sollen hier doch übungshalber die einzelnen Stufen des Problemlöseschemas im Rollenspiel (Beraterin/Klient/Beobachterin) durchgespielt werden.

Als Thema sollte entweder eine der aufgeführten Falldarstellungen oder ein Fall *aus dem eigenen Erfahrungsbereich* aufgegriffen werden. Das Rollenspiel sollte auf Tonband aufgenommen werden.

Lernkontrolle

Diskussion eines jeden Rollenspiels:

1. Gesamteindruck der Beraterin, des Klienten, der Beobachterin.
2. Beurteilung einzelner Gesprächssequenzen in bezug auf die Beraterin:
   - Wo gibt die Beraterin nur wieder? Wo geht die Beraterin weiter (S. 140)?
   - Inwieweit kommen einzelne Gesprächsfiguren zur methodisch-inhaltlichen Gesprächsform zur Anwendung – ohne daß das Gespräch deshalb an spontaner Dynamik verlor?
   - Welche Techniken wendet die Beraterin an und wie tut sie dies?
3. Beurteilung einzelner Gesprächssequenzen in bezug auf den Klienten:
   - Wo differenziert der Klient? Wo kommt der Klient weiter?

---

5 Anwendung

Bevor im eigentlichen Sinne auf die Anwendung der Klientenzentrierten Psychotherapie wie der Gesprächsführung eingegangen wird, wird das klientenzentrierte Konzept von anderen psychotherapeutischen Ansätzen abgegrenzt. Anschließend wird dann auf einzelne Merkmale der Gesprächssituation und spezifische Anwendungsbereiche des klientenzentrierten Konzepts eingegangen.

5.1 Das klientenzentrierte Konzept in Abgrenzung von anderen psychotherapeutischen Ansätzen

Behandlung, Heilung durch nichts anderes als ein Gespräch ist eine uralte Methode, die bereits bei den „alten Griechen" bekannt war. Watzlawick (1977) nennt Antiphon von Athen (480–411 v. Chr.) den geistigen Urheber dessen, was wir heute therapeutische Kommunikation nennen:

„Es liegen... Fragmente vor, wonach Antiphon der Erfinder einer ‚Tröstungskunst' war und die Ausarbeitung eines geschlossenen Begriffssystems der menschlichen Beeinflussung durch die Sprache für möglich hielt... Über ihn berichtet Plutarch:
Während er sich noch mit Politik befaßte, erfand er eine Kunst der Befreiung von Schmerz, ähnlich wie für jene, die krank sind, eine ärztliche Behandlung besteht. In Korinth wurde ihm ein Haus neben der Agora zugewiesen, auf dem er ein Schild anbrachte, wonach er Kranke durch Worte heilen konnte" (Watzlawick 1977, S. 12, 13).

Im Laufe der Zeit wurden die verschiedensten Formen therapeutischer Kommunikation entwickelt. Stichwortartig und gezwungenermaßen stark vereinfacht, werden im folgenden die wesentlichen Charakteristika, Erklärungsmodelle von abweichendem Verhalten und Ziele der Psychoanalyse, Klientenzentrierten Psychotherapie und Verhaltenstherapie, als den „drei großen Therapieformen" (Pongratz 1973, S. 343), dar- und gegenübergestellt.

Lernziele

● Angeben können, mit welchen Basisbegriffen die Psychoanalyse, Klientenzentrierte Psychotherapie und Verhaltenstherapie das Zustandekommen abweichenden Verhaltens beschreiben.
● Die Ziele der Psychoanalyse, Klientenzentrierten Psychotherapie und Verhaltenstherapie kennen.

Die Klientenzentrierte Psychotherapie in Abgrenzung zur Psychoanalyse und Verhaltenstherapie

(1) Charakteristika:

Psychoanalyse: Zwei Prozesse charakterisieren die psychoanalytische Behandlung; die Erhellung unbewußter Motive und die Durcharbeitung der Lebensgeschichte des Patienten.
Gedanken, Wünsche und Bedürfnisse, die im Widerspruch zur Moral der jeweiligen Gesellschaft stehen, werden aus dem Bewußtsein verdrängt. Diese schon einmal bewußt gewesenen, jedoch abgewehrten Inhalte, sind eine Form des Unbewußten. Daneben existieren unbewußte Triebkräfte, die wesentlichsten sind der Sexual- und der Aggressionstrieb. Seelische Störungen und deren Symptome entstehen infolge einer mangelhaften Verarbeitung dieser Triebkräfte während der Entwicklung im frühen Kindesalter. Daraus ergibt sich die Notwendigkeit der Durcharbeitung des menschlichen Lebenslaufes (vgl. Schraml 1973).

Klientenzentrierte Psychotherapie: s. S. 30f.

Verhaltenstherapie: Die Verhaltenstherapie befaßt sich – wie schon der Name sagt – an erster Stelle mit dem Verhalten, nicht mit der Psyche. Sie zielt darauf ab, jene Aspekte des Verhaltens zu verändern, die beim Individuum zu psychischem Unbehagen und Ängsten führen. Das heißt, anhand veränderter äußerer Umstände soll dem Individuum Gelegenheit geboten werden, neue Erfahrungen zu machen und neue Verhaltensweisen und Einstellungen in vorher problematischen Situationen zu erwerben. Dies geschieht durch die Manipulation des Verhaltens selbst, d. h. die Therapeutin hat die Aufgabe, zusammen mit dem Klienten die Umwelt aktiv zu gestalten, um neue Erfahrungen möglich zu machen (vgl. Eysenck 1973).

(2) Erklärungsmodelle von abweichendem Verhalten:

Psychoanalyse: Nach der psychoanalytischen Theorie ist die psychische Entwicklung eine psychosexuelle Entwicklung in strenger Abfolge (orale – anale – phallische – genitale Phase); Störungen treten dann auf, wenn eine Entwicklungsphase nur unvollständig verarbeitet wird und man so auf sie fixiert bleibt.

Klientenzentrierte Psychotherapie: Im Laufe der Erziehung und durch sie entsteht eine Diskrepanz zwischen den Bedürfnissen des Individuums (= organismisches Selbst) und den Anforderungen der Umwelt, die zum Teil introjiziert werden und ein rigides Selbstkonzept entstehen lassen. Erfahrungen, die mit diesem Selbstkonzept nicht in Einklang zu bringen sind, werden verfälscht aufgenommen (verzerrt) oder verleugnet.

Verhaltenstherapie: Man hat unerwünschte Verhaltensweisen (= „falsch gelernt") oder Verhaltensdefizite (= „nicht gelernt").

(3) Ziele:

Psychoanalyse: Durch nochmaliges Durcharbeiten der Kindheitsphasen Aufhebung der Fixierungen und damit verbesserte „Arbeits- und Liebesfähigkeit" (Freud).

Klientenzentrierte Psychotherapie: Auflösung von krankmachender Inkongruenz zwischen Selbstkonzept und Erfahrungen. Durch die Art der Beziehung vergegenwärtigt der Klient sich zunehmend unangenehme Inhalte, Angstinhalte und Bedrohungen und baut sie – im selbstexplorativen Prozeß – in sein Selbstkonzept ein bzw. modifiziert dieses, so daß mehr (im Idealfall alle) Erfahrungen (Reize) in das Selbstkonzept integriert werden können („fully-functioning-person").

Verhaltenstherapie: Durch Manipulation des Verhaltens werden unerwünschte Verhaltensweisen abgebaut und erwünschte Verhaltensweisen aufgebaut (beides durch Lernprozesse).

(4) Gemeinsamkeiten und Unterscheidungsmerkmale

Mit der Psychoanalyse hat die Klientenzentrierte Psychotherapie den ganzheitlichen Ansatz gemein, der nicht wie in der Verhaltenstherapie nur ein spezielles Symptom zum Gegenstand der Behandlung macht, sondern das emotionale Erleben in den Mittelpunkt stellt.

Mit der Verhaltenstherapie hat das klientenzentrierte Konzept die Hinwendung zum „Hier und Jetzt" gemeinsam, im Gegensatz zur Psychoanalyse, in der die jeweilige Vergangenheit (bzw. Kindheit) die entscheidende Rolle spielt. Weiterhin ähneln sich die Verhaltenstherapie und die Klientenzentrierte Psychotherapie, was die Behandlungsdauer (ca. 20–50 Stunden) und die Information des Klienten über die Therapie betrifft (die klassische Psychoanalyse dauert einige Jahre und der Klient wird weitgehend im Ungewissen über die Methode gelassen).

Was die Klientenzentrierte Psychotherapie von sowohl der Psychoanalyse (PA) als auch der Verhaltenstherapie (VT) unterscheidet, ist

a) die zentrale Rolle des Klienten, der alleine Tempo und Gesprächsinhalt bestimmt: kein gelenktes nochmaliges Durchleben von Kindheitserfahrungen (PA) und kein systematisches Vorgehen anhand von Therapieplänen (VT);

b) das Beziehungsangebot der Therapeutin als therapeutische Qualität an sich: keine neutral abstinente Beziehung als Übertragungsfläche (PA) und keine positive Beziehung als allgemeine Haltung um Lernprozesse zu optimieren (VT), und

c) der Ansatz, daß der Klient prinzipiell in sich die Fähigkeit hat, sich konstruktiv in Richtung auf Unabhängigkeit, Selbstbewußtsein und Stabilität hin zu entwickeln: keine unbewußte Determination (PA) und keine Determination durch äußere Reizbedingungen (VT).

Mehr über Gemeinsamkeiten und Unterscheidungsmerkmale verschiedener psychotherapeutischer Richtungen erfahren Sie bei Wild-Missong, A./Teuwsen, E. (Hrsg.): Psychotherapeutische Schulen im Gespräch miteinander. Otto Müller, Salzburg 1977. Speziell auf die Frage der unterschiedlichen Indikation der GT und VT gehen Plog, U./Grawe, K. ein: Differentielle Psychotherapie 1 u. 2. Huber, Bern 1976.

Lernkontrolle

Aufgabe 1

Bitte kreuzen Sie diejenige Aussage an, die zutreffend beschreibt, mit welchen Basisbegriffen das Persönlichkeitskonzept der Klientenzentrierten Psychotherapie das Zustandekommen abweichenden Verhaltens erklärt.

a) Die psychische Entwicklung ist eine psychosexuelle Entwicklung in strenger Abfolge; Störungen treten dann auf, wenn eine Entwicklungsphase nur unvollständig verarbeitet wird und man so auf sie fixiert bleibt.
b) Manche Verhaltensweisen werden „falsch gelernt" (= unerwünschte Verhaltensweisen), andere werden „gar nicht gelernt" (= Verhaltensdefizite).
c) Erfahrungen (Reize), die mit dem individuellen Selbstkonzept (dem Bild, das ein Individuum von sich selbst hat) nicht in Einklang zu bringen sind, werden entweder verfälscht (verzerrt) aufgenommen oder verleugnet.

Aufgabe 2

Ordnen Sie die folgenden Aussagen (1–3), die die Ziele der klientenzentrierten Methode, der Psychoanalyse und der Verhaltenstherapie beschreiben, den jeweiligen Therapiemethoden (a–c) zu, indem Sie hinter den Therapienamen die zutreffende Aussagenummer schreiben.

a) Klientenzentrierte Methode: _____
b) Psychoanalyse: _____
c) Verhaltenstherapie: _____

1. Durch Manipulation des Verhaltens werden unerwünschte Verhaltensweisen abgebaut und erwünschte Verhaltensweisen aufgebaut (beides durch Lernprozesse).
2. Durch die Art der therapeutischen Beziehung vergegenwärtigt sich der Klient zunehmend unangenehme Inhalte, Angstinhalte und Bedrohungen und baut sie – im selbstexplorativen Prozeß – in sein Selbstkonzept ein bzw. modifiziert dieses, so daß mehr Erfahrungen (Reize) in das Selbstkonzept integriert werden können.

178

3. Durch nochmaliges Durcharbeiten der Kindheitsphasen werden die
   jeweiligen Fixierungen (das Verhalten in einer Kindheitsphase) aufgehoben und damit wird eine verbesserte „Arbeits- und Liebesfähigkeit" erreicht.

Lösungen siehe Seite 259

5.2 Anwendung der Klientenzentrierten Psychotherapie

Lernziel

● Angeben können, welchen Stellenwert psychodiagnostische
  Tests im Rahmen der Klientenzentrierten Psychotherapie haben.

(1) Empirische Befunde zur Indikation
der Klientenzentrierten Psychotherapie

Bommert (1987, S. 163) nennt folgende empirisch ermittelten In-
dikationsbereiche der Klientenzentrierten Psychotherapie:

– sogenannte psychoneurotische Persönlichkeitsbeeinträchtigungen (z.B. Ängstlichkeit, Unsicherheit, Entscheidungsschwierigkeiten);
– psychiatrische Persönlichkeitsbeeinträchtigungen (Phobien, Depressionen);
– Einstellungen und Verhalten im sozialen Bereich (dissoziales
  Verhalten).

Auch über die Wirksamkeit Klientenzentrierter Psychotherapie bei
psychosomatischen Störungen, Borderline-Störungen, bei schizophrenen Psychosen, Anorexie/Bulimie und bei Alkoholabhängigen
in der stationären Versorgung liegen inzwischen Untersuchungen
vor, detaillierte Literaturhinweise finden sich bei Hutter (1988),
GwG (1988a), Meyer-Cording/Speierer (1990), Finke u. Teusch
(1991). Da sich jedoch die verwendeten psychodiagnostischen Kategorien und die üblichen Tests, aufgrund derer ein Klient in diese

oder jene psychodiagnostische Kategorie eingeordnet wird, nicht so einfach in das Gesprächspsychotherapie-Konzept übernehmen lassen, werden psychodiagnostische Tests zur Zeit in erster Linie zur Effektivitätsüberprüfung eingesetzt.

Ein bedeutsames Merkmal scheint die *Ansprechbarkeit* des Klienten auf die Behandlungsmethode der Gesprächspsychotherapie zu sein. In Untersuchungen von Eckert (1974) zeigte sich, daß die überwiegende Zahl der am Ende der Therapie deutlich gebesserten Klienten sich schon nach den ersten Gesprächskontakten eindeutig von den Klienten unterschieden, die am Ende der Therapie keine konstruktive Änderung erfahren hatten. Die erfolgreich behandelten Klienten gaben nach dem ersten Kontakt – sowie in den weiteren Kontakten – an, daß sie sich während des Gesprächs körperlich entspannter fühlten, daß ihnen einige Probleme in neuem Licht erschienen, sie ruhiger wurden und sich sicherer fühlten. Anhand des in diesen Untersuchungen entwickelten Klientenfragebogens läßt sich somit eventuell schon zu Beginn der Behandlung sagen, ob aufgrund der Klientenzentrierten Psychotherapie eine konstruktive Änderung des Klienten zu erwarten ist oder nicht, da die Klienten mit günstigen Erfahrungen in den ersten drei Kontakten (operationalisiert durch die Beantwortung der Fragen in dem Klientenfragebogen) mit großer Wahrscheinlichkeit eine deutliche Verbesserung ihres Zustandes erfahren werden.

Biermann-Ratjen, Eckert u. Schwartz (1989, S. 121) betonen daher auch, daß Diagnostik in der Klientenzentrierten Psychotherapie immer Indikationsdiagnostik sein muß, die erfassen soll, inwieweit der Klient in der Lage ist, sich auf den Gesprächsprozeß einzulassen und von ihm zu profitieren. Sie machen zur Indikation folgende Aussagen (1989, S. 122):

Eine Gesprächspsychotherapie ist dann indiziert, wenn

1. die Störung eine psychische ist, und zwar eine Inkongruenz;
2. ein Selbstkonzept und ein gewisses Ausmaß von Beziehungsfähigkeit zu sich selbst beim Klienten gegeben sind;
3. der Klient das gesprächspsychotherapeutische Beziehungsangebot zumindest in Ansätzen wahrnehmen und annehmen kann und
4. in der Aufhebung der Inkongruenz im Erleben des Klienten wenigstens ein erster Schritt zur Lösung seiner Probleme gesehen werden kann, und sei es auch nur die Klärung des Problems.

Mit Inkongruenz ist, ausgehend von Rogers' Persönlichkeitsmodell, gemeint, daß der Klient einen Teil seiner Erfahrungen ablehnt, verleugnet oder verzerrt, da er diesen Teil in bezug auf sein Selbstbild nicht akzeptieren kann (s. S. 98). Die Punkte 2 und 3 treffen z. B. bei bestimmten Formen psychotischer Störungen nicht zu. Es ist zu erwarten, daß die weitere Ausdifferenzierung einer gesprächspsychotherapeutischen Krankheitslehre bzw. einer klientenzentrierten Krankheitstheorie (s. S. 102) die Frage der Indikation und Diagnostik in bezug auf die verschiedenen Krankheitsbilder weiter präzisieren wird.

(2) Empirische Befunde zu Merkmalen des Klienten

Versucht man die Frage, welche Klienten für die klientenzentrierte Behandlungsmethode geeignet sind, etwas differenzierter aufzuschlüsseln, indem man nach dem Ausmaß der Störung, nach Alter, Geschlecht und Intelligenz etc. des Klienten fragt, so gibt es hier keine einheitlichen Aussagen. Tausch (1976, S. 64) kommt in einer Zusammenfassung der unter seiner Leitung durchgeführten Untersuchungen zu dem Ergebnis: „Die Befunde lassen folgende Annahme zu: Das Ausmaß psychischer Änderungen der Klienten durch Gesprächspsychotherapie ist generell *nicht* abhängig von: Ausmaß ihrer Psychoneurotizismus- und Introversionswerte, Art und Ausmaß der Beeinträchtigungen, sogenannten Persönlichkeitstestwerten..., sozioökonomischer Schicht, Beruf, Intelligenz, Geschlecht. Aufgrund dieser Prae-Test-Charakteristika ist zur Zeit keine hinreichende Voraussage der Effekte und damit keine Vorauswahl sog. geeigneter bzw. wenig geeigneter Klienten möglich." Auch Schneider (1976), die klientenzentrierte Gruppentherapien im Jugendstrafvollzug durchführte (alle Teilnehmer waren wegen schwerwiegender krimineller Delikte – Mord, Mordversuch, Notzucht, Raub – verurteilt), kommt zu der Feststellung: „Entgegen vielen zum Teil ungeprüften Annahmen über die größere oder geringere Eignung für Therapie bezüglich Intelligenz und Verbalisationsfähigkeit ist zu sagen, daß durch lückenhafte Schulbildung, mangelnde sprachliche Ausdrucksfähigkeit und weniger ausgeprägte intellektuelle Fähigkeiten keine wesentlichen Probleme entstanden sind" (Schneider 1976, S. 350).
Ganz ähnlich stellt Sander (1976) fest, daß das Klientenmerkmal Selbstexploration, das nach empirischen Befunden eindeutig mit konstruktiven Änderungen des Klienten, d. h. mit einem positiven

Therapieausgang, zusammenhängt (s. S. 84), nicht von bestimmten Persönlichkeitsausgangsbedingungen abhängt. Er kommt daher zu dem Schluß, „Klientenzentrierte Psychotherapie ist unterschiedslos dann wirksam, wenn bestimmte Prozeßerfahrungen geschaffen werden können, die in *Umkehrung* zu vormals schädigenden Einflüssen stehen. Im Rahmen eines allgemeinen Gefühls der Geborgenheit und Sicherheit durch nicht an Bedingungen gebundene Wertschätzung seitens des Therapeuten wird ein Freiraum für den Klienten geschaffen, in dem er – unterstützt durch sensitives Verstehen des Therapeuten – neue Erfahrungen und flexiblere Wahrnehmungen machen kann und diese in die sich wechselnde Gestalt seines Selbstkonzepts integrieren kann" (Sander 1976, S. 239). Ob diese günstigen Prozeßerfahrungen geschaffen werden können, hängt dabei entscheidend von der Fähigkeit der Therapeutin ab. „Dies bedeutet, nicht in Defiziten des Klienten liegen Selektionsfaktoren, sondern in Barrieren des Therapeuten" (S. 242). Als Haupthindernisse nennt er u. a. eine Einstellung der Therapeutin, die den Klienten z. B. überfordert, ihn automatisch mit anderen vergleicht, statt ihn an seinem individuellen Fortschritt zu messen, die Unterschätzung äußerer Bedingungen, die die Entfaltungs- und Entscheidungsmöglichkeiten des Klienten eingrenzen und das Festhalten an der gesprächstherapeutischen Standardsituation, in der andere Verhaltensweisen der Therapeutin wie Durchführung gemeinsamer Aktivitäten (Spaziergänge) und andere Ausdrucksmittel (wie z. B. Rollenspiele zu verschiedenen Situationen) nicht berücksichtigt werden.

Dies trifft sich mit Forschungsuntersuchungen, nach denen die *Einstellung* der Therapeutin zum Klienten, zum Therapieprozeß und zum Therapieerfolg eine ganz entscheidende Variable ist. So deuten Befunde von Lerner (1972) darauf hin, daß der Erfolg der Therapie bei Unterschichtklienten u. a. wesentlich davon abhängt, inwieweit die Therapeutin „hinter der angewandten Methode" steht", d. h. sich von ihren Maßnahmen für den Klienten Erfolg verspricht (weitere Befunde finden sich bei Fietkau 1977).

5.3 Anwendung der Klientenzentrierten Gesprächsführung

Lernziel

● Beschreiben können, wann eine Klientenzentrierte Gesprächsführung in einer Beratungssituation angewendet werden kann.

Inwieweit die Klientenzentrierte Gesprächsführung zur gezielten Verhaltens- und Einstellungsänderung einzusetzen ist, hängt – was den Klienten angeht – nicht von seiner Verbalisationsfähigkeit, intellektuellen Kapazität oder Schichtzugehörigkeit ab, eher davon, inwieweit die *Ursachen,* die die Entstehung und Aufrechterhaltung der vorliegenden Konflikte, Probleme und Entscheidungsschwierigkeiten bedingen, im *emotionalen Bereich* der jeweiligen Person liegen, inwieweit der Klient von sich aus *motiviert* ist, eine Änderung seiner Situation zu erreichen und inwieweit die *institutionelle Aufgabenstellung* eine Klientenzentrierte Gesprächsführung im eher therapeutischen Rahmen (regelmäßige Kontakte, eigenes Beratungszimmer) zuläßt (s. S. 105 f.).

Konflikte, die primär durch falsche oder fehlende Informationen bedingt sind, lassen eine informative Beratung angezeigt sein, liegt das Problem primär in einer speziellen Umweltkonstellation, so ist als erstes zu versuchen, hier eine Änderung zu erreichen.

In diesen Fällen muß eine Klientenzentrierte Gesprächsführung jedoch auch nicht völlig ausgeklammert werden, sondern kann jeweils variabel zum besseren Verständnis des Klienten oder eines speziellen Problems eingesetzt werden.

Sie sollten sich auch überlegen, inwieweit Sie den Klienten zu einer weiterführenden psychotherapeutischen Behandlung überweisen oder an eine andere für den Klienten einschlägige Institution vermitteln.

Bei allen Entscheidungen sind Sie auf Ihre Erfahrung und – wenn irgendwie möglich – gute Teamarbeit auch mit Angehörigen anderer Berufsgruppen angewiesen, da es noch keine objektiven Kriterien dafür gibt, genau welche Methode bei genau welchen psychischen Beeinträchtigungen die am erfolgversprechendste ist. Es muß auch jeweils berücksichtigt werden, daß jeder Kontakt zwischen Ihnen und dem Klienten ein *dynamischer Prozeß* ist, in dessen Verlauf weitere Informationen zutage kommen, die evtl. neue Entscheidungen erfordern.

Zusammengefaßt lassen sich folgende Anwendungsmöglichkeiten der Klientenzentrierten Gesprächsführung formulieren:

1. Klientenzentrierte Gesprächsführung verstanden als Einstellung zum Aufbau einer positiven sozialen Beziehung. Dabei darf Einfühlung nicht mit einer Verbalisierung emotionaler Erlebnisinhalte gleichgesetzt werden!
2. Klientenzentrierte Gesprächsführung eingesetzt als erste Diagnostik, als Sondierung, um herauszufinden, was der Klient will, was sein eigentliches Anliegen ist, welche Hilfe(n) der Klient braucht. Das können dann Hinweise, Informationen, praktische Hilfen, eine längerfristige Beratung oder auch eine Psychotherapie sein.
3. Unabhängig von Art und Umfang des konkreten Hilfsangebots kann eine Klientenzentrierte Gesprächsführung immer dann eingesetzt werden, wenn sich im Laufe des Kontaktes emotional bedingte Konflikte oder Entscheidungsschwierigkeiten ergeben, die eine konstruktive Weiterarbeit oder Lösungsfindung hemmen.
4. Klientenzentrierte Gesprächsführung im Rahmen einer Beratung, in der in mehreren Sitzungen punktuell Konflikte und Schwierigkeiten des Klienten aufgearbeitet werden sollen (z. B. im Rahmen von Elternarbeit).
5. Klientenzentrierte Gesprächsführung im Sinn des amerikanischen „counseling", um in regelmäßig stattfindenden Kontakten gezielte Einstellungs- und/oder Verhaltensänderungen zu erreichen. Hier müssen die Grenzen eines explizit therapeutischen Angebots in psychosozialen Arbeitsbereichen sorgfältig bedacht und berücksichtigt werden: Grenzen bedingt durch die Beraterin (zu wenig Ausbildung, Überlastung), durch den Klienten (keine Motivation, sich zu ändern, kein Leidensdruck, Erwartung von schneller – möglichst materieller – Hilfe), durch die Institution (zu wenig Zeit für den einzelnen Klienten, zu wenig unterstützende Hilfsmöglichkeiten, zu wenig Mitarbeiter, bürokratische Schwierigkeiten) und durch die Umwelt (Einflüsse, die „gegen" den Klienten arbeiten).

Weitere Informationen zur Anwendung der Klientenzentrierten Gesprächsführung – als allgemeine Grundhaltung der Beraterin wie als therapeutische Methode, im Einzel- wie im Gruppengespräch – erhalten Sie durch die im Anhang aufgeführten Erfahrungsberichte aus der psychosozialen Praxis.

Lernkontrolle

Aufgabe 1

Kreuzen Sie die zutreffende(n) Aussage(n) (A–C) zum Stellenwert der psychodiagnostischen Tests in der Klientenzentrierten Psychotherapie an:

☐ A Psychodiagnostische Tests gewinnen zunehmend an Bedeutung innerhalb der Klientenzentrierten Psychotherapie.
☐ B Psychodiagnostische Tests werden zur Zeit in erster Linie zur Effektivitätsüberprüfung eingesetzt.
☐ C Psychodiagnostische Tests spielen eine große Rolle bei der Indikation und bei der Effektivitätsüberprüfung.

Aufgabe 2:

Kreuzen Sie die Aussage(n) (A–C) an, die zutreffend beschreibt/beschreiben, wann die Klientenzentrierte Gesprächsführung in einer Beratungssituation vermutlich erfolgversprechend angewandt werden kann:

☐ A Die Konflikte sind primär durch falsche oder fehlende Informationen bedingt.
☐ B Die jeweiligen Konflikte, Probleme und Entscheidungsschwierigkeiten werden in erster Linie durch eine inadäquate Erlebnisverarbeitung oder sonstige emotionale Beeinträchtigung verursacht oder zumindest zum großen Teil mitbedingt.
☐ C Die jeweiligen Probleme liegen primär in einer speziellen Umweltkonstellation.

Lösungen siehe Seite 259

5.4 Einzelne Elemente der Gesprächssituation

Lernziele

● Darstellen können, wie sich die Beraterin zu Beginn eines Gesprächs verhalten sollte.
● Angeben können, mit welcher Erwartungshaltung besonders Klienten aus sog. unterpriveligierten Schichten oftmals in die Beratung kommen.
● Die Ursachen von Gesprächspausen erläutern können und angeben können, wie sich die Beraterin bei Pausen verhalten kann.
● Darstellen können, welche Arten von Fragen es gibt und wie die Beraterin damit umgehen kann.

(1) Überlegungen vor dem Beratungsgespräch

Es ist hilfreich, wenn Sie sich bereits vor Beginn des Gesprächs kurz Zeit nehmen, um sich wie folgt vorzubereiten:

a) Hab' ich jetzt „den Kopf frei" für das Gespräch oder bin ich noch mit anderen Sachen beschäftigt? Wenn Sie sich bewußt machen, daß da noch etwas ist, was Sie hindert, sich auf den kommenden Klienten einzulassen, können Sie leichter das Problem vorübergehend etwas zur Seite stellen. Sind Sie sich der Störung nicht bewußt, so ist die Störung trotzdem da und wird Sie hindern, jetzt ganz für den Klienten da zu sein.

b) Falls es sich um einen Erstkontakt handelt: Versuchen Sie sich in den Klienten hineinzuversetzen. Was mag er für Gefühle, Befürchtungen, Erwartungen haben? Kennen Sie selber so eine Situation? Was sind Ihre Erwartungen an das Gespräch? Was wollen Sie erreichen? Machen Sie sich klar, daß es für den Anfang entscheidend ist, was „atmosphärisch" rüberkommt, was für eine Beziehung Sie zu dem Klienten herstellen können.

c) Falls es schon einige Beratungskontakte mit dem Klienten gegeben hat: Wie geht es mir mit diesem Klienten? Was fällt mir leicht bei ihm? Was finde ich sympathisch? Womit habe ich Schwierigkeiten? Habe ich mir nach dem letzten Gespräch etwas für diese Stunde vorgenommen? Bin ich in der Supervision auf etwas aufmerksam gemacht worden?

(2) Gesprächsanfang

Der Anfang eines Gesprächs sollte nicht durch ein „Frage-Antwort-Spiel" gekennzeichnet sein, in welchem der Klient das Gefühl hat, bewertet, beurteilt oder klassifiziert zu werden. Vielmehr sollten Sie die Informationen, die sie über den Klienten erhalten möchten, von vornherein in den Gesprächsprozeß miteinbeziehen. Dies geschieht, indem Sie

a) offene Fragen stellen, die den Klienten nicht zu einem „Ja" oder „Nein" zwingen, sondern dem Klienten einen Antwortspielraum lassen und/oder
b) bestimmte Gesprächsfiguren verwenden, die die Exploration des Klienten in bezug auf die ihm wichtig erscheinenden Informationen fördern.

Oft hat der Klient ein großes Bedürfnis zu erzählen, was ihn alles beschäftigt. Durch ein verstehendes Zuhören und ein Eingehen auf die Gefühle – besonders das momentane Empfinden des Klienten – wird sich der Klient von Anfang an verstanden und angenommen fühlen z. B.: „Da sind Sie jetzt noch ganz empört"; „Sie fürchten, das wächst Ihnen alles über den Kopf"; „Da wissen Sie momentan einfach nicht weiter".
Auch wenn der Klient zurückhaltend und unsicher ist, schweigt und Angst vor der Beratungssituation hat, so kommen Sie dem Klienten am ehesten näher, wenn Sie versuchen, sich in den Klienten hineinzuversetzen und sensibel das momentane Empfinden des Klienten aufzugreifen, z. B.: „Momentan wissen Sie nicht so recht, was Sie sagen sollen"; „Die Situation ist irgendwie so ungewohnt für Sie"; „Es fällt Ihnen schwer, irgendwie anzufangen".
Es ist hilfreicher, das momentane Empfinden des Klienten aufzugreifen, als den Klienten zu irgend etwas aufzufordern (z. B. „Nun erzählen Sie mal"; „Lassen Sie sich ruhig Zeit") oder gar nichts zu sagen, nur abzuwarten. Dies kann einen ängstlichen Klienten noch mehr verunsichern, noch mehr unter Druck setzen.
Selbstverständlich können Sie mit dem Klienten zu Anfang auch über irgendwelche äußeren Dinge, wie z. B. das Wetter, reden. Dies kann ein erstes Kennenlernen erleichtern. Auch dabei sollen Sie jedoch auf das momentane Empfinden des Klienten achten.

(3) Gesprächspausen

Bei auftretenden Gesprächspausen lassen sich generell zwei Ursachen für das Entstehen der Pause voneinander abgrenzen:

a) die Pause entsteht, weil der Klient nachdenkt, d. h. sich mit Ihrer vorhergehenden Äußerung oder seiner eigenen Aussage auseinandersetzt;
b) die Pause entsteht, weil Sie den Klienten durch eine ungeschickte Formulierung momentan verwirrt oder aus dem Konzept gebracht haben.

Welche dieser Ursachen jeweils auftritt, läßt sich zumeist nur aus dem nonverbalen Verhalten des Klienten ableiten, weshalb Sie genau auf die nonverbalen Reaktionen des Klienten achten sollten. Entsteht eine Pause, weil der Klient momentan mit Ihrer Äußerung nichts anzufangen weiß, so sollten Sie das – aus dem inneren Bezugsrahmen des Klienten heraus – verbalisieren. Zum Beispiel: „Ich glaube, ich habe Sie jetzt etwas durcheinandergebracht"; „Dazu fällt Ihnen jetzt nichts ein"; „Damit können Sie im Moment nichts anfangen".

Entsteht eine Pause, weil der Klient sich mit dem eben Gesagten auseinandersetzt, so sollten Sie auf jeden Fall das Schweigen „aushalten" und dem Klienten die Sicherheit vermitteln – verbal und/oder nonverbal – hier in keiner Weise gedrängt zu werden.

(4) Fragen des Klienten

Stellt der Klient eine Frage, möchte er irgend etwas wissen, so gibt es zwei Möglichkeiten:

1. Forderung zur Stellungnahme zurückgeben
Sie greifen das mit jeder Frage einhergehende Gefühl auf (Frageton beachten).

Beispiel:

Kl. (Verkäuferin, 26 J.): Ich weiß einfach nicht, soll ich jetzt doch noch auf diese Schule gehen? Oder bin ich doch einfach schon zu alt dafür?
Beraterin: Sie wissen nicht, ob Sie sich das noch zutrauen können.

Beraterin: Das beschäftigt Sie jetzt die ganze Zeit.
Beraterin: Einerseits möchten Sie noch weiterkommen, andererseits fürchten Sie, daß Sie es doch nicht mehr schaffen.

Kl. (18 Jahre): Was meinen Sie, soll ich jetzt zu Hause ausziehen?
Beraterin: Das ist furchtbar schwer für Sie, sich da zu entscheiden.
Beraterin: Da sind Sie momentan noch ganz unschlüssig.
Beraterin: Das geht Ihnen jetzt die ganze Zeit durch den Kopf.

2. Forderung zur Stellungnahme annehmen
Sie beantworten die Frage:

– Sie geben Informationen (objektive Daten);
– Sie sagen, was Sie dazu meinen (Ihre persönliche Meinung).

Welche dieser Möglichkeiten gewählt wird, das hängt von der jeweiligen spezifischen Situation ab. Da eine Frage des Klienten zumeist die Aufforderung impliziert, ihm – dem Klienten – einen Ratschlag, eine Verhaltensanweisung zu geben, sollten Sie vorsichtig damit sein, die vom Klienten gestellte Frage sofort zu beantworten bzw. der Bitte nach einem Ratschlag nachzukommen, damit der Klient angeregt wird, sich intensiver mit der anstehenden Entscheidung auseinanderzusetzen und differenzierter abzuwägen, was dieser oder jener Schritt für ihn genau bedeutet.
Besser ist es zu versuchen, die jeweilige Frage *aus dem inneren Bezugsrahmen* des Klienten heraus zu verstehen und zu verbalisieren. So werden Sie dem Klienten langfristig helfen, selbst Lösungen für sein Problem zu finden, selbständiger zu werden und mit Entscheidungsschwierigkeiten besser fertig zu werden.
Dies gilt jedoch nur bedingt für kürzere oder gar einmalige Kontakte, da hier zumeist nicht die Zeit bleiben wird, die hinter der betreffenden Frage stehenden Gefühle, Unsicherheiten und Ängste aufzuarbeiten. In diesen Fällen ist es sicher besser, sich *aktiver* an einer Lösungssuche zu beteiligen, indem z. B. verschiedene Alternativen aufgezeigt werden oder die eigene Meinung zu dem Problem dargestellt wird. Auch hier sollten Sie sich jedoch davor hüten, sich die Rolle der reinen „Rezeptegeberin" aufdrängen zu lassen. Sie sollten vielmehr auch in dieser Situation ansprechen, daß Sie

letzten Endes dem Klienten seine Entscheidung nicht abnehmen können.

Anders verhält es sich, wenn das Problem des Klienten in erster Linie auf falsche oder fehlende Informationen zurückzuführen ist. Dann sollten Sie selbstverständlich diesen Informationsmangel beheben, indem Sie die fehlenden Informationen geben bzw. falsche Informationen richtigstellen und/oder auf zuständige Stellen verweisen.

(5) Effektivitätsüberprüfung

Inwieweit die Gesprächsführung effektiv ist, zeigt sich in der Erreichung der jeweils angestrebten Prozeßziele (s. die Stufen des Problemlöseprozesses) und der Effektivitätsziele (eine befriedigende Problemlösung). Um diese Ziele zu objektivieren, kann folgendes herangezogen werden:

1. Zur Objektivierung der Prozeßziele

   – das Ausmaß an Selbstexploration
     (s. die Skala auf S. 84f. und 88f.),

2. zur Objektivierung der Effektivitätsziele

   – eine Selbsteinschätzung des Klienten,
   – beobachtbare Verhaltensänderungen.

Auf jeden Fall sollten bei längeren Kontakten die Gespräche durch Tonbandaufnahmen protokolliert werden. Nur so können Sie sich kontrollieren und in Supervisions- oder Fallbesprechungsgruppen konkrete Hilfe wie konkretes Feedback erhalten. Es hat sich gezeigt, daß sich Klienten durch derartige Aufzeichnungen nicht beeinträchtigt fühlen. Selbstverständlich soll das Einverständnis des Klienten eingeholt werden. Erklären Sie dem Klienten, daß die Aufzeichnungen benötigt werden, weil das eigene Verhalten einer fortlaufenden Kontrolle unterliegt, die Aufnahmen nur einem begrenzten Kreis von Fachkollegen in einer Fallbesprechungsgruppe vorgelegt werden und der Klient *jederzeit bei bestimmten Themen die Aufzeichnung untersagen oder unterbrechen kann,* so wird es in den meisten Fällen keine Schwierigkeiten geben.

190

(6) Der äußere Rahmen

Vorinformation:

Ein wichtiger Punkt sind die *Erwartungen* des Klienten, da das klientenzentrierte Vorgehen meistens den üblichen Erwartungen des Klienten von einer Beratung nicht entspricht. Art und Umfang der Vorinformation sollten dabei auf die jeweilige Situation und den Klienten abgestimmt werden, wobei zu berücksichtigen ist, daß besonders Klienten aus unterprivilegierten Schichten in erster Linie Ratschläge, kurzfristige Lösungen, Aktivitäten und Fragen erwarten. Sie sollten den Klienten über Ihre Vorgehensweise informieren – ähnlich wie auch in der Klientenzentrierten Psychotherapie der Klient über deren Charakteristika unterrichtet wird (vgl. Tausch 1973), indem Sie ihm mitteilen, daß es für die meisten Probleme keine Patentrezepte gebe, daß man aber im gemeinsamen Gespräch versuchen könne, eine akzeptable Lösung zu finden. Dabei stehe das, was der Klient über seine Situation denkt, wie er sie empfindet und bewertet, im Mittelpunkt.

Handelt es sich nicht um längerfristige Gesprächskontakte, sondern um eine einmalige Beratung oder eher unsystematisch eingesetzte Gespräche, in denen die klientenzentrierte Vorgehensweise jeweils variabel zum besseren Verständnis des Klienten oder eines speziellen Problems eingesetzt wird, so wird auf eine Vorinformation verzichtet werden können.

Gesprächsatmosphäre:

Wichtiger als eine bestimmte Sitzordnung ist, ob Sie eine *Atmosphäre* herstellen können, in der sich der Klient wohlfühlt, keine Spannungen spürt und es ihm leichtfällt, über seine Empfindungen zu sprechen. Bei Hausbesuchen kann dies unter Umständen eher erreicht werden als bei Gesprächen in einem extra Beratungszimmer.

Sitzen Beraterin und Klient bei einem Gespräch zusammen, so sollten jedoch folgende Hinweise beachtet werden:

1. Es kann günstig sein, wenn Sie und der Klient sich schräg gegenübersitzen. Ein frontales Gegenübersitzen wirkt leicht bedrohlich und zwingt den Klienten, Sie direkt anzuschauen oder aber dem Blick deutlich auszuweichen. Eine schräge Sitzposition läßt Ihnen beiden mehr Freiheit. Ein Vorteil ist es auch, wenn Sie

sich schräg über die Ecke eines Tisches gegenübersitzen, da eine „offene" Sitzhaltung meist mehr Unsicherheit auslöst.

2. Das Gespräch sollte in einem ruhigen Raum stattfinden. In einem Zimmer, in das laufend jemand reinkommt oder ständig das Telefon klingelt, wird sich schwer eine vertrauensvolle Beziehung, in der auch über tiefergehende emotionale Erlebnisse gesprochen wird, entwickeln können.

Dauer und Häufigkeit:

Eine Klientenzentrierte Psychotherapie umfaßt ungefähr 20–50 Kontakte, wobei sich die Anzahl der Therapiesitzungen in den letzten Jahren eher nach oben verschoben hat.

Was die Häufigkeit der Gespräche anbelangt, so ist bei der Psychotherapie ein einmaliger Kontakt pro Woche von 45–50′ Dauer die Regel. Bei Beratungsgesprächen hängen Dauer und Häufigkeit ganz von der Situation ab.

(7) Gesprächsende

Am Ende eines Beratungsgespräches sollte noch einmal *zusammengefaßt* werden, welche *einzelnen Aspekte* im Lauf des Gesprächs zu Tage getreten sind. Sie können dann mit dem Klienten gemeinsam die nächsten Schritte festlegen bzw. ausmachen, worauf der Klient in nächster Zeit besonders achten sollte. Sind im Gespräch tiefer liegende Gefühle angesprochen worden, so braucht der Klient Zeit, diese in Ruhe anzuschauen, sie „weiterarbeiten zu lassen". Wichtig ist, daß sich der Klient in der Beziehung zu Ihnen sicher fühlt und weiß, daß er wiederkommen kann.

(8) Gesprächsaufzeichnungen

Nach jedem Beratungsgespräch sollten Sie sich stichwortartig einige Notizen machen (s. hierzu auch Geldard 1989). Im folgenden werden die wichtigsten zu protokollierenden Punkte aufgeführt und an Hand von drei fortlaufenden Beispielen veranschaulicht.

1. Gesprächsthema

A Frau M.: Sohn Klaus (9 J.) fällt in der Schule wegen schlechter Leistungen und zunehmender Aggressivität auf.

B Herr Z.: Unpünktlichkeit und häufiges Fehlen bei der Umschulung zum Computerkaufmann.

C Frau P.: Tochter Karin muß die Klasse wiederholen. Der Ehemann will, daß sie dann gleich vom Gymnasium runtergeht. Karin will weglaufen.

2. Gesprächsverlauf

A Frau M. richtete Schuldzuweisungen an die Lehrer; dann kamen eigene Schwierigkeiten mit Klaus; zum Schluß massive Partnerprobleme angesprochen.

B Herr Z. war anfangs sehr mißtrauisch und wortkarg, dann offener.

C Frau P. hatte große Schwierigkeiten, sich in ihre Tochter einzufühlen; über die eigene Kindheit kamen dann erste Ansätze dazu.

3. Gesprächsergebnis

A Frau M. sieht Zusammenhang zwischen Klaus' Verhalten und den Eheproblemen in letzter Zeit.

B Herr Z. findet die Umschulung „tödlich", wollte schon immer etwas Gestalterisches machen, hat sich aber noch nie in seinem Leben getraut, das zu machen, was er eigentlich wollte.

C Frau P. kommt zu dem Schluß, daß nicht über Karins Kopf hinweg entschieden werden darf.

4. Spezielle Interventionen

A keine

B Phantasiereise; Informationen über den Arbeitsmarkt.

C Von eigener Kindheit erzählen lassen.

5. Abmachungen

A Frau M. kommt das nächste Mal mit Ihrem Mann. Ich nehme Kontakt zum Klassenlehrer auf.

B Herr Z. erkundigt sich beim Arbeitsamt nach ihm mehr zusagenden Förderungsmaßnahmen und nach der Möglichkeit, die angefangene Umschulung abzubrechen (nicht einfach durch unentschuldigtes Fehlen rausgeschmissen zu werden und dann alle Ansprüche zu verlieren).

C Nächstes Gespräch findet mit Karin und Vater statt. Frau P. will beide überreden zu kommen. Ist dabei ganz zuversichtlich.

193

6. Anmerkungen für das nächste Gespräch

A Herrn M. seine Bedeutung für Klaus vor Augen führen.
B Herrn Z. unterstützen, den für ihn richtigen Weg zu finden. Aufpassen: nicht für ihn entscheiden!
C Frau P. erwähnte ganz zum Schluß die früher (!) sehr enge Vater/Tochter-Beziehung.

Neben diesen fortlaufend geführten Notizen sollten natürlich bei einem Erstkontakt die wesentlichen Informationen zur Person (Name, Alter, Beruf, Familienstand, im Haushalt lebende Personen) sowie der Anlaß des Beratungskontaktes festgehalten werden. Weitere am Anfang zu erhebende Informationen hängen von dem jeweiligen Kontext und Rahmen der Gespräche ab.

Lernkontrolle

Aufgabe 1

Nennen Sie eine Erwartungshaltung, mit der besonders Klienten aus sogenannten unterprivilegierten Schichten oftmals in die Beratung kommen:

. . . .

Aufgabe 2

Kreuzen Sie die zutreffende(n) Aussage(n) (A–E) an:
Die Beraterin sollte

☐ A auftretende Gesprächspausen immer sofort unterbrechen, da der Klient sonst unruhig wird;
☐ B wenn sie zu Beginn eines Gesprächs Fragen stellt, möglichst offene Fragen verwenden, die dem Klienten einen Antwortspielraum lassen;
☐ C Fragen des Klienten immer sofort und möglichst ehrlich beantworten;
☐ D zu Beginn eines Gesprächs auf das momentane Empfinden des Klienten achten;

☐ E Fragen des Klienten prinzipiell immer zurückgeben, so daß der Klient lernt, daß er mit seinen Schwierigkeiten selbst fertig werden muß.

Lösungen siehe Seite 260

5.5 Anwendungsbereiche des klientenzentrierten Konzepts

Ausgehend von Rogers' Hypothese, „daß die gleichen psychotherapeutischen Prinzipien für alle Personen gelten, ob sie nun mit dem Etikett ‚normal', ‚neurotisch' oder ‚psychotisch' versehen sind" (s. S. 130), wurde die Grundhaltung von Rogers in verschiedenen sozialen Bereichen angewandt. Im folgenden ein Überblick über einige Anwendungsbereiche.

Lernziel

● Einzelne Anwendungsbereiche des klientenzentrierten Konzepts kennen.

(1) Klientenzentrierte (Personenzentrierte) Kindertherapie

Einen besonderen Stellenwert nimmt die *Klientenzentrierte Kindertherapie* ein. Während in den USA Rogers' Therapiekonzept schon sehr bald durch Axline (1947) auf die therapeutische Arbeit mit Kindern übertragen wurde, begann die Klientenzentrierte Kindertherapie im deutschsprachigen Raum erst in den siebziger Jahren durch die Arbeiten von Schmidtchen (1974), Baumgärtel (1975) und Goetze u. Jaede (1974) langsam Fuß zu fassen. In Untersuchungen (Schmidtchen 1974) zeigten sich bei Kindern (4–12 Jahre), die an Entwicklungs- oder Persönlichkeitsstörungen litten (soziale, emotionale oder intellektuelle Retardierungen; Hemmungen oder Ängste; dissoziale und/oder aggressive Verhaltensweisen), folgende Effekte der Klientenzentrierten Spieltherapie: Zunahme der Aktivität und Selbständigkeit; Zunahme von sozialer und emotionaler Reife, Verbesserung der verbalen und intellektuellen Geschicklichkeit; Abnahme von zu starker sozialer Anpassung und Angst; Verminderung der zahlreichen Verhaltensstörungen.

Dabei steht in der Klientenzentrierten Kindertherapie – wie bei der Klientenzentrierten Psychotherapie von Erwachsenen – nicht der Abbau einzelner Symptome im Vordergrund, sondern die ganzheitliche Entwicklung der kindlichen Persönlichkeit.

Mittlerweile ist das Interesse an Klientenzentrierter Kindertherapie sehr gestiegen, was sich an neuen Veröffentlichungen (Goetze 1981, Benecken 1982, Wegener 1984, Kemper 1985, v. Stosch 1988, Schmidtchen 1989, 1991) wie auch an der immensen Nachfrage nach einschlägiger Fort- und Weiterbildung zeigt[26].

(2) Erziehung

Die Auswirkungen der Prinzipien des personenzentrierten Konzepts auf den Bereich der Erziehung sind für Rogers von ganz zentraler Bedeutung. In keinem Bereich spielt die zwischenmenschliche Beziehung eine so große Rolle für die Entwicklung der Persönlichkeit wie in der Interaktion Eltern – Kind, Lehrer – Schüler.

Es wurde bereits des öfteren auf die Bedeutung des Selbstkonzeptes im bezug auf die Wahrnehmung, das Verhalten und die psychische Funktionsfähigkeit einer Person eingegangen. Vergegenwärtigt man sich, daß das Selbstkonzept von Kindern und Jugendlichen ganz entscheidend durch ihre Eltern und Lehrer beeinflußt wird, so erweist sich die Realisierung der Rogers-Variablen in der Erziehung als eine der wichtigsten psychohygienischen Maßnahmen für einen Abbau psychischer Spannungen und Erkrankungen aller Art.

Tausch und Tausch (1977), bei denen sich eine ausführliche Beschreibung der Bedeutung und Auswirkungen der Rogers-Variablen auf den Bereich der Erziehung findet, fassen die Auswirkungen des Selbstkonzepts einer Person auf andere Personen folgendermaßen zusammen:

„Eine Person mit einem günstigen Selbstkonzept, in das alle wesentlichen bedeutsamen Erfahrungen eingehen, die ihre Wahrnehmungen nicht ignoriert oder verzerrt, und bei der nur geringe Diskrepanz zwischen ihrem realen und idealen Selbstkonzept besteht, ist für andere Personen ein funktionsfähigerer, hilfreicherer und prosozialer Partner. Diese Person wird

---

26 Seit 1987 bietet die Gesellschaft für wissenschaftliche Gesprächspsychotherapie (GwG) eine umfassende Weiterbildung in Personenzentrierter Psychotherapie mit Kindern und Jugendlichen an.

weniger Verteidigungshaltungen haben, offener sein, angemessener wahrnehmen, andere Personen häufiger akzeptieren. Auf der anderen Seite: Personen mit ungünstigem Selbstkonzept und mit verzerrten Bedeutungswahrnehmungen werden für andere schwierige Partner sein. Sie werden sich häufig verteidigen, ihre inneren Spannungen werden das Zusammensein mit anderen häufig spannungsvoll machen. Sie werden häufiger zu unkontrollierten Reaktionen gegenüber anderen neigen, etwa weil sie andere in verzerrten Bedeutungen wahrnehmen. Sie werden andere weniger akzeptieren. Sie werden sich des öfteren minderwertig fühlen, verachtet und zum Teil hintergangen. Sie werden sich eher abschließen gegenüber anderen Menschen. Und wenn sie aktiv werden, werden sie häufiger andere Menschen beeinträchtigen. Sie werden andere Menschen schwerer hören und deren innere Welt verstehen" (Tausch u. Tausch 1977, S. 62).

Einige Untersuchungen zur Bedeutung der personenzentrierten Grundhaltung in der Erziehung sollen hier beispielhaft erwähnt werden, eine ausführliche Darstellung aller wichtigen Untersuchungen in diesen Bereichen findet sich bei Tausch u. Tausch (1977). Tausch u. a. (1973) führten Einzel- und Gruppengespräche (6–7 Wochen lang) mit sozial benachteiligten Kindergartenkindern und unterprivilegierten Schulkindern (Grundschule) durch. Es zeigte sich, daß diese Kinder im Vergleich zu einer Kontrollgruppe (gleichaltrige unterprivilegierte Kinder ohne Gespräche) eine deutliche positive Veränderung in bezug auf emotionale Stabilität, soziale Kooperation, Kontaktbereitschaft und Unbeschwertheit zeigten. Inwiefern die personenzentrierte Grundhaltung sich auch auf kognitive, d. h. intellektuelle Fertigkeiten auswirkt, zeigen folgende Untersuchungen:

– Tscheulin (1972) zitiert eine Untersuchung von Stoffer (1968), der herausfand, daß bei nichtausgebildeten Gemeindehelfern und Studenten, die zweimal wöchentlich Kinder mit Schulschwierigkeiten betreuten, diejenigen am meisten Erfolg bei den Kindern erzielten, die ein hohes Ausmaß an einfühlendem Verstehen und positiver Wertschätzung und emotionaler Wärme (eingeschätzt anhand von Tonbandaufnahmen) zeigten.
– Aspy (1976) kam in einer groß angelegten Forschung zu dem Ergebnis, daß das Ausmaß des Lehrerverhaltens in bezug auf die Merkmale einfühlendes Verstehen, positive Wertschätzung und Kongruenz signifikant mit folgenden Variablen der Schüler in Zusammenhang steht:

1. bessere Ergebnisse bei standardisierten Leistungstests;
2. höhere Intelligenzwerte bei Schulanfängern;
3. regelmäßiger Schulbesuch;
4. keine Disziplinschwierigkeiten;
5. die Einstellung zur eigenen Person;
6. der Grad der kognitiven Funktion des Schülers.

Allgemein scheint dies die Regel zu sein: „Je mehr der Schüler an Einfühlung, Echtheit und Wertschätzung erfährt, desto mehr wird es sich in den genannten ‚positiven' Variablen zeigen." (Aspy 1976, S. 373)

Mehr Informationen über personenzentrierte Erziehung erhalten Sie über die „Klassiker":

Rogers, C. R.: Lernen in Freiheit. Kösel, München 1974.

Tausch, R./Tausch, A.-M.: Erziehungspsychologie. Hogrefe, Göttingen 1977.

Gordon, Th.: Lehrer-Schüler-Konferenz. Rowohlt, Reinbek 1978.

Daneben gibt es neuere Beiträge zum klientenzentrierten Konzept in der Schule, z. B. GwG (Hrsg.): Rogers und die Pädagogik. Juventa, Weinheim 1987; und GwG (Hrsg.): Orientierung an der Person. Band 2. Jenseits von Psychotherapie. GwG, Köln 1988.

Nicht speziell an Lehrer, sondern an alle im pädagogischen Bereich Tätigen, wendet sich das Buch „Einfühlendes Erzieherverhalten" von M. Behr und J. Walterscheid-Kramer, Beltz, Weinheim 1986 sowie der Artikel von M. Behr: Wesensgrundlagen einer an der Person des Kindes und der Person des Pädagogen orientierten Erziehung. In: Behr/Petermann/Pfeiffer/Seewald (Hrsg.): Jahrbuch für personenzentrierte Psychologie und Psychotherapie. Band 1. Otto Müller, Salzburg 1989.

---

(3) Jugendliche und Resozialisierung

Untersuchungen über die Auswirkungen einer Klientenzentrierten Psychotherapie bei *delinquenten Jugendlichen* zeigten eine Verbesserung im Selbstkonzept (in Richtung auf eine positivere Selbsteinschätzung), Verbesserungen in der Einstellung zu Eltern und Autoritätspersonen und eine signifikant geringere Rückfallquote an delinquentem Verhalten (vgl. die Übersichtsartikel von Minsel u. a. 1973 und Schmidtchen u. Kaatz 1976). Während sich Einstellungs- und Wahrnehmungsstörungen sowie dissoziales Verhalten überwiegend erfolgreich durch eine Gesprächspsychotherapie behandeln ließen, so zeigte sich, daß Leistungs- und Arbeitsstörungen bei Jugendlichen nur als indirekte Folge durch den Abbau von Angst und Psychoneurotizismus oder durch eine therapeutische Beeinflussung der Erziehungspersonen geändert werden konnten. Schmidtchen u. Kaatz (1976) weisen darauf hin, daß sich die *Klientenzentrierte Psychotherapie bei Jugendlichen* von der Psychotherapie bei Erwachsenen dadurch unterscheidet, daß formal zumeist statt in einer Zweierinteraktion ein Gruppengespräch geführt wurde, eine freie Wahl der Therapieorte, eine längere Gesprächsdauer und eine Einbeziehung der wichtigsten Sozialisationspartner, die die Lebensbedingungen des Jugendlichen beeinflussen, in das Behandlungsprogramm erfolgte. Inhaltlich erwies sich als bedeutsam eine „thematische Einschränkung auf Probleme der Arbeits- und Umweltbewältigung; eine Veränderung des formalisierten Psychologenverhaltens in Richtung auf ein natürlicheres, konzilianteres Verhalten, eine Hervorhebung des Partneraspekts und eine größere Aktivität beim gemeinsamen Problemlösungsverhalten" (Schmidtchen u. Kaatz 1976, S. 120).

Sehr detailliert und praxisbezogen geht Ostbomk-Fischer (1990) darauf ein, wie Jugendliche mit personenzentrierten Beratungsangeboten erreicht werden können. Ausgehend von langjähriger Arbeit mit sozialauffälligen Jugendlichen stellt die Autorin ein konkretes Handlungsmodell vor, das die sozialen und strukturellen Bedingungen dieser Jugendarbeit berücksichtigt. Mit der Einzelbetreuung als wirkungsvollster Form heilpädagogischer Intensivbetreuung befaßt sich Fröhlich-Gildhoff (1991), der dies als Angebot und Chance für auffällig gewordene Jugendliche mit frühen Beziehungsstörungen sieht und dies an einem Fallbeispiel darstellt.

Gespräche mit *Gefängnisinsassen* über Telefon führten nach sechs Kontakten zu einer Verminderung von Psychoneurotizismus und Aggressionsbereitschaft (Doll u. a. 1974). Ähnlich deuten Ergebnisse von Gruppentherapien in einer Vollzugsanstalt auf positive Veränderungen durch eine klientenzentrierte Einflußnahme hin (Schneider 1976), doch ist in diesem Bereich mit vielen Hindernissen von seiten des institutionellen Rahmens zu rechnen.

Auch Schreiber (1984) macht deutlich, mit welchen Schwierigkeiten ein personenzentriertes Vorgehen im *Strafvollzug* verbunden ist, wie sich aber trotzdem die personenzentrierte Grundhaltung auch dort – zumindest in Ansätzen – verwirklichen läßt. Bei Jacobs (1984) und Jacobs u. a. (1990) finden sich einige konkrete Überlegungen, welche zusätzlichen Interventionen der klientenzentrierte Therapeut einsetzen muß, um bei *Delinquenten* eine konstruktive Therapeut-Klient-Beziehung aufzubauen.

(4) Weitere Anwendungsbereiche

Weitere Anwendungsbereiche, in denen nach den Prinzipien des klientenzentrierten Konzepts gearbeitet wird, werden im folgenden noch stichwortartig mit Literaturangaben aufgeführt:

– Klientenzentrierte Gruppenarbeit (Rogers 1974, Mente u. Spittler 1980, Sander 1983, Esser u. Sander 1988, Sander u. Esser 1988);
– Klientenzentrierte Psychotherapie mit Paaren (Auckenthaler 1983, Esser u. Schneider 1989);
– Klientenzentriertes Arbeiten in der Seelsorge (Kroeger 1976, Faber u. van der Schoot 1974, Stich 1977, Kilpeläinen 1973, Schmid 1989);
– Klientenzentrierte Vorgehensweisen in der Medizin (Speierer 1983, Ripke 1983, Rellecke u. Pfeiffer 1985, Pfeiffer 1983, GwG 1988a, Meyer-Cording u. Speierer 1990, Finke u. Teusch 1991);
– Der klientenzentrierte Ansatz in der Familientherapie (Pavel, F.-G. 1984; Pavel, F.-G. 1985; Kaiser, P. 1985, 1989);
– Der klientenzentrierte Ansatz in der Altenpflege (Wittrahm 1990);
– Der personenzentrierte Ansatz in der Organisationsentwicklung (GwG 1988b, Terjung 1990).

Lernkontrolle

Aufgabe 1

Kreuzen Sie die zutreffende(n) Aussage(n) (A–E) an:
Im Text wurden folgende Anwendungsbereiche einer Klientenzentrierten Gesprächsführung vorgestellt:

☐ A im Schulunterricht,
☐ B bei straffällig gewordenen Jugendlichen,
☐ C bei unterprivilegierten Kindern,
☐ D bei Drogensüchtigen,
☐ E bei Arbeitslosen.

Lösung siehe Seite 260

---

6 Übungen zu verschiedenen Gesprächssituationen

6.1 Allgemeine Anweisungen

Für diesen letzten Übungsabschnitt gilt, daß die Teilnehmerinnen neben den angegebenen Lernzielen auf die Lernziele früherer Abschnitte achten sollten, die sie noch nicht hinreichend realisieren können.

Im übrigen gelten für den Ablauf und die Diskussion im wesentlichen die Anweisungen der vorhergehenden Übungsabschnitte.

6.2 Übungsstufen

Übungsstufe I

Lernziel

● Sensibilisierung für günstige Verhaltensweisen
  → beim Gesprächsanfang,
  → bei Gesprächspausen,
  → bei externalen Klientenaussagen.

Übung

– Demonstration entsprechender Ausschnitte aus Dokumentaraufnahmen einzelner Beratungsgespräche und/oder
– Demonstration der gesamten Aufzeichnung(en), wobei die Aufmerksamkeit der Teilnehmerinnen speziell auf das Verhalten der Beraterin am Gesprächsanfang, bei Gesprächspausen und bei externalen Klientenaussagen gerichtet sein soll, und/oder
– Demonstration eigener Aufzeichnungen von entsprechenden Rollenspielen.

Lernkontrolle

Diskussion der Verhaltensweisen der Beraterin unter dem Gesichtspunkt der Klientenreaktionen auf die Äußerungen der Beraterin.

Übungsstufe II

Lernziel

● Günstige Verhaltensweisen in bezug auf den Gesprächsanfang realisieren.

Übung

Rollenspiel in 3er-Gruppen (Beraterin/Klient/Beobachterin). Es sollten gezielt verschiedene Anfangssituationen durchgespielt werden, z. B. der Klient schweigt, der Klient ist sehr verlegen, der Klient „sprudelt" gleich los, der Klient ist furchtbar wütend.

Lernkontrolle

Diskussion in den 3er-Gruppen, inwieweit die Beraterin sich in der Anfangssituation günstig verhalten hat. Kriterien: Die auf Seite 187 dargestellten Richtlinien zum Gesprächsanfang in Verbindung mit der Reaktion des Klienten.

Übungsstufe III

Lernziel

● Günstige Verhaltensweisen in bezug auf Gesprächspausen realisieren.

Übung

Führen Sie ein Gespräch und nehmen Sie es auf Video auf oder nehmen Sie die Videoaufzeichnung alter Übungsgespräche. Schauen Sie sich die Pausen näher an und überlegen Sie gemeinsam:

Woran erkenne ich, ob der Klient nachdenkt, weiterarbeitet oder ob er will, daß ich ihm antworte?

Lernkontrolle

Diskussion in den 3er-Gruppen, inwieweit in bezug auf die Pausen von der Beraterin ein günstiges Verhalten realisiert wurde. Kriterien: Die auf den S. 188 ff. dargestellten Richtlinien zu Gesprächspausen in Verbindung mit den Reaktionen des Klienten.

Übungsstufe IV

Lernziel

● Wie bei Übungsstufe III, statt auf Pausen achten Sie jetzt gezielt auf externale Aussagen, d. h. der Klient redet nicht von seinem Erleben, sondern von äußeren Verhaltensweisen und/oder anderen Personen.

Lernkontrolle

Wie bei Übungsstufe III, maßgebend ist jetzt, inwieweit die Beraterin den Klienten zur Selbstexploration und damit weg von den externalen Äußerungen bringt.

Übungsstufe V

Lernziel

● Günstige Verhaltensweisen in bezug auf Fragen des Klienten realisieren.

Übung

Wie bei Übungsstufe III, statt Pausen sind jetzt gezielt Fragen in das Gespräch einzubringen.

Lernkontrolle

Wie bei Übungsstufe III, vgl. die Richtlinien hinsichtlich Fragen der Klienten auf S. 188.

Übungsstufe VI

Lernziele

● Sensibilisierung für schwierige Situationen.
● In schwierigen Situationen günstige Verhaltensweisen kennen und realisieren.

Übung A: Sensibilisierung für schwierige Situationen

Nachfolgend sind einige „schwierige" Situationen aufgeführt, mit denen Sie im Laufe eines Gesprächs mit einem Klienten konfrontiert werden könnten. Bei dieser Übung geht es darum, sich in bezug auf diese Situation zu überlegen, woran Sie *erkennen*, daß der Klient z. B. unsicher ist, Ihnen nichts zutraut etc.

Übung B: Günstige Verhaltensweisen in schwierigen Situationen diskutieren und realisieren

Da es in bezug auf die nachfolgenden Situationen keine allgemein günstigen Verhaltensweisen gibt, die sozusagen auswendig gelernt werden können – dazu ist das Verhalten der Beraterin zu sehr von der jeweiligen ganz spezifischen Situation abhängig –, soll hier eher günstiges wie eher ungünstiges Verhalten in diesen Situationen *diskutiert* werden. Dabei muß berücksichtigt werden, daß es oft keine Patentlösung gibt. Doch sollten diese Situationen hier diskutiert werden, damit Sie nicht später in der Praxis – evtl. allein auf sich gestellt – davon „überrascht" werden.
Anschließend soll je nach Problem günstiges Verhalten im *Rollenspiel* geprobt werden. Dann zeigt sich erst, inwieweit sich die theoretischen Überlegungen in die Praxis umsetzen lassen bzw. wie leicht oder wie schwer dem einzelnen bestimmte Verhaltensweisen fallen.

„Schwierige Situationen"

(1) Zum Gesprächsanfang

– Der Klient schweigt, zeigt deutlich Unsicherheit.
– Der Klient schweigt und zeigt deutlich, daß er nicht freiwillig kommt und mit Ihnen auch nichts zu tun haben will.
– Der Klient will nicht, daß das Gespräch aufgezeichnet wird.

(2) Zur Einstellung des Klienten

– Der Klient erwartet Ratschläge, Tips, Rezepte, schnelle Lösungen.
– Der Klient glaubt nicht, daß Sie ihm irgendwie helfen können. Hält Sie z. B. für zu jung oder hat schon schlechte Erfahrungen gemacht.

(3) Zum Gesprächsverlauf

– Der Klient redet sehr schnell und sehr viel;
– der Klient ist Ihnen gegenüber aggressiv;
– der Klient fängt an zu weinen;
– der Klient spricht ständig über Vergangenes;
– der Klient droht mit Selbstmord;
– der Klient wechselt laufend von Thema zu Thema, von Problem zu Problem;
– der Klient ist ausgesprochen einsilbig;
– der Klient wünscht persönlichen Kontakt zu Ihnen;
– der Klient bleibt plötzlich weg;
– der Klient sagt, daß ihm Ihre Besuche oder Kontakte nichts bringen.

(4) Zur Beraterin

– Sie haben ganz ähnliche Probleme wie der Klient.
– Sie merken, daß Ihnen der Klient langsam „auf die Nerven geht".
– Sie haben das Gefühl, daß Sie mit dem Klienten nicht weiterkommen.

(5) Zur Umwelt

– Bezugspersonen des Klienten behindern bestimmte Einstellungs-
und Verhaltensänderungen des Klienten.

Lernkontrolle

Als Kriterium dafür, ob ein Verhalten der Beraterin in einer schwierigen
Situation günstig oder eher ungünstig ist, können herangezogen werden:

– Die Prinzipien der Klientenzentrierten Gesprächsführung
(mit der Betonung auf klientenzentriert);
– die Meinung der Gruppenteilnehmerinnen;
– das Verhalten des „Klienten" im Rollenspiel.

Übungsstufe VI

Lernziel

● Eine klientenzentrierte Beratung durchführen können.

Übung

Rollenspiel in 3er-Gruppen: Beraterin – Klient – Beobachterin. Je
nach Atmosphäre und Vertrauen in der 3er-Gruppe kann entweder
ein persönliches Problem genommen werden oder es wird vom
„Klienten" eine der auf S. 166 dargestellten Fallschilderungen ganz
„durchgespielt". Sicher läßt sich bei einem Gespräch noch keine
„Lösung" erarbeiten, doch sollen Sie sich darin üben, auch bei einem einmaligen Kontakt eine Beziehung zum Klienten herzustellen, ihn zu einer Problemlösung zu motivieren und – je nach
Problem und Verlauf des Gesprächs – evtl. auch Anregungen für
eine Problemlösung zu erarbeiten.

Lernkontrolle

Diskussion des aufgezeichneten Gesprächs anhand der Kriterien zur
klientenzentrierten Grundhaltung, zu den differentiellen Interventionen
und zu den einzelnen Elementen der Gesprächssituation.

7 Lernzielorientierter Test
zu den theoretischen Lernabschnitten

Aufgabe 1

Ordnen Sie die folgenden zehn Aussagen von Klienten über das Verhalten ihrer Therapeutin (Barrett-Lennard 1962, vgl. Tausch 1973) jeweils der entsprechenden Ausprägung an positiver Wertschätzung zu.

A. Hohe Ausprägung: _____

B. Niedrige Ausprägung: _____

Aussagen:

1. Sie (die Beraterin/Therapeutin) achtet mich als Person.
2. Sie toleriert mich gerade so.
3. Ihre Gefühle zu mir hängen nicht davon ab, wie ich ihr gegenüber empfinde.
4. Ich glaube nicht, daß irgend etwas, was ich sage oder tue, wirklich die Art ändert, wie sie mir gegenüber empfindet.
5. Ihr Interesse an mir wechselt, je nachdem, was ich sage oder tue.
6. Sie möchte, daß ich eine bestimmte Art von Persönlichkeit bin.
7. Sie ist besorgt um mich.
8. Was andere Leute von mir denken, beeinflußt ihre Gefühle mir gegenüber (oder würde es beeinflussen, wenn sie es wüßte).
9. Ich kann oder könnte ihr offen Kritik oder Wertschätzung entgegenbringen, ohne dadurch ihre Gefühle zu mir wirklich zu ändern.
10. Sie ist ehrlich an mir interessiert.

Aufgabe 2

Kreuzen Sie diejenige(n) Aussage(n) (A – E) an, die zutreffend be-schreibt/beschreiben, was den bisherigen Annahmen zufolge durch die Einstellung „Echtheit" bewirkt wird.

- ☐ A Der Klient wird offener über sich und seine gefühlsmäßigen Erlebnisse sprechen.
- ☐ B Der Klient wird viel reden.
- ☐ C Der Klient wird weniger Pausen machen.
- ☐ D Der Klient wird angeregt, auch in seinem Verhalten offener und echter zu sein.
- ☐ E Der Klient wendet sich vermehrt Gesprächsinhalten zu, die Leute aus seinem Bekanntenkreis betreffen.

Aufgabe 3

Bitte kreuzen Sie die zutreffende(n) Alternative(n) (A – C) an. Das Merkmal „Einfühlendes Verstehen" wurde operationalisiert durch:

- ☐ A ein Gesprächstherapieprotokoll von Rogers,
- ☐ B Merkmalsskalen, z. B. von Truax und Carkhuff,
- ☐ C Merkmalsskalen, z. B. von Skinner und Ellis.

Aufgabe 4

Ordnen Sie die folgenden zehn Aussagen (Barrett-Lennard 1962) den entsprechenden Ausprägungen an „Einfühlendem Verstehen" zu.

A. Hohe Ausprägung: _____

B. Niedrige Ausprägung: _____

Aussagen:

1. Sie (die Beraterin/Therapeutin) weiß fast immer ziemlich ge-nau, was ich meine.
2. Sie versteht oft, was ich meine, auch wenn ich Schwierigkeiten habe, es auszudrücken.

3. Sie mag zwar meine Worte verstehen, aber sie versteht nicht die Art und Weise, wie ich fühle.
4. Manchmal denkt sie, daß ich auf bestimmte Art und Weise fühle, weil das ihre Art zu fühlen ist.
5. Vieles von dem, was ich denke und fühle, bemerkt sie nicht.
6. Sie erfaßt ganz genau, was die Dinge, die ich erlebte, für mich bedeuten.
7. Sie versteht mich.
8. Sie sucht zu verstehen, wie ich die Dinge sehe.
9. Ihre eigenen Einstellungen zu einigen Dingen, die ich sage oder tue, hindern sie, mich zu verstehen.
10. Wenn ich gefühlsmäßig betroffen bin oder erregt und verwirrt, so kann sie meine Gefühle genau erkennen, ohne selbst aus dem Gleichgewicht zu geraten.

Aufgabe 5

Klient: (22jähriger Mann)
„Es ist irgendwie so, daß ich, ähm, nicht alleine sein kann, ich muß jemanden haben, und das ist meine Freundin."
Bitte kreuzen Sie die nichtadäquaten Äußerungen an:

Beraterin:

☐ *Erwiderung A:* Sie sollten versuchen, etwas selbständiger zu werden.
☐ *Erwiderung B:* Furchtbar viele Leute leben allein und werden auch damit fertig.
☐ *Erwiderung C:* Sie fühlen sich irgendwie auf sie angewiesen, daß Sie ohne sie eben sehr hilflos wären.
☐ *Erwiderung D:* Ohne sie kommen Sie sich ganz verlassen vor.
☐ *Erwiderung E:* Sie brauchen jemanden um sich herum, auch wenn Sie den Betreffenden gar nicht lieben.

Aufgabe 6

Bitte ordnen Sie die folgenden Berateräußerungen (1–4) verschiedenen Begriffen (a–f), die jeweils eine nichtadäquate Äußerung kennzeichnen, zu, indem Sie hinter den Begriff jeweils die Nummer der entsprechenden Berateräußerung eintragen.

Klient: (16jähriger Junge)
„Ich weiß nicht, ich finde die anderen aus meiner Klasse einfach alle doof."

Beraterin:
1. Erwiderung: Bemüh Dich doch um etwas Kontakt, dann wirst Du schon sehen, daß die anderen recht nett sind.
2. Erwiderung: Ach, das ist doch nicht so schlimm, das erscheint Dir nur im Moment so.
3. Erwiderung: Das liegt daran, daß Du voller Hemmungen steckst und Dich daher nicht an die anderen ranwagst.
4. Erwiderung: Hast du mit irgendwem Krach gehabt? Hat es eine Prügelei gegeben?

Hinter den betreffenden Begriff jeweils die Antwortnummer eintragen:

a) Bagatellisieren _____   e) Dirigieren _____
b) Sich identifizieren _____   f) Moralisieren _____
c) Diagnostizieren _____
d) Examinieren _____

Aufgabe 7

Kreuzen Sie diejenige Aussage (A–D) an, die das Focusing-Konzept zutreffend beschreibt:

Mit „Focusing" wird in erster Linie bezeichnet,

☐ A was während des Gesprächs im Klienten gefühlsmäßig abläuft, d. h. in welchem Ausmaß er in seinen Äußerungen eine Bezugnahme auf sein aktuelles Erleben zeigt:
☐ B alles, was der Klient der Therapeutin erzählt;
☐ C ob der Klient über seine emotionalen Erlebnisse spricht, weniger wie, d. h. mit welcher emotionalen Beteiligung er davon spricht;
☐ D inwieweit der Klient über Personen und/oder Sachen spricht, die zu ihm in einer Beziehung stehen.

Aufgabe 8

Bitte kreuzen Sie diejenige(n) Aussage(n) (A–E) an, die eine wesentliche These von Rogers' Persönlichkeitstheorie beinhaltet (beinhalten):

☐ A Das Selbstkonzept, das ein Mensch von sich hat, beeinflußt dessen Wahrnehmung.

☐ B Jedes Individuum kann die Realität objektiv wahrnehmen.

☐ C Der Mensch ist von Natur aus gut mit einem angeborenen Streben nach Selbstverwirklichung.

☐ D Es gibt ein angeborenes, sog. organismisches Wertsystem.

☐ E Erfahrungen werden verfälscht aufgenommen oder verleugnet, wenn sie mit dem Selbstkonzept nicht in Einklang zu bringen sind.

Aufgabe 9

Bitte kreuzen Sie diejenige(n) Aussage(n) (A–D) an, die zutreffend beschreibt/beschreiben, wie nach Rogers Angst- und Verteidigungshaltungen abgebaut werden können:

☐ A Das Selbstkonzept muß flexibler werden, so daß es alle auftretenden Erfahrungen integrieren kann.

☐ B Durch Manipulation des Verhaltens werden unerwünschte Verhaltensweisen abgebaut.

☐ C Das Individuum muß eine Beziehung finden, in der es keine Angst- und Verteidigungshaltungen aufbauen muß.

☐ D Durch nochmaliges Durcharbeiten der Kindheitsphasen werden die Störungen abgebaut.

Aufgabe 10

Kreuzen Sie die Aussage(n) (A–D) an, die zutreffend beschreibt/beschreiben, was bei einem deutlichen und konkreten Verbalisieren zu beachten ist:

☐ A Es werden eher kürzere Sätze als längere formuliert.

☐ B Es werden Substantive den Adjektiven, Adverben oder Verben vorgezogen.

☐ C Es werden kurze, einfache, häufig gebrauchte Worte verwendet.

☐ D Es werden Fremdwörter und Fachtermini vermieden.

Aufgabe 11

Nennen Sie die im Text genannten Möglichkeiten,
Stellung zu beziehen:

1. .... 4. ....
2. .... 5. ....
3. ....

Aufgabe 12

Bitte kreuzen Sie diejenige Aussage (A–C) an, die zutreffend beschreibt, mit welchen Basisbegriffen das Persönlichkeitskonzept
der Klientenzentrierten Psychotherapie das Zustandekommen abweichenden Verhaltens erklärt:

☐ A Die psychische Entwicklung ist eine psychosexuelle Entwicklung in strenger Abfolge; Störungen treten dann auf, wenn
eine Entwicklungsphase nur unvollständig verarbeitet wird
und man so auf sie fixiert bleibt.

☐ B Manche Verhaltensweisen werden „falsch gelernt" (= unerwünschte Verhaltensweisen), andere werden „gar nicht gelernt" (= Verhaltensdefizite).

☐ C Erfahrungen (Reize), die mit dem individuellen Selbstkonzept (dem Bild, das ein Individuum von sich selbst hat) nicht in
Einklang zu bringen sind, werden entweder verfälscht (verzerrt) aufgenommen oder verleugnet.

Aufgabe 13

Kreuzen Sie die Aussage(n) (A–C) an, die zutreffend be-
schreibt/beschreiben, wann die Klientenzentrierte Gesprächsführung in einer Beratungssituation vermutlich erfolgversprechend
angewandt werden kann:

☐ A Die Konflikte sind primär durch falsche oder fehlende Informationen bedingt.

☐ B Die jeweiligen Konflikte, Probleme und Entscheidungsschwierigkeiten werden in erster Linie durch eine inadäquate

Erlebnisverarbeitung oder sonstige emotionale Beeinträchtigung verursacht oder zumindest zum großen Teil mitbedingt.

☐ C Die jeweiligen Probleme liegen primär in einer speziellen Umweltkonstellation.

Aufgabe 14

Kreuzen Sie die zutreffende(n) Aussage(n) (A–E) an:

Die Beraterin sollte

☐ A auftretende Gesprächspausen immer sofort unterbrechen, da der Klient sonst unruhig wird;

☐ B wenn sie zu Beginn eines Gesprächs Fragen stellt, möglichst offene Fragen verwenden, die dem Klienten einen Antwortspielraum lassen;

☐ C Fragen des Klienten immer sofort und möglichst ehrlich beantworten;

☐ D zu Beginn eines Gesprächs auf das momentane Empfinden des Klienten achten;

☐ E Fragen des Klienten prinzipiell immer zurückgeben, so daß der Klient lernt, daß er mit seinen Schwierigkeiten selbst fertig werden muß.

Lösungen siehe Seite 261 f.

Bewertung: Wenn Sie das Lernprogramm gründlich durchgearbeitet haben, müßten Sie mindestens 12 der 14 Aufgaben richtig gelöst haben. Haben Sie weniger als 12 Aufgaben richtig beantwortet, so sollten Sie die entsprechenden Themen nacharbeiten.

8 Erfahrungsberichte aus der psychosozialen Praxis

Einleitung

Die theoretischen Ausführungen zur Anwendung der Klientenzentrierten Gesprächsführung sollen im folgenden durch konkrete Erfahrungsberichte ergänzt werden, die exemplarisch aufzeigen, *wo, wie, in welcher Form und innerhalb welcher Grenzen* die Klientenzentrierte Gesprächsführung in der psychosozialen Praxis angewandt werden kann. Es wurde dabei bewußt auf kommentierende, weiterführende oder zusammenfassende Bemerkungen verzichtet: die Betroffenen sollen für sich selber sprechen.

Als erstes folgen die Ergebnisse einer Umfrage bei Sozialarbeitern und Sozialpädagogen zur Ausbildung und Anwendung der Klientenzentrierten Gesprächsführung. Bei den befragten Sozialarbeitern/Sozialpädagogen handelt es sich um die fünf Mitglieder einer Supervisionsgruppe, die vor einigen Jahren an einer Ausbildung in Klientenzentrierter Gesprächsführung teilnahmen und sich seitdem zur gegenseitigen Supervision treffen. Es wurde diese Supervisionsgruppe ausgewählt, weil ihre Mitglieder vorwiegend bei Behörden – in diesem Falle beim Gesundheitsamt und Jugendamt – arbeiten und gerade in diesem eher *normativen Bereich* der Sozialarbeit die Anwendung der Klientenzentrierten Gesprächsführung auf mehr Hindernisse stößt, als dies zum Beispiel in vermehrt sozial-therapeutischen Aufgabengebieten der Fall ist. Es sollte daher gerade in diesem institutionellen Rahmen realistisch über die Möglichkeiten und Grenzen einer Anwendung der Klientenzentrierten Gesprächsführung informiert werden.

Alle Antworten wurden ungekürzt und wörtlich abgedruckt, der besseren Übersicht wegen wurden die dazugehörigen Fragen bei jedem Erfahrungsbericht wiederholt.

An diese Umfrage schließt sich eine konkrete Falldarstellung an, die eine Klientenzentrierte Gesprächsführung im Behördenalltag –

in diesem Fall handelt es sich um ein Gesundheitsamt – veranschaulichen soll.

In dem darauffolgenden Fallbeispiel aus der Arbeit des Allgemeinen Sozialdienstes geht es speziell darum, wie sich der Auftrag der Behörde, den Klienten betreffend eine konkrete Stellungnahme abzugeben, mit einer Klientenzentrierten Gesprächsführung vereinbaren läßt.

Der anschließende Artikel „Über Gewalt sprechen" sowie die vorangestellten Erläuterungen zu der Konzeption moderner Kinderschutzarbeit machen deutlich, welchen Stellenwert die wesentlichen Elemente des klientenzentrierten Ansatzes – der Glaube an die grundsätzliche Fähigkeit des Menschen zu wachsen, sich positiv zu entwickeln wie das Bemühen der Helfer um Echtheit, Wertschätzung und Verstehen – in der Kinderschutzarbeit haben.

Daran schließt sich eine Falldarstellung aus der schulpsychologischen Praxis an, die eine Klientenzentrierte bzw. Personenzentrierte Gesprächsführung als das entscheidende Instrumentarium für eine effektive Beratungsarbeit in der Schule vorstellt.

Zum Abschluß folgt ein Bericht über die Bedeutung der Klientenzentrierten Gesprächsführung bei der Betreuung an Multipler Sklerose erkrankter Menschen.

8.1 Ergebnisse einer Umfrage zur Anwendung der Klientenzentrierten Gesprächsführung

Erfahrungsbericht I

1. Frage: Art der Institution und Aufgabenbereich?

Antwort: Staatliches Gesundheitsamt.

Aufgabengebiet: Beratung und Betreuung von körperlich, seelisch oder geistig Kranken oder Behinderten, sowie deren Angehörigen innerhalb eines kleinen Stadtbezirkes mit ca. 8000 Einwohnern. Daneben „Koordinierungsstelle Suchtkrankenhilfe", d. h. Anlaufstelle für an dem Thema interessierte Personen und Institutionen aus dem Stadtgebiet und Landkreis, in erster Linie aber Anlaufstelle für Rauschmittel-, Medikamenten- und Alkoholabhängige, Suchtgefährdete und Angehörige; daneben Kollegenberatung auf dem Gebiet der Suchtkrankenhilfe (Einzel- und Familiengespräche – keine Gruppenarbeit).

2. Frage: Was hat Ihnen die Ausbildung in Klientenzentrierter Gesprächsführung gebracht?

Antwort:
- Eine bereits früher von mir oft unbewußt geübte Art Gespräche zu führen wurde durch die Ausbildung in der Klientenzentrierten Gesprächsführung „kultiviert", d. h. ich habe gelernt, diese Art der Gesprächsführung methodisch anzuwenden.
- Ein befriedigendes Gefühl, dem Klienten einen relativ breiten Freiraum für seine eigenen Entscheidungen zu lassen.
- Weniger Belastung mit ständigem Sich-verantwortlich-Fühlen für alles was ein Klient tut.
- Weniger Angst vor unangenehmen Erstkontakten (z. B. bei als gewalttätig verschrieenen Klienten).
- Durch diese Ausbildung lernte ich auch mit negativen Gefühlsausbrüchen zu „arbeiten".
- Ich kann auch Problemlösungen des Klienten akzeptieren, die im Gegensatz zu den Interessen meiner Dienststelle sind.
- Aneignung des völligen „Offenseins" als Haltung, nicht als Technik.
- Die Aus- und Fortbildung hat bewirkt, daß ich weniger Probleme habe – beobachtete oder eigene – Gefühle in Worte zu fassen.

3. Frage: Welche Möglichkeiten sehen Sie für die Anwendung der Klientenzentrierten Gesprächsführung
a) im Rahmen der Sozialarbeit allgemein und
b) im Rahmen Ihrer momentanen Tätigkeit?

Antwort:
a): Meines Erachtens in allen Bereichen der Sozialarbeit wenigstens ansatzweise anwendbar.
Anwendungsmöglichkeiten hängen sehr stark von der Person ab, die die klientenzentrierten Gespräche führt.
Meiner Ansicht nach sehr geeignet für therapeutische Einrichtungen, auch für Beratungsstellen freier Träger.
Für Sozialarbeit an Behörden würde sich die Klientenzentrierte Gesprächsführung neben anderen Methoden ebenso eignen. Diese Einsicht hat sich meines Wissens aber noch nicht durchgesetzt.

b):
- besonders häufig Hilfe für Gespräche mit Kollegen (da sich hinter ratsuchenden Kollegen oft eigene Probleme, Vorurteile etc. verbergen);

- Beratung von Angehörigen Suchtkranker, weniger für Suchtkranke selbst;
- Klientenzentrierte Gesprächsführung streng methodisch, d. h. zeitlich begrenzt auf ¾ Stunde über festgelegten Zeitraum hinweg ist in meiner Arbeit derzeit die Ausnahme;
- Möglichkeit, fast alle Beratungsgespräche klientenzentriert zu führen, allerdings Abtrennung des reinen Informationsteiles.

4. Frage: Welche Schwierigkeiten/Grenzen ergeben sich Ihrer Meinung nach bei der Anwendung der Klientenzentrierten Gesprächsführung?

Antwort: Meines Erachtens werden Kollegen durch die Anwendung von etwas Neuem verunsichert. Sie reagierten in meinem Fall z. B. auf das Aufstellen eines betriebsbereiten Tonbandes mißtrauisch, teilweise feindselig. Die Frage, ob „man das darf", wurde an den Amtsleiter gestellt.
Zur eigenen anfänglichen Unsicherheit der Methode gegenüber kam der Druck von außen, so daß mein anfänglicher Enthusiasmus etwas verebbte. Z. B. kam vom Vorgesetzten der Hin*weis*, daß an Gesundheits*ämtern* jegliches „Therapieren" verboten sei, daß das Tonband klientenfeindlich sei, daß keine geeignete Möglichkeit für das Aufbewahren von Kassetten bestehe, daß in X. ein Sozialarbeiter wegen „Therapierens" von einer Behörde entlassen werden mußte und ähnliches. Außerdem wurde von mir gefordert, über die einzelnen klientenzentrierten Gespräche detaillierte Berichte „für die Akten" anzufertigen. Dies lehnte ich im Interesse meiner Klienten ab, da diese Akten für alle Bediensteten des Gesundheitsamtes zugänglich sind und außerdem 30 Jahre lang aufbewahrt werden.
Inzwischen arbeite ich nach dem Konzept der Klientenzentrierten Gesprächsführung – allerdings ohne das Tonbandgerät. Dies wird toleriert, nicht aber akzeptiert. Zahlenmäßig habe ich weit weniger Klienten als meine Kollegen, was für den Arbeitgeber ein Indiz für „ineffektive Arbeit" ist.
Zu den vorgenannten Schwierigkeiten kommen noch zeitlicher Druck, wenn der nächste angemeldete Klient vor der Tür wartet, das Telefon klingelt, Kollegen an der Türe klopfen und unaufgefordert hereinkommen (= ein anscheinend nicht ausrottbares Vorrecht von „Kollegen"). Weitere Probleme sind die (teilweise negativen) Erwartungen der Klienten einer Behörde gegenüber. Zumindest am Anfang zeigen sie sich häufig verwirrt und mißtrau-

isch, da sie ganz andere Vorstellungen von der Arbeitsweise einer Behörde haben (ihre Vorerfahrungen haben die Klienten teilweise auf Finanzämtern oder – gerade bei Alkoholkranken – auf Ordnungsämtern gesammelt und übertragen diese auch auf das Gesundheitsamt).

Für mich persönlich ist es von großer Bedeutung, daß ich inzwischen Stützung in einer Gruppe jüngerer, gleichgesinnter Kollegen gefunden habe. Hier werde ich immer wieder bestärkt weiterzumachen. Ohne „Verbündete" hätte ich schon kapituliert.

5. *Frage:* Falls möglich, schildern Sie kurz einen Fall, bei dem Sie explizit oder vorwiegend klientenzentriert gearbeitet haben.

Antwort: Eine Woche vor Weihnachten erhielt ich die Mitteilung, daß sich ein junger Mann das Leben nehmen wolle. Die Anruferin, die unbedingt anonym bleiben wollte, hat den jungen Mann bei einem Wochenendseminar „Familientherapie" kennengelernt. Bereits damals, vor mehreren Wochen, habe er geäußert, er sehe keinen Sinn mehr in seinem Leben. Nun habe sie ihn wiedergetroffen und er habe ihr die Abschiedsbriefe gezeigt. Sie selbst könne keine Verantwortung für den jungen Mann übernehmen. Überraschenderweise nahm H. B. den Vorschlag an, über seine Probleme mit einer Sozialarbeiterin des Gesundheitsamtes zu sprechen.

Er sei 20 Jahre, habe eine Zeit ein Mädchen beherbergt, das aus einem Erziehungsheim ausgerissen war und sich in sie verliebt. Nach ihrer Rückkehr ins Erziehungsheim wolle das Mädchen nichts mehr von ihm wissen. Dies habe ihm den „Rest gegeben". Er sei ohnehin arbeitslos, habe den Anspruch auf Arbeitslosenhilfe aus eigenem Verschulden verwirkt, sei nicht krankenversichert und mit der Miete nun 3 Monate im Rückstand. Diese Dinge seien ihm aber „wurscht". Wenn er tot sei, werde das schon irgendwer regeln.

Im Gespräch stellt sich heraus, daß H. B. bereits zwei Selbsttötungsversuche hinter sich hat. Dies bezeichnet er als Appelle an seine Mitmenschen. Diese „Appelle" hätten jeweils nur kurze Wirkung gehabt. Jetzt mache er endgültig „Schluß".

Gemeinsam wird festgestellt, daß sein augenblickliches Verhalten wieder ein starker Appell an seine Umwelt sei. Da H. B. über Weihnachten nicht alleine in seinem Zimmer bleiben, aber auch nicht zu seinen Eltern will, läßt er sich zur Diagnostik auf die psychiatrische Station eines Allgemeinen Krankenhauses einweisen. Er wird Anfang Januar als ein „nicht mehr behandlungsbedürftiger Grenzfall" in die ambulante Betreuung einer caritativen Beratungsstelle entlassen; nach einem einmaligen Besuch lehnt er jedoch weiteren Kontakt zu dieser Institution ab. Quasi gezwungenermaßen werden mit dem Klienten klientenzentrierte Gespräche vereinbart. Nach 19 regelmäßig einmal wöchentlich durchgeführten Gesprächen ist H. B. fähig, sich mit der Realität auseinanderzusetzen, er nimmt eine selbst ausgesuchte Stellung als Bäcker in N. N. an, mit Wohnrecht beim Arbeitgeber (er will einen „Halt" haben). Vorher regelt er seine „verfahrenen Angelegenheiten" aus eigenem Antrieb, so konnte er beispielsweise seine Schulden durch tageweise Arbeit (seine eigene Idee) abbezahlen. Auch seine gestörte Beziehung zu seinen Mitmenschen, insbesondere zu Frauen, versucht H. B. aktiv zu ändern.

Erfahrungsbericht II

1. Frage: Art der Institution und Aufgabenbereich.

Antwort: Diagnosezentrum für verhaltensauffällige Kinder.

Aufgabenbereich: Gruppenleiter in einer der drei Gruppen von je 6 Kindern, die stationär aufgenommen worden sind (Wecken, Mahlzeiten, Schulaufgaben, Freizeitgestaltung etc.).
Therapeutische Ansätze: Verstärkerprogramme, Gespräche, time-out Verfahren, Rollenspiele etc.
Elternarbeit: ca. 2 Elternpaare je einmal wöchentlich ca. 1½ Stunden.

2. Frage: Was hat Ihnen die Ausbildung in Klientenzentrierter Gesprächsführung gebracht?

Antwort: Verstärkte Einsicht in den Grundsatz „Hilfe zur Selbsthilfe" oder „Anfangen dort, wo der Klient steht" und den Mut dazu, dies auch zu tun.

3. Frage: Welche Möglichkeiten sehen Sie für die Anwendung der Klientenzentrierten Gesprächsführung
a) im Rahmen der Sozialarbeit allgemein und
b) im Rahmen Ihrer momentanen Tätigkeit?

Antwort:
a): Anwendbar fast überall. Das positive Menschenbild beeinflußt alle Kontakte grundlegend.

b): In der Elternarbeit, auch bei Einzelgesprächen, in der Gruppe, in der Praxisanleitung.

4. Frage: Welche Schwierigkeiten/Grenzen ergeben sich Ihrer Meinung nach bei der Anwendung der Klientenzentrierten Gesprächsführung?

Antwort: Grenzen ergeben sich wohl bei einer Behinderung der Sprache oder der Ausdrucksfähigkeit (Lern-, Geistigbehinderte). Ich persönlich habe Schwierigkeiten bei Ehepaaren klientenzentriert zu arbeiten. Es passiert mir, daß ich zu stark auf einen eingehe und zu spät zum Partner wechsle: Übungssache (?)

5. Frage: Falls möglich, schildern Sie kurz einen Fall, bei dem Sie explizit oder vorwiegend klientenzentriert gearbeitet haben.

Antwort: Ich kann keinen Fall schildern, aber einige Beobachtungen. Ich merke, daß ich sogar bei sehr verstockten und in-sich-gekehrten Kindern schnell Eingang finde, wenn ich klientenzentriert auf eine kleine Äußerung von ihnen reagiere. Ich spüre, wie schnell vor allem Aggressivität nachläßt, wenn ich etwas einfühlend und verstehend darauf reagiere. Das ist wohl für mich im Augenblick das wichtigste. Die Kinder verändern sofort ihre Mimik, hören teilweise auch auf zu schlagen und beginnen ein Gespräch oder suchen einfach meine Nähe.

PS: Ich habe den Fragebogen beantwortet, aber das, was ich bei der neuen Art, mit anderen umzugehen, gelernt habe, läßt sich nicht festhalten.

Erfahrungsbericht III

1. Frage: Art der Institution und Aufgabenbereich?

Antwort: Gesundheitsamt.

Aufgabenbereich: Behindertenhilfe, Tuberkulosenhilfe, Beratung von Eltern mit Säuglingen und Kleinkindern, Beratung gemäß § 218.

2. Frage: Was hat Ihnen die Ausbildung in Klientenzentrierter Gesprächsführung gebracht?

Antwort: Durch die Ausbildung in Klientenzentrierter Gesprächsführung habe ich gelernt:

- mehr auf den Klienten einzugehen;
- mehr zuzuhören;
- dort zu beginnen, wo der Klient steht;
- nicht für den Klienten zu handeln;
- den Klienten anzunehmen, so wie er ist;
- ich habe mehr Selbstsicherheit erhalten;
- nicht mehr soviel Angst vor dem Erstkontakt;
- gedanklich schweife ich nicht mehr so oft ab, auch wenn es nicht so interessiert;
- die Unsicherheit den Kollegen gegenüber ist nicht mehr so stark;
- meine Erwartungen den Klienten gegenüber zurückzustecken;
- Vorschläge des Klienten anzunehmen, auch wenn sie meinen Vorstellungen nicht entsprechen.

3. Frage: Welche Möglichkeiten sehen Sie für die Anwendung der Klientenzentrierten Gesprächsführung
a) im Rahmen der Sozialarbeit allgemein und
b) im Rahmen Ihrer momentanen Tätigkeit?

Antwort:
a): Die klientenzentrierten Gesprächsmöglichkeiten sind für mich nicht besonders. Hinter jedem Gespräch bzw. jeder Beratung ist die Zeit knapp.

b): In Einzelfällen versuche ich die Klientenzentrierte Gesprächsführung durchzuführen.

4. Frage: Welche Schwierigkeiten/Grenzen ergeben sich Ihrer Meinung nach bei der Anwendung der Klientenzentrierten Gesprächsführung?

Antwort:
- Den Klienten nicht aussuchen können;
- kein eigenes Zimmer, wird z. Z. geteilt mit einer Kollegin;
- Klient zu einem Gespräch nicht bereit;
- beschäftigt mit Ausfüllen von Formularen;
- Einwohnerzahl der sozialen Arbeit nach zuviel;
- Klienten kommen aus dem Landkreis, haben oft keine Fahrtmöglichkeiten;
- fehlende Einsicht der Klienten;
- ist mit großem Zeitaufwand verbunden;
- finanzieller Aufwand sehr groß.

5. Frage: Falls möglich, schildern Sie kurz einen Fall, bei dem Sie explizit oder vorwiegend klientenzentriert gearbeitet haben.

Antwort: /...

Erfahrungsbericht IV

1. Frage: Art der Institution und Aufgabenbereich?

Antwort: Stadtjugendamt.
Aufgabenbereich: Werbung von Pflegestellen, Vermittlung von Pflegeplätzen, Betreuung von Pflegeplätzen.
Verwaltungsakte: Pflegeerlaubnis, Prüfung von Adoptionsbewerbern, Betreuung von Adoptionspflegern, Stellungnahmen für's Gericht.

2. Frage: Was hat Ihnen die Ausbildung in Klientenzentrierter Gesprächsführung gebracht?

Antwort:
– Größere Sicherheit im Hinblick auf die Klienten;
– Deren Gefühle aushalten können (Ärger, Wut, Verzweiflung);
– besserer Abbau von Vorurteilen bzw. „Vorgefühlen", die mir und meiner Arbeit gegenüber herrschen.

3. Frage: Welche Möglichkeiten sehen Sie für die Anwendung der Klientenzentrierten Gesprächsführung
a) im Rahmen der Sozialarbeit allgemein und
b) im Rahmen Ihrer momentanen Tätigkeit?

Antwort:
a): In geringerem Rahmen bei allgemeinen Gesprächen, die häufig eine einmalige Kontaktaufnahme bedeuten und sich ganz eng auf einen sachlichen Hintergrund beziehen (Pflegegeld).
Stärker anwendbar bei Beziehungen, bei denen man sich häufiger trifft und mehr Zeit für den Klienten aufbringen kann (in Form von Therapie).

b): Sehr nützlich im Gespräch mit Kindesmüttern, die ihr Kind zur Adoption freigeben wollen; Bearbeitung deren Ängste und Gefühle; genauso bei der „Prüfung" von Adoptions- oder Pflegestellenbewerbern (Motivation!).
In der Beratung von Pflegestellen, z. B. bei aufgetretenen Proble-

men. Dies wäre auch in einer Pflegeelterngruppe sehr gut denkbar (Unsicherheit der Gruppe gegenüber, Unterstützung von schwächeren Gruppenmitgliedern).

4. Frage: Welche Schwierigkeiten/Grenzen ergeben sich Ihrer Meinung nach bei der Anwendung der Klientenzentrierten Gesprächsführung?

Antwort: In meinem Arbeitsgebiet kommen die Menschen häufig, die etwas Bestimmtes wollen – wir müssen dies dann ablehnen oder bewilligen – es ist dabei wenig Platz, auf Gründe von Verhaltensweisen oder Gefühle einzugehen; zu sachlicher Gesprächsstoff. Durch die arbeitsaufwendige Klientenzentrierte Gesprächsführung und die entgegenstehende allgemeine Arbeitsbelastung ist es nicht möglich, die Klientenzentrierte Gesprächsführung therapeutisch anzuwenden.

5. Frage: Falls möglich, schildern Sie kurz einen Fall, bei dem Sie explizit oder vorwiegend klientenzentriert gearbeitet haben.

Antwort: Der Fall war die Adoption eines 17jährigen Jungen durch den zweiten Mann der Kindsmutter. Das Ehepaar mußte vorher schlechte Erfahrungen bezüglich der Hilfe durch das Jugendamt – dem Vormund – gemacht haben. Mein erster Wunsch nach Kontaktaufnahme stieß auf totale Ablehnung, wüstes Geschimpfe. Erst als die vergangenen Situationen in einem gemeinsamen Gespräch noch einmal nachvollzogen und die damals aufgetretenen Gefühle, so wie die augenblicklichen Gefühle erlebt und ausgesprochen wurden, war eine Weiterarbeit möglich. Dabei war es für die Eltern sehr wichtig, daß ich sie in ihrer Empörung akzeptierte und nicht „bestrafte".

Erfahrungsbericht V

1. Frage: Art der Institution und Aufgabenbereich?

Antwort: Staatliches Gesundheitsamt.
Aufgabenbereich: Beratung und Betreuung von Behinderten, Erkrankten und Gefährdeten sowie deren Angehöriger. Die Bearbeitung der Fälle ist nach der Dringlichkeit der Fälle gegliedert. Vorrangig sind Fälle bei Gefährdung der Öffentlichkeit oder Selbstgefährdung. An zweiter Stelle müssen Fälle nach dem Verwah-

rungsgesetz bzw. Vormundschaftsgesetz behandelt werden, so daß Beratung und Betreuung der Klienten erst an letzter Stelle stehen. Ich betreue einen Personenkreis aus dem Stadtgebiet mit ca. 2000 Einwohnern und einen Landkreisbezirk mit ca. 15000 Einwohnern. Zudem bin ich als Koordinator für Fragen in der Tuberkulosefürsorge des gesamten Stadt- und Landkreisbezirkes eingesetzt.

2. Frage: Was hat Ihnen die Ausbildung in der Klientenzentrierten Gesprächsführung gebracht?

Antwort: Ich habe durch die Ausbildung und Fortbildung gelernt, mit eigenen Gefühlen gegenüber dem Klienten besser umzugehen. Es gelang mir dadurch, dem Klienten besser zuhören zu können und ihm dadurch meine echte Anteilnahme und Wertschätzung zu zeigen. Durch diese Methode der Gesprächsführung habe ich gelernt, dem Klienten keine Ratschläge mehr zu erteilen und ihn so zu akzeptieren wie er ist, und nicht wie ich ihn gerne haben möchte. Das bewirkt wiederum, daß sowohl die oft sehr hohen Erwartungshaltungen des Klienten, als auch die eigenen Erwartungshaltungen eher auf der Ebene der Realität anzufassen sind. Die mehrmaligen Fortbildungen nahmen mir immer mehr die vorher verspürte Unsicherheit vor Erstkontakten bei problematischen Fällen. Auch die Ängste verloren sich, daß sich der Klient materiellen oder persönlichen Schaden zufügen könnte, wenn er sich anders verhält, als man es im Normalfall erwarten müsse.

3. Frage: Welche Möglichkeiten sehen Sie für die Anwendung der Klientenzentrierten Gesprächsführung
a) im Rahmen der Sozialarbeit allgemein und
b) im Rahmen Ihrer momentanen Tätigkeit?

Antwort:
a): Die Klientenzentrierte Gesprächsführung bietet sich in der Sozialarbeit an, da sie fast überall und mit fast allen Klienten praktiziert werden kann. Sie hat gegenüber anderen psychotherapeutischen Maßnahmen den Vorteil, daß sie nicht sehr aufwendig ist, wie beispielsweise die Psychoanalyse. Sie kann bei allen Klienten angewandt werden, die geistig und psychisch in der Lage sind auch sonst an intensiven Gesprächen teilzunehmen. Gerade für therapeutische Einrichtungen dürfte diese Methode erleichternd für die Einzelfallhilfe- und Gruppenarbeit sein. Leider sind meine Erfahrungen hier sehr gering, da ich bisher, außer im Praktikum, noch in keiner solchen Einrichtung gearbeitet habe und am eigenen Ar-

beitsplatz bislang keine Möglichkeit der Gruppenarbeit gegeben war.

b): Im Rahmen meiner momentanen Tätigkeit besteht die Möglichkeit der Anwendung der Klientenzentrierten Gesprächsführung in nur sehr beschränktem Maße, da die Klienten meistens nach einmaliger Betreuung und Beratung nicht mehr erscheinen. Der Klient erwartet hier in der Regel sofortige Hilfe in finanzieller oder verwaltungstechnischer Hinsicht. Zudem ist es mir nicht möglich, die Klientenzahl zu bestimmen, so daß die Klientenzentrierte Gesprächsführung (GF) nur im ausgewählten Einzelfall konsequent angewandt werden kann.

Bisher konnte aber in den überwiegenden Fällen mit Hilfe der klientenzentrierten GF das Gespräch beim Erstkontakt besser geführt werden. Die gezeigte Wertschätzung gegenüber dem Klienten verunsicherte ihn oft, da er es nicht gewohnt ist, daß man bei Behörden auf seine Gefühle eingeht. Diese anfänglich oft zu bemerkende Unsicherheit verliert sich aber meistens recht bald, so daß sich in vielen Fällen das Gespräch, angelehnt an die Klientenzentrierte Gesprächsführung, auf die Schaffung einer guten Vertrauensbasis auswirkt.

4. Frage: Welche Schwierigkeiten/Grenzen ergeben sich Ihrer Meinung nach bei der Anwendung der Klientenzentrierten Gesprächsführung?

Antwort: Da es sich bei der Klientenzentrierten Gesprächsführung um eine verhältnismäßig neue Methode handelt, stehen ihr viele ältere Kolleginnen und Kollegen sehr skeptisch, wenn nicht gar ablehnend gegenüber. Auch von seiten des Arbeitgebers wird in Hinsicht auf die Ausbildung und Fortbildung zu dieser Methode nicht genügend getan, weder bei der Finanzierung der Ausbildung, noch durch Höhergruppierungen der Absolventen dieser Ausbildung. Es bestehen Schwierigkeiten bei der Beschaffung von Tonbandgeräten, bei der Schaffung von versicherungsrechtlichen Voraussetzungen für diese Tätigkeit und bei der Beschaffung von geeigneten Räumlichkeiten. Bislang stehen in der Sozialarbeit immer noch verwaltungstechnische Tätigkeiten im Vordergrund, die nachprüfbar sind und vom Arbeitgeber in der Leistungsgesellschaft noch gefordert werden.

Daneben sind es aber noch viele andere Schwierigkeiten, die die Anwendung der Klientenzentrierten Gesprächsführung behindern oder nicht zulassen. So z. B. Zeit- und Kostenaufwand bei der Land-bevölkerung durch schlechte Verkehrsverbindungen. Der Zeitman-gel des Sozialarbeiters, das Gespräch vor- bzw. nachzubereiten, da andere Tätigkeiten Vorrang haben, wie in meinem Falle z. B. die Bearbeitung von Tbc-Fällen. Viele Kollegen müssen sich die Zim-mer mit noch einem Kollegen teilen, wodurch die erforderliche Ruhe nicht gegeben ist und ständig mit Störungen gerechnet werden muß. Zudem stehen manche Berufsverbände auf dem Standpunkt, daß nur sie dazu geeignet sind, diese Art der Therapie durchführen zu können, was zur Folge haben dürfte, daß sich die Arbeitgeber des öffentlichen Dienstes auf nicht absehbare Zeit dieser Arbeitsme-thode gegenüber noch so verhalten werden, wie ich es bereits geschildert habe.

5. Frage: Falls möglich, schildern Sie kurz einen Fall, bei dem Sie explizit oder vorwiegend klientenzentriert gearbeitet haben.

Antwort: In meinem Falle handelt es sich um einen 19jährigen jun-gen Mann, der durch einen Sportunfall mit 17 Jahren eine Rück-gratverletzung erlitten hat und seitdem querschnittsgelähmt ist und in einem 25 Kilometer entfernten Ort wohnt. Nach einjähriger Krankenhausbehandlung kam er nach Hause (Heimweh) und lebt ziemlich isoliert, in der Hoffnung, daß sich seine Behinderung noch wesentlich bessert. Er hat sich noch nicht mit der Tatsache abge-funden, behindert zu sein und sein Leben im Rollstuhl verbringen zu müssen.

Mit diesem jungen Mann versuchte ich, vorrangig klientenzentriert zu arbeiten, aber ohne Tonband. Anfangs habe ich vier Monate lang regelmäßig alle drei bis vier Wochen Besuche durchgeführt, bei denen wir klientenzentriert gearbeitet haben, nachdem ich ihm die Methode erklärt hatte und mir sein Einverständnis geben ließ. Spä-ter arbeiteten wir nur sporadisch, bis nach ca. zehn Monaten seine Rehabilitationsmaßnahme in Heidelberg anfing.

Die ersten zwei bis drei Sitzungen waren für mich sehr schwer, da ich die Methode noch nicht beherrschte. Diese Unsicherheit hat sich vermutlich auf den Klienten übertragen und er hat eigentlich gar keine Fortschritte gezeigt. Ich hatte eher das Gefühl, daß sich der Klient gezwungen fühlte zu sprechen, was ich ihm auch mitteilte. Danach versuchte ich jeweils den Einstieg mittels eines ungezwun-genen Gespräches zu finden, was auch eher zu gelingen schien, denn der Klient sprach mehr und ungezwungener über seine Probleme als vorher.

Während der letzten drei Monate unserer Zusammenarbeit nahm der Klient einmal an einem Urlaub mit seinen Eltern teil und besuchte mehrmals mit Freunden eine Diskothek und Kinos. Vorher hatte er diese Aktivitäten strikt abgelehnt. In diesen drei Monaten war die Arbeit mit ihm, bezogen auf die Klientenzentrierte Gesprächsführung recht gut. Er akzeptierte die Methode mehr und reagierte eher auf verbalisierte Gefühle, indem er seine Probleme intensiver beschrieb und nicht mehr so sehr vom Intellekt her versucht hat, diese zu erklären. Die Arbeit wurde leider durch seine Abberufung nach Heidelberg beendet, so daß ich über eine Schlußphase nicht berichten kann, die ich selbst auch gerne miterlebt hätte.

8.2 Behördenalltag. Ein Fallbeispiel aus dem staatlichen Gesundheitsamt[27]

Um die theoretischen Ausführungen zur Klientenzentrierten Gesprächsführung anschaulicher zu machen, wurde ein Fallbeispiel aus der öffentlichen Gesundheitsverwaltung gewählt. Durch die Wahl gerade dieses Falles aus dem Behördenalltag soll verdeutlicht werden, daß eine umfassend verstandene klientenzentrierte Haltung auch in Beratungssituationen verwirklicht werden kann, die durch äußere Zwänge gekennzeichnet sind.
Die zu beschreibende Klientin, Frau A., wird dadurch auffällig, daß sie ständig massive Streitigkeiten mit Mietern und Besuchern des ihr und ihrer Mutter gehörenden Hauses bekommt. Zu einer dieser Auseinandersetzungen wird die Polizei gerufen, weil Frau A. den minderjährigen Sohn einer Mieterin geschlagen hat und auch dessen Mutter Schläge androht. Die zwei herbeigerufenen Polizisten werden ebenfalls von Frau A. bedroht und tätlich angegriffen. Erst mit Hilfe von zwei weiteren Polizeibeamten kann die sich nach polizeilicher Darstellung in einem tobsuchtartigen Zustand befindliche Frau überwältigt und beruhigt werden.
Der Polizeibericht über diesen Vorfall ist Anlaß für das Amt für

---

27 Verfaßt von Ursula Fleischer, Diplom-Sozialpädagogin (FH), Regensburg (aus Schlippe-Weinberger, S./Fleischer, U.: Klientenzentrierte Vorgehensweise in Ämtern und Institutionen der öffentlichen Gesundheits- und Sozialverwaltung. In: Zeitschrift für personenzentrierte Psychologie und Psychotherapie 2, 1984, S. 139–148).

öffentliche Ordnung, das Staatliche Gesundheitsamt einzuschalten. Durch ärztliches Gutachten soll festgestellt werden, ob Frau A. gemeingefährlich und deshalb zwangsweise im Bezirkskrankenhaus unterzubringen sei. Die zuständige Sozialarbeiterin des Gesundheitsamtes wird nur eingeschaltet, weil Versuche gescheitert sind, Frau A. nervenärztlich zu untersuchen.

Als Frau A. nach mehreren vergeblichen Versuchen doch einmal die Tür öffnet, findet das Gespräch zwischen „Tür und Angel" statt. Die Sozialarbeiterin erklärt ihr, daß sie mit ihr über ihre Schwierigkeiten sprechen möchte, die zu den Vorfällen mit Menschen aus ihrer Umgebung geführt haben. Die Sozialarbeiterin versucht, ihre Funktion und auch ihre eigenen Gefühle so transparent wie möglich zu machen, doch nach ihren bisherigen Erfahrungen mit Behörden verbittet Frau A. sich die Einmischung der „Fürsorge", allein den Hausbesuch empfindet sie schon als Provokation. Sie weist auf ihr mehrsemestriges Jurastudium hin und meint, sie kenne ihre Rechte. Da Frau A. das Gespräch beenden will, wird dieser Wunsch respektiert, ihr aber angeboten, im Gesundheitsamt anzurufen, falls sie von sich aus doch noch ein Gespräch wünschen sollte. Nach diesem – eigentlich nicht zustande gekommenen – Gespräch wird nichts getan, um eine Zwangsunterbringung zu forcieren, aber auch nicht versucht, die drohende Unterbringung zu verhindern.

Da sie wenige Tage später das Leben ihrer nach einem Schlaganfall behinderten Mutter akut gefährdet, wird sie polizeilich zu einer nervenfachärztlichen Untersuchung vorgeführt; es kommt zur zwangsweisen Unterbringung im Bezirkskrankenhaus. Dort wird eine Erkrankung aus dem schizophrenen Formenkreis diagnostiziert. Frau A. höre Stimmen und leide an einer gestörten Beziehung zur Realität.

Noch am Anfang des Krankenhausaufenthaltes wird von der Sozialarbeiterin des Gesundheitsamtes wieder ein Kontakt geknüpft. Die Sozialarbeiterin erkundigt sich, ob Frau A. mit einem Krankenbesuch einverstanden wäre. Nach einer ersten Weigerung, weil dies „unüblich" sei, überlegt es sich die Klientin aber doch anders und stimmt einem Besuch zu.

Vom Stationsarzt wird Frau A. als kalt und verstockt beschrieben, was aber in ihrem Fall krankheitsimmanent sei. Durch die verabreichten Medikamente sei sie gedämpft, ihre Gedankenabläufe seien verlangsamt.

Sehr behutsam spricht die Sozialarbeiterin mit Frau A. deshalb zunächst über ihre bisherigen Besucher, über Kontakte zu Mitpatienten und Stationsschwestern. Alles, was die Klientin von sich aus anspricht, wird aufgegriffen, ansatzweises „Aus-sich-Herausgehen" gezielt verstärkt. Es zeigt sich deutlich, daß die Klientin nicht verstehen kann, daß jemand trotz ihrer Aggressivität aus eigenem Antrieb auf sie zugehen will. Auch diese Wahrnehmung wird von der Sozialarbeiterin thematisiert.

Von sich aus spricht Frau A., die langsam immer mehr aus sich herausgeht, dann an, daß sie im Augenblick am meisten unter dem gezwungenen Aufenthalt auf einer geschlossenen Station leidet. Nach dem ersten Gefühl des Ausgeliefertseins findet die Klientin für dieses Problem eine Lösungsmöglichkeit, nämlich die Beschwerde durch einen von ihr bestimmten Rechtsanwalt.

Dann spricht sie darüber, wie es zu den Ausbrüchen kam, auch darüber, welcher Haß auf die Mutter sich aufgestaut hat. Frau A. glaubt, daß ihre zwangsweise Unterbringung weitere negative Konsequenzen für die Beziehung zu ihrer Mutter haben wird. Deshalb werden gemeinsam neue Lösungswege gesucht und die Chancen der Umsetzung in die Wirklichkeit geprüft.

Sollte künftig ein Zusammenleben in einer Wohnung unerträglich werden, müßte die Mutter vermutlich in ein Altenheim. Sie selbst jedenfalls möchte nicht mehr abwechselnd ihren Ärger, ihre Hilflosigkeit „schlucken" und dann wieder in einem Ausbruch ihre Wut herauslassen.

Auf Wunsch der Klientin wird vereinbart, daß weitere Gespräche nur nach vorheriger telefonischer Absprache stattfinden sollen, da sie sich sehr erregt, wenn sie über ihre Lage redet.

Nach der Beschwerde durch ihren Rechtsanwalt wird Frau A. nach zwei Wochen aus dem Krankenhaus entlassen.

Da die Klientin nach eigener Ansicht Schwierigkeiten hat, Kontakte zu knüpfen, wird von der Sozialarbeiterin des Gesundheitsamtes nochmals in schriftlicher Form ein unverbindliches Gesprächsangebot gemacht. Als Frau A. dann kurze Zeit später im Amt erscheint, begründet sie ihr Kommen ausführlich. Als Vorwand benützt sie ein Formular ihrer Krankenkasse. Es stellt sich jedoch heraus, daß Frau A. beim Ausfüllen keine Hilfe benötigt, sie aber einen „Aufhänger" für einen Besuch im Amt gesucht hat. In diesem und weiteren Gesprächen, bei denen die Klientin keine Schwierigkeiten mehr hat, das Beziehungsangebot der Sozialarbeiterin anzunehmen, beginnt die Klientin über eigene Veränderungen zu sprechen.

Nach der Zwangsbehandlung sei sie jetzt aus eigenem Entschluß in ambulanter nervenärztlicher Behandlung, weil sie selbst empfindet, daß mit ihr etwas nicht stimme. Durch die jetzt verordneten Medikamente fühle sie sich weniger beeinträchtigt als während des Krankenhausaufenthaltes. Sie fange an, ihre Probleme nicht mehr als unüberwindlichen Berg zu sehen. Erstaunt stellt sie fest, daß sie über ihre Schwierigkeiten mit anderen Menschen reden könne, daß sie durch eigenes Tun – wenn auch nur kleine – Veränderungen erreichen könne. Konkret versuche sie die Belastung durch die von ihr abhängige Mutter einvernehmlich auf ein erträgliches Maß zu reduzieren. Das veränderte Zusammenleben spiele sich aus ihrer Sicht bereits ein. Nach dem von ihr als Erfolg empfundenen Anfang zieht sie in Erwägung, eine Arbeit außer Haus anzunehmen, um sich „abzunabeln". Um sich aber nicht zu überfordern, möchte sie nur halbtags arbeiten.

Obwohl es ihr schwergefallen sei, habe sie sogar wieder Kontakt zu einem früheren Freund aufgenommen.

Nachdem sie jahrelang nichts für sich getan habe, sei sie jetzt eher in Gefahr, zu viele Schritte auf einmal zu unternehmen.

Nach dem letzten Gespräch ruft Frau A. nur noch in größeren Zeitabständen an, um sich „auszusprechen".

8.3 Sorgerechtsregelung. Eine Falldarstellung aus der Arbeit des Allgemeinen Sozialdienstes[28]

Die Arbeit beim Allgemeinen Sozialdienst (ASD) kann ganz grob in zwei Teile gegliedert werden. Ein Schwerpunkt bildet die Bezirkssozialarbeit. Wobei die Sozialpädagogin für einen regional abgegrenzten Bezirk Ansprechpartnerin des Bürgers in allen sozialen und auch in wirtschaftlichen Fragen ist. Die Hilfe kann sowohl in Form eines kurzen Informationsgesprächs wie auch in einer oft jahrelangen intensiven Betreuung in Erscheinung treten.

Der zweite Teil der Arbeit beinhaltet gesetzliche Auftragsarbeit, wie Stellungnahmen nach dem Jugendwohlfahrtsgesetz etwa bei Sorgerechtsregelungen oder die Kontrolle einer sozialauffälligen Familie, in der Kinder gefährdet sind. Um ein konkretes Beispiel zu nennen: Im Falle einer Scheidung muß das Familiengericht das Stadtjugendamt – in X. ist es so organisiert, daß der Allgemeine Sozialdienst Aufgaben des Jugendamtes übernommen hat – zur Re-

---

28 Verfaßt von Antonie Haas (Diplom-Sozialpädagogin [FH], München).

gelung der elterlichen Sorge für ein minderjähriges Kind anhören.

Beim Kontakt zum Klienten können beide Elemente zum Tragen kommen, sich einerseits als Vertrauensperson anzubieten, gleichzeitig aber in einer akuten Krise oder Entscheidungssituation bewertende oder kontrollierende Instanz zu sein. Angesichts dieses „doppelten Mandates" wird die Möglichkeit im Rahmen dieser Institution die klientenzentrierte Methode anzuwenden, vielerorts bestritten. Diese Haltung wird zudem durch die vorliegenden Rahmenbedingungen – um nur einige zu nennen: die Bezirkssozialarbeiterin kann sich den Klienten und umgekehrt der Klient nicht die Sozialarbeiterin aussuchen, die Sozialpädagogin hat keinen Einfluß auf die Anzahl der Fälle – noch unterstrichen. Meine bisherigen Erfahrungen zeigten jedoch, daß trotz der Konstellation genügend Raum ist, die Grundhaltung nach Rogers in der Arbeit zu verwirklichen. Beginnend bei der Gestaltung des Gesprächs im Falle einer Sorgerechtsregelung, in Krisensituationen, bei längerer Betreuung bishin zur Motivierung des Klienten, eine Therapie zu machen.

Im folgenden wird versucht, anhand einer Falldarstellung die Möglichkeiten aufzuzeichnen.

Frau G. hat beim Familiengericht die Übertragung des Sorgerechts für ihren Sohn Philipp während des Getrenntlebens beantragt. Nach dem Jugendwohlfahrtsgesetz muß das Gericht vor einer Entscheidung das Jugendamt hören. Die Anhörung findet in der Weise statt, daß das Jugendamt einen Bericht an das Gericht sendet, der im wesentlichen eine Darstellung der äußeren Faktoren, den Versuch, die Beziehung des Kindes zu den Eltern darzustellen und einen konkreten Vorschlag auf wen das Sorgerecht übertragen werden soll, enthält. Für die Erstellung des Berichtes werden je nach Sachlage sowohl Gespräche mit den Elternteilen alleine, mit beiden zusammen und mit dem Kind geführt. Bereits bei der ersten Kontaktaufnahme kann der klientenzentrierte Ansatz zum Tragen kommen. Im vorliegenden Fall wandte sich die Sozialpädagogin mit einem Schreiben an Frau G., in dem kurz die Aufgabe des Jugendamtes beschrieben war und überließ es der Klientin, den Ort des Gesprächs zu wählen. Bereits in diesen einfachen Dingen kann dem Klienten mit Wertschätzung begegnet werden. Er erlebt sich nicht als Objekt, von einer Behörde dirigiert und bevormundet, sondern als gleichwertiger Partner.

Frau G. wollte das erste Gespräch im Büro der Sozialpädagogin führen. Vor dem Gespräch brachte die Sozialpädagogin ein Schild an der Tür an, mit der Bitte nicht gestört zu werden und stellte das Telefon leiser. Diese Vorkehrungen für ein störungsfreies Gespräch signalisierten der Klientin, daß die Sozialpädagogin jetzt nur für sie da ist, daß sie jetzt wichtig ist.

Zu Beginn des Gesprächs erklärte die Sozialpädagogin der Klientin nochmals, diesmal ausführlicher als im ersten Schreiben, die Aufgabe des Jugendamtes in diesem Verfahren – Entscheidungshilfe für den Richter, die Interessen des Kindes wahren. Weiter wird Frau G. davon informiert, daß eine Ausfertigung des Berichtes sowohl sie wie auch ihr Mann erhält. Diesen Einstieg ins Gespräch hält die Sozialpädagogin für besonders wichtig. Die Erklärungen schaffen Transparenz, helfen somit das von den meisten als bedrohlich empfundene Klima abzubauen. Zudem spricht die Sozialpädagogin die momentane Situation an, gibt Frau G. zu verstehen, daß sie ihre Lage, hier beim Jugendamt, „geprüft und bewertet" zu werden, gut einfühlen kann.

Insbesondere die letzte Äußerung bewirkte bei Frau G. eine gelöstere Haltung, nachdem sie die einführenden Worte abwartend und stumm angehört hatte. Sie veränderte ihre Körperhaltung, lehnte sich bequem zurück und gab zu verstehen, daß die Sozialpädagogin ihre augenblicklichen Empfindungen gut getroffen habe. In dieser Atmosphäre, in der die Sozialpädagogin ihre ganze Aufmerksamkeit auf Frau G. richtete, ihre Schilderungen nur weniger Verständnisfragen wegen unterbrach, konnte Frau G. über ihre Situation, ihre Beziehung zu ihrem Mann und zu ihrem Sohn sprechen. Frau G. war ihrem Mann noch sehr verbunden, mochte ihn immer noch. Die Trennung sollte ursprünglich nur zeitlich begrenzt sein, um Abstand zu gewinnen, um dann die Partnerschaft neu aufzubauen. Ihr Mann habe sich nun einer neuen Partnerin zugewandt. Frau G. sprach von ihrer Trauer, von ihrem Hin- und Hergerissen-Sein zwischen Hoffnung und Resignation. Sie sprach von ihrer Angst, ihr Mann könne ihr den Sohn entfremden. Anlaß zu dieser Angst habe ihr Mann ihr mehrmals gegeben. Aus dieser Angst heraus habe sie den Antrag bei Gericht gestellt. Als das Gespräch auf Frau G.'s Beziehung zu ihrem Sohn Philipp kommt, kann sie aufgrund des verständnisvollen und einfühlenden Umgangs ihr eigenes Verhalten angstfrei betrachten. Wenn das Kind die Freundin des Vaters positiv schildert oder seine Freude über den Besuch beim Vater zeigt, reagiere sie sehr verletzt. Sie habe sich zu der Äußerung „wenn es da so schön ist, dann bleibe doch dort, packe deine Sachen" hinreißen lassen. Philipp habe seinerseits verstört und mit Weinkrämpfen reagiert, was bei ihr Schuldgefühle auslöste. Nach dieser Darstellung hielt Frau G. inne und fragte die Sozialpädagogin, was diese wohl jetzt von ihr halte, ob sie nun als schlechte Mutter dastünde und ob ihr Mann dies gegen sie verwenden könne. Die Sozialpädagogin gibt Frau G. Rückmeldung, wie sie sie erlebt hat, als sehr echt, ganz bei sich als jemand, mit der Fähigkeit, die eigenen Empfindungen, auch dieses „Nichterlaubte" zu erkennen. Frau G. zeigt sich über die Äußerung erleichtert, sie habe noch nie über diese Dinge mit jemandem gesprochen. Am Ende klärt die Sozialpädagogin mit Frau G. ab, was von dem Inhalt des Gesprächs in den Bericht an das Gericht kommt.

Die Sozialpädagogin bezieht die Klientin ganz bewußt mit in die Verantwortung mit ein, um so eine partnerschaftliche Ebene zu schaffen. Abschließend zu diesem Fall sei gesagt, daß Frau G. auf Anraten der Sozialpädagogin eine Beratungsstelle aufsuchte. Die Trennung von ihrem Mann hat sie nun auch innerlich vollzogen. Beim letzten Kontakt machte sie bereits Pläne und zeigte sich zuversichtlich. Ihre Beziehung zu ihrem Sohn hat sich vertieft und sie kann nun unverkrampft mit ihm umgehen.

Daß dieser Fall eine positive Entwicklung eingeschlagen hat, lag an der von Sympathie und Vertrauen geprägten Beziehung zwischen Frau G. und der Sozialpädagogin. Daß Einfühlung und Wertschätzung realisiert werden konnten, lag im wesentlichen am Bestreben der Sozialpädagogin, als Person echt und transparent zu sein und sich nicht hinter einer beruflichen Rolle oder Institution, in diesem Fall Stellung gebendes Jugendamt, zu verbergen.

8.4 Über Gewalt sprechen. Aus der Arbeit des modernen Kinderschutzes[29]

Kinderschutz heute

Ich möchte in diesem Beitrag auf die Frage eingehen, wie wir hilfreich umgehen können mit unserer Betroffenheit, Sorge und Ver-

---

29 Verfaßt von Burkhard Kensy (Diplom-Psychologe, München). Bei Teilen dieses Beitrages handelt es sich um Darstellungen aus dem Jahresbericht 1986 des Kinderschutzzentrums München (Träger: Deutscher Kinderschutzbund, Ortsverband München), die hier mit freundlicher Genehmigung abgedruckt werden.

antwortung, wenn Eltern Gewalt gegen Kinder ausüben. Um den Stellenwert von Gesprächsführung im Zusammenhang von Kinderschutz verständlich zu machen, möchte ich zuerst einen kurzen Überblick geben über die Konzeption moderner Kinderschutzarbeit, wie sie in der Bundesrepublik durch die Kinderschutzzentren vertreten sind und auch breiten Eingang in die Arbeit des Kinderschutzbundes gefunden hat:

Jeder, der Kinder hat, weiß aus Erfahrung, daß der Umgang mit Wut und gewaltsamen Impulsen gegenüber Kindern eine Aufgabe ist, die sich allen Eltern stellt. Gewalt gegen Kinder ist kein Phänomen, welches sich auf einzelne Fälle eklatanter Kindesmißhandlung reduzieren läßt; es ist vielmehr davon auszugehen, daß Gewalt in Familien sehr häufig vorkommt, ja geradezu „normal" ist [3, 5, 9, 13]. Wir sehen Gewalt nicht als abgrenzbaren und „ermittelbaren" *Tatbestand*, sondern als *Beziehungsverhältnis*, als *Prozeß*, der bis zum Tode eines Kindes führen kann, gleichwohl aber nicht in einem einfachen *Täter-Opfer-Schema* zu verstehen ist. Alle Familienmitglieder sind vielmehr beteiligt und haben ihren Anteil – allen geht es *miteinander* schlecht. Gewalt gegen Kinder ist aufs engste verbunden mit Gewalt in der Gesellschaft überhaupt [4, 7].

Zum Auftreten von manifester Gewalt gegen Kinder führt ein *Zusammentreffen* von Ursachen aus den verschiedensten Bereichen:

- soziokulturelle Bedingungen (Kinderfeindlichkeit, strukturelle Gewalt, autoritäre Erziehungstradition, strukturelle Überforderung der Familie);
- soziale Lebenssituation (soziale Belastungen und Benachteiligungen, soziale Isolation);
- Persönlichkeit und Beziehungen der Familienmitglieder (Gewalterfahrungen der Eltern als Kinder und daraus resultierende unsichere und mißtrauische Persönlichkeitsstruktur und gelernte Konfliktlösungsmuster; emotionale Erwartungen der Eltern an die Kinder; tiefe Partnerschaftskonflikte);
- Eigenschaften des Kindes, die einen Streß für die Eltern bedeuten.

Wir verstehen Gewalt also als Ausdruck einer tiefen Krise, als Notsignal einer Familie an ihre Umwelt, als „ohnmächtige Gewalt" [2].

Voraussetzung für eine wirkungsvolle Hilfe ist deshalb, das scheinbar Unverstehbare der Gewalt zu verstehen [11]. Moderner Kin-

derschutz hat es sich also zur Aufgabe gemacht, Gewaltproblemen mit einer gewaltarmen Antwort zu begegnen, statt durch vorschnelle Maßnahmen bzw. Bestrafung erneut Druck und Mißtrauen in Familien zu verstärken [8, 12].
Deshalb lauten die Prinzipien moderner Kinderschutzarbeit:

- Hilfe statt Strafe;
- Freiwilligkeit statt Kontrolle;
- Vertraulichkeit, Anonymität und Offenheit;
- Hilfe bei der Selbsthilfe (Wachstumsorientierung);
- Hilfe im Verbund.

Das heißt: „Der Schutz des Kindes wird in Zusammenarbeit mit den Eltern und der ganzen Familie gesichert. Über ein Verstehen des Familienproblems wird versucht, verschüttete Kräfte freizusetzen und das Wohl des Kindes und der Familie zu sichern" [10].
Gewalt gegen Kinder ruft im einzelnen wie auch in der Öffentlichkeit eine widersprüchliche Reaktion hervor: Einerseits Verleugnung und andererseits Verurteilung, Unverständnis und überstürztes Handeln. Dies hat Auswirkungen auf die Situation der betroffenen Kinder und Familien! Die Lage von Familien mit Gewaltproblemen ist für gewöhnlich einerseits durch das Fehlen von (angemessenen) Hilfen gekennzeichnet, gleichzeitig durch die Bedrohung durch Kontrolle und Sanktionen.
Gewalt gegen Kinder kann jedoch nur durch vielfältige Bemühungen auf mehreren Ebenen abgebaut werden:

- Abbau der gesellschaftlichen Ursachen der Gewalt (Arbeitslosigkeit, Chancenungleichheit, Wohnungsnot usw.) und der Idealisierung der „heilen Familie";
- präventive Hilfen (von ausreichender Versorgung mit Kindergartenplätzen bis hin zur Förderung von Selbsthilfegruppen, Elterntreffs etc.);
- für Familien mit manifesten Gewaltproblemen: ausreichende fachliche Hilfen nach dem Konzept „Hilfe statt Strafe".

Die letzteren Hilfen müssen in der Regel drei Aspekte umfassen:

- soziale Hilfen zur Entlastung der angespannten Lebenssituation der Familie;

236

- beraterisch-therapeutische Hilfen;
- Vernetzungshilfen zur Überwindung von Isolation.

Mitunter sind auch stationäre Hilfen für Kinder erforderlich in engstem Verbund mit den familienunterstützenden Hilfen [1]. Laienhilfe kann eine wichtige Ergänzung der fachlichen Hilfe sein [8]. Neben der familientherapeutischen Orientierung und Arbeitsweise hat die Klientenzentrierte Gesprächsführung einen wichtigen Stellenwert in der Beratungsarbeit.

Das Ansprechen von Gewaltproblemen
und von Sorgen um Kinder

Hierbei wirft ein spezielles Problem immer wieder tiefgreifende Fragen auf, die äußerste Verunsicherung in uns auslösen können: Wie spreche ich gegenüber Eltern Gewalt an, die ich wahrnehme oder befürchte?
Ich möchte auf dieses Thema hier beispielhaft vertiefend eingehen, und zwar unter dem methodischen Aspekt. Gleichzeitig möchte ich jedoch erinnern, daß die Art und Weise, wie ich angesichts von Gewalt Stellung beziehe, auch eine politische Frage ist [4].
Bei der Frage, ob und wie ich mit Familien hilfreich über Gewaltprobleme zu sprechen vermag, spielt meine ganz persönliche innere Einstellung zu Gewalt eine wichtige Rolle:
Je mehr ich mir meiner eigenen Fähigkeit zur Gewalt – durchaus kritisch – bewußt bin...
Je mehr ich persönlich bereit bin, offen zu sehen, daß Gewalt ein Teil von uns allen und auch von mir selbst darstellt...
Je weniger ich den Gedanken an eigene Gewalt, die ich ausübe, ängstlich von mir wegzuschieben brauche...
... um so mehr wird es mir möglich sein, mit Familien in einer menschlich überzeugenden Weise offen und ehrlich statt abwehrend und abwertend über Gewaltprobleme zu sprechen.
Aus meiner eigenen Erfahrung in der Familienarbeit und nach vielen Gesprächen mit Fachleuten und Laien, die helfen wollten und unseren Rat suchten, weiß ich, daß Sorgen um ein Kind Menschen vor scheinbar unlösbare Fragen stellen können, die tiefe Verunsicherung auslösen:
Ich kenne persönlich den starken Wunsch und das Gefühl von zwingender Verpflichtung etwas zu sagen, wie z. B.:

237

„So geht das einfach nicht, was Sie da mit Ihrem Kind machen."
Wenn ich dann weiterdenke, was passieren würde, wenn ich Eltern wirklich in dieser Weise ermahne, stellen sich bei mir jedoch alsbald starke Zweifel ein:

> Was werden die Auswirkungen meiner Ermahnung sein? Werden die Eltern sich nicht vor mir verschließen? Werden sie vielleicht sogar den Kontakt zu mir abbrechen?
> Werden sie vielleicht mit Wut und Ablehnung reagieren? Besteht die Gefahr, daß sich die Eltern unter Druck gesetzt fühlen und deshalb mit noch mehr Wut auf ihr Kind reagieren?

Viele Gespräche mit Menschen, die Eltern in der beschriebenen Weise ermahnt haben, bestätigen mir, daß meine Zweifel an den Folgen von Ermahnungen leider berechtigt sind.

Was aber ist die Alternative zu Ermahnungen?

Die Antwort lautet oft: „Zuhören und Verständnis zeigen." Dies leuchtet zuerst auch unmittelbar ein: Wenn ich Verständnis zeige, werde ich mit Eltern leichter ins Gespräch kommen und Spannungen können sich lösen. Aber:

> Was wird aus meinen Sorgen um das Kind und die Familie?
> Werden sich die Eltern nicht irgendwann doch einmal fragen, ob ich nicht *insgeheim* etwas gegen ihre Erziehungsweise habe, was ich aber nicht ehrlich ausspreche?
> Werden die Eltern allein deshalb schon anders zu ihrem Kind sein, weil ich Verständnis für ihre Wut zeige?

Verständnis und Zuhören sind also einerseits ein vielversprechendes Verhalten, trotzdem bleibt ein ungutes Gefühl, daß Zuhören und Verständnis *allein* nicht ausreichen könnten.

Und so befinden wir uns in einer beklemmenden „Zwickmühle", in der wir einerseits dringende Sorge empfinden, andererseits Angst vor den Folgen haben, wenn wir unsere Sorgen äußern. Wir fühlen uns gelähmt und wissen nicht weiter.

Manche Menschen greifen zu der scheinbaren Lösung, mit Dritten über das Problem zu sprechen. Dies kann gewiß entlastend sein, aber dadurch ändert sich natürlich noch nichts in der betroffenen Familie für das Kind. Es entsteht allenfalls ein Kreis von Menschen, die *über* eine Familie sprechen, was nicht unbedingt hilfreich ist.

Meine Erfahrung hat mir gezeigt, daß es dennoch einen – wenn auch nicht einfachen – Weg aus dieser „Zwickmühle" gibt – der freilich nicht für sich beanspruchen kann, Patentlösung oder Allheilmittel mit Erfolgsgarantie zu sein. Ich meine: Gewalt kann, darf und sollte

– zum geeigneten Zeitpunkt – angesprochen werden. Dies wird von den Familien sogar oft als hilfreich empfunden und die Folgen für das Kind und mein Verhältnis zur Familie sind in der Regel weit weniger negativ als befürchtet. Statt simpler Ermahnungen sollte das Problem jedoch in umfassender Weise angesprochen und der Familie eine Botschaft auf mehreren Ebenen gegeben werden:

1. Meine Sorge, meine Gefühle, meine Betroffenheit – ausgedrückt als persönliche „Ich-Botschaft" und nicht als Drohung mit dem erhobenen Zeigefinger.
2. Eine „Botschaft" über die Beziehung, die ich gegenüber den angesprochenen Eltern einnehmen möchte – und zwar eine Versicherung, daß ich die Eltern nicht verurteilen oder strafen möchte.
   In Verbindung damit: Ansprechen meiner Befürchtungen, wie die Eltern reagieren könnten, wenn ich meine Sorgen äußere.
3. Die „Botschaft", daß es mir wichtig ist, die Ursachen des Verhaltens, welches mir Sorge macht, zu verstehen. Die Frage nach den Gefühlen und Sichtweisen der Eltern, die ich verstehen möchte.
4. Die Rückgabe meiner Sorgen an die Familie.

Das alles kann oft nicht in einem kurzen Satz und in einem Atemzug gesagt werden. Es kann aber im Laufe eines Gesprächs verdeutlicht und geklärt werden.
Ich möchte zur Veranschaulichung ein Beispiel geben für eine entsprechende „Botschaft"; dabei ist natürlich auch sehr bedeutend, ob ich eine aufgeschlossene oder eine mißbilligende Miene aufsetze.

„Mir geht das unheimlich an die Nieren, wenn ich sehe, wie Sie dem kleinen Peter immer eins auf die Finger geben, wenn er sich mit dem Essen beschmiert. Dabei kann er doch mit seinen zwei Jahren einfach noch nicht sauber essen! Ich stelle mir immer vor, daß der Peter ständig Angst beim Essen haben muß, und ich fürchte, er wird es so auch nur schwer lernen, ordentlich zu essen…	1. Ich-Botschaft: meine Sorge.
Ich weiß nicht – geht das nur mir so, oder haben Sie auch manchmal das Gefühl, der Peter wird das vielleicht nie lernen?	4. Rückgabe an die Familie.

Also – ich fürchte, Sie denken jetzt, ich hacke auf Ihnen rum oder ich will Ihnen reinreden oder ich spiele mich als Besserwisser auf. Ich habe sogar Angst, daß Sie mich jetzt vielleicht ablehnen. Ich hoffe, ich kann Ihnen verständlich machen, daß ich nicht auf Ihnen rumhakken will. Ich kenne das ja, wie schwer das ist mit Kindern und dem Essen! Ich wollte einfach nur ehrlich zu Ihnen sein und mit Ihnen sprechen...

2. Beziehungsklärung; Äußerung meiner Befürchtungen betr. der Beziehung.

Ich möchte vor allem auch verstehen, wie Sie das sehen und wie Ihnen zumute ist – beim Essen mit Peter. Ich glaube, Ihnen geht es dabei auch nicht gut. Irgendwie scheint das für Sie kaum erträglich zu sein, wenn der Peter sich schmutzig macht – wie erleben Sie das, was denken Sie dann?"

3. Frage nach Ursachen, Wunsch zu verstehen.

Mir gibt es ein Stück Sicherheit, wenn ich auf dieses Vorgehen zurückgreifen kann. Ich habe die Erfahrung gemacht, daß sich etwas entwickeln und bewegen kann, wenn Gewaltprobleme in dieser Weise angesprochen werden.

Zusammenfassend läßt sich sagen, daß es hier im Grunde genommen um die – gewiß schwierige – Unterscheidung zwischen *Verstehen* und *Befürworten* geht.

Diese Unterscheidung zu treffen, fällt vielen Menschen offenbar schwer. Es ist wichtig auseinanderzuhalten, daß wir Gewalt noch lange nicht befürworten, wenn wir – statt zu verurteilen oder zu drohen – besser versuchen, die Ursachen der Gewalt zu verstehen, um helfen zu können. Andererseits ist es genauso wichtig, über dem Verständnis für die Ursachen von Gewalt nicht zu vergessen, daß das ursprüngliche Motiv für meine Verständnisbereitschaft eben in dem Wunsch bestand, die Gewalt abbauen zu helfen.

Literatur

1. Beiderwieden, J. u. a.: Jenseits der Gewalt. 1985.
2. Bernecker, A. u. a.: Ohnmächtige Gewalt. Reinbek 1982.
3. Brinkmann, W.: Gewalt gegen Kinder oder: vom dicken Ende unter der Spitze des Eisbergs. In: [6].
4. Brinkmann, W./Honig, M. S.: Kinderschutz als sozialpolitische Praxis. München 1984.

5. Büttner, C./Nicklas, H.: Wenn Liebe zuschlägt. München 1984.
6. Deutscher Kinderschutzbund (Hrsg.): Schützt Kinder vor Gewalt. Weinheim und Basel 1983.
7. Deutscher Kinderschutzbund: Wenn Eltern zuschlagen. Hannover 1985.
8. Fackler, N./Kensy, B./Neufeldt, L.: Kinderschutzzentrum München, ein ursachenorientierter, helfender Zugang zum Problem Gewalt gegen Kinder. In: Faltermeier, J./Sengling, D.: Wenn Kinder und Jugendliche an ihren Lebenswelten scheitern. Frankfurt 1983.
9. Heinsen, E.: Wie groß ist das Ausmaß von Gewalt gegen Kinder? In: Honig, M. S. (Hrsg.): Kindesmißhandlung. München 1982.
10. Honig, M. S./Wolff, R.: Neue Kinderschutzarbeit in der Bundesrepublik – eine Zwischenbilanz. In: Soziale Arbeit, 12/1983, Themenheft über neue Kinderschutzarbeit.
11. Kinderschutzzentrum Berlin: Kinder im Familienkonflikt – Verstehen und Helfen. Berlin 1985.
12. Mörsberger, T.: Kindesmißhandlung und Behördenauftrag – kritische Hinweise zum Verhältnis von Rechtspflicht und Fachlichkeit. In: [8].
13. Sack, F./Eidmann, D.: Gewalt in der Familie. Hannover 1985.

8.5 Schulprobleme.
Ein Fall aus der schulpsychologischen Praxis[30]

Das durch das Staatsministerium für Unterricht und Kultus konzipierte Beratungssystem für die Schulen in Bayern umfaßt in seinen Schwerpunkten Beratungslehrer, Schuljugendberater und Schulpsychologen.
Schuljugendberater wirken im Volksschulbereich, jede Schule verfügt über einen Beratungslehrer und das Netz der Schulpsychologen, die an die jeweiligen Schularten gebunden sind, soll noch flächendeckender ausgebaut werden (ein Schulpsychologe in Zuständigkeit für 5000 Schüler).

---

30 Verfaßt von Dagmar Mortler (Staatliche Schulpsychologin, Weiden).

Der Beratungslehrer an seiner Schule berät und informiert Schüler und Eltern zu Fragen der Schullaufbahnwahl und Schuleignung, bei Lern- und Leistungsschwierigkeiten und kooperiert mit den Schulpsychologen, den Erziehungsberatungsstellen, den Arbeitsämtern etc. bei nur geringer Unterrichtsentlastung. Die Bandbreite der schulpsychologischen Arbeit erstreckt sich darüber hinaus nicht nur auf die eigene Schule, sondern auch auf schulische Belange und Probleme, die vielschichtiger und tiefergehender Natur sind: von der Krisenintervention bei Schulangst oder Suizidgefahr bis hin zum Abhalten von Lern- und Entspannungskursen.

Alle, Beratungslehrer, Schuljugendberater und Schulpsychologen sind auch als Lehrkräfte an einer Schule tätig und daher Spezialisten für die jeweilige Schulart. Aus dieser Doppelrolle heraus, als Lehrer, Notengeber, Disziplinator, Mitglied eines Kollegiums und als Berater, Helfer und Verstehender kann es zu Rollenkonflikten kommen, die allein durch die Persönlichkeitsvariablen wettgemacht werden können: d. h. ausschließlich durch die persönliche Akzeptanz des Beraters von seiten der Schüler, Lehrer und Eltern kann im schulischen Alltag wertvolle Beratungsarbeit geleistet werden, bei der eine Atmosphäre des Verstehens und Vertrauens herrscht.

Das klientenzentrierte Gespräch, bei dem der Ratsuchende mit seinen Nöten, Sorgen und Ängsten ernstgenommen und als Persönlichkeit respektiert wird, ist dabei das entscheidende Instrument des Beraters.

Die folgende Falldarstellung soll zeigen, wie an Schulen im klienten- bzw. personenzentrierten Gespräch Probleme auch langfristig bewältigt werden können:

Frau C. wendet sich im Juni mit der Fragestellung, was nun zu tun sei, da ihre Tochter jetzt in der 8. Klasse Gymnasium durchfallen werde, an die Schulpsychologin. Ein Bekannter, der Beratungslehrer ist, habe sie auf diese Möglichkeit der Beratung aufmerksam gemacht.

Im Erstgespräch wirkt Frau C. sehr besorgt und deprimiert, da sie sehe, wie ihre Tochter Anne sich wegen ihres Schulversagens quäle und sie ihr nicht helfen könne. Diese Gefühle der Trauer und Hilflosigkeit werden von der Schulpsychologin akzeptiert, was Frau C. dazu ermutigt, mehr über ihre Tochter und ihre Familie zu erzählen. Anne habe eine ein Jahr ältere Schwester am gleichen Gymnasium, die sehr erfolgreich sei, und auch eine große Schwester, die heuer das Abitur bestens bestehe. Sehr vorsichtig berichtet sie davon, daß ihr Mann, der ein hochrangiger Manager in der Industrie sei, immer mit den Kindern Mathematik übe, da das schon in der Schule sein Steckenpferd gewesen ist. Die anderen Schwestern hätten ausgezeichnete Mathematiknoten, nur Anne schwanke immer zwischen fünf und sechs, und es käme häufig zu Auseinandersetzungen und schlimmen Szenen zwischen Vater und Tochter. Die Äußerung der Schulpsychologin: „Das belastet ihr ganzes Familienleben", veranlaßt Frau C. das ganze Ausmaß der familiären Tragödie zu schildern. Es sprudelt nur so aus ihr heraus, wie angespannt ihr Mann von der anstrengenden Arbeit nach Hause käme, wie ärgerlich und entnervt er dann seine Tochter anschreie, wenn sie in Mathematik nichts kapiert. Häufig enden diese Streitereien so, daß Anne weinend aus dem Zimmer renne und sich einsperre. Auch am Wochenende könne man nichts mehr unternehmen, da immer gelernt werden müsse. Anne zweifle inzwischen an sich selbst, halte sich für dumm, habe ganz aufgegeben und falle deshalb auch mit drei Fünfern durch.

Die Mutter möchte daher von der Schulpsychologin wissen, ob es überhaupt einen Sinn habe, daß Anne die Klasse wiederhole, befürchtet aber gleichzeitig, daß ein Wechsel in die Realschule eine endgültige Niederlage für Anne bedeuten würde.

Ein weiteres Gespräch zur Abklärung der Schuleignung, zu dem Mutter und Tochter erscheinen – der Vater kann aus Termingründen am Gespräch nicht teilnehmen – findet statt.

Anne wirkt sehr still und nervös, zappelt herum und meidet den Blickkontakt mit der Schulpsychologin. Diese äußert Anne gegenüber, sie merke, wie unwohl sie sich hier fühle. Worauf Anne zu weinen beginnt und gesteht, sie wisse gar nicht was sie hier soll, es wüßten sowieso alle, wie dumm sie sei, nur ihre Schwestern seien eben gescheit. „Du hältst dich für viel unbegabter und weniger wert als deine Schwestern", gibt die Schulpsychologin die Gefühle des Mädchens wider. Anne bricht tatsächlich zusammen und schluchzt, daß dem auch so sei und erzählt, was ihre Schwestern alles besser könnten als sie selbst. Diese Selbstzweifel Annes werden zum Anlaß genommen, nun auch mit der Mutter über die Konkurrenzsituation zwischen den beiden fast gleichaltrigen Schwestern zu sprechen. Anne ist sichtlich erleichtert, daß ihre Situation und ihre Gefühle einmal in dieser Art besprochen werden können.

Ein Termin für eine Leistungsdiagnostik zur Frage der Begabung von Anne wird mit ihrem Einverständnis vereinbart. Nach ihrer

Meinung stelle sich sicher nur heraus, daß sie ganz unbegabt sei. Mit einfühlender Vorbereitung auf den Test kann Anne in der nächsten Sitzung relativ angstfrei die Testaufgaben bewältigen. Ergebnis: Anne ist im mathematischen und sprachlichen Bereich überdurchschnittlich begabt und die Frage der gymnasialen Eignung steht ganz außer Zweifel. Anne registriert dieses Ergebnis mit einem kleinen, scheuen Lächeln. „Du glaubst nicht daran, daß du wirklich gescheit genug fürs Gymnasium bist." Sie bringt jetzt ihre ganzen Zweifel an dem Test vor, die natürlich Zweifel an ihr selbst sind. Es kostet viel Überzeugungskraft, bis sie annehmen kann, daß die guten Ergebnisse ausschließlich auf sie selbst zurückzuführen sind.

Anne will aber nicht an ihr Gymnasium zurückkehren, weil sie dort alle kennen und auslachen würden. Die Schulpsychologin gibt zu überlegen, ob sie nicht an einem anderen Gymnasium die Klasse wiederholen wolle.

Einige Tage später ruft Anne selbständig bei der Schulpsychologin an und erklärt, daß sie im September an der neuen Schule starten werde. Die Wiederholungsklasse durchläuft sie von den schulischen Anforderungen her problemlos. Nur einige Lehrer beklagen sich, daß sie ein arger Klassenkasper sei und ständig den Unterricht störe.

In der 9. Jahrgangsstufe spitzt sich gegen Weihnachten die Situation wieder zu, da Anne in vier Fächern auf der Note Fünf steht und bei nochmaligem Durchfallen die Schule verlassen müßte. Schuld an ihren schlechten Noten ist nach Aussage der Fachlehrer auch ihr schwieriges Verhalten. In der Klasse soll sie geäußert haben, sie habe zu Hause Noten verheimlicht und haue ab, wenn alles so weiterginge. Der Klassenlehrer, dem dies zu Ohren kommt, wendet sich an die Schulpsychologin, da er weiß, daß sie seit längerem mit den Schulproblemen der Anne vertraut ist. Anne selbst äußert gegenüber der Schulpsychologin, nicht mehr ein und aus zu wissen und ist wirklich verzweifelt.

Die zum Gespräch eingeladene Mutter hat die Situation, auch wegen der Verheimlichung der Noten, nicht so dramatisch eingeschätzt, erzählt aber aufgelöst, daß es wieder viel Streit ums Lernen gebe, seit sich Annes Noten wieder verschlechtert haben. Anne sei depressiv, mal launisch, mal zänkisch, auf jeden Fall nicht mehr sie selbst.

Auf die Frage, ob ihr Mann einmal in die Sprechstunde kommen könnte, antwortet sie ausweichend, er habe viel Arbeit und sei auch beruflich stark belastet. „Sie scheuen sich, ihren Mann darum zu bitten." Jawohl, auf ihren Mann habe sie überhaupt keinen Einfluß, das brauche sie gar nicht erst zu versuchen. Frau C. wird erläutert, daß auch ihr Mann an Annes Nöten beteiligt sei und er aus diesen Gründen nicht länger ausgeschlossen werden könnte. Sie wird darin gestärkt, den Mut zu haben, mit ihrem Mann, auch wenn es schwer falle, ein Gespräch zu diesem Thema zu führen. Die Schulpsychologin bietet hierfür ihre Hilfe an.

Bald darauf meldet sich Frau C. zu einem Gespräch, zu dem auch ihr Mann kommen will.

Mit dem Klassenlehrer wird vereinbart, daß er bei diesem Gespräch anfänglich anwesend sein soll, um den Eltern von der Lehrerseite her die Schulprobleme Annes vor Augen zu führen. Es wird Rücksprache mit den Fachlehrern gehalten und die Vorgehensweise besprochen.

Der Klassenlehrer ist wütend, sieht vor allem den Vater als schuldig an Annes Problemen an und möchte ihm die Meinung direkt ins Gesicht sagen.

Die Schulpsychologin bittet den Klassenlehrer, wertneutral nur die schlimme Situation, in der Anne sich befindet, darzulegen. Verteufelungen nützen hier nichts, sondern wecken nur Abwehr und Trotz. Alle Eltern geben in der Erziehung ihr Bestes und Herr C. würde sich mit Recht angegriffen und erniedrigt fühlen. So wird den Eltern vor Augen geführt, daß die Störmanöver und die schlechten Leistungen möglicherweise dazu dienen, Aufmerksamkeit auf sich zu richten, und daß Anne sehr verzweifelt ist und ihre Drohung, von zu Hause wegzulaufen, ernst genommen werden muß.

Der Vater ist nach diesem Bericht sehr nachdenklich. „So schlimm haben Sie die Lage Ihrer Tochter nicht eingeschätzt." Der Vater schluckt und erzählt stockend, daß er ganz übersehen hätte, daß der ewige Streit ums Lernen auch für Anne seine negativen Folgen hätte; er wollte ja nur helfen.

„Sie haben sich sehr um ihre Tochter bemüht und viel Zeit und Energie aufgewendet." Der Vater kann jetzt offen darüber reden, wie seine Bemühungen leider fehlgeschlagen sind, da es ja immer nur Streit gab und die Noten eher schlechter als besser geworden seien. Gefühle von Reue, Schuld und eigenem Versagen werden von Herrn C. geäußert. Herr C. ist ratlos und fragt, was er jetzt tun solle. Leider hätten ja seine Hilfsversuche bisher nichts genützt, obwohl er es gut mit Anne meinte. Auf die Frage, ob er sich vorstellen könne, etwas anders zu machen als bisher, kommt Herr C. zu dem Entschluß, mit seiner Tochter nicht mehr zu lernen. Man spare

sich viel Zank und Auseinandersetzungen, wenn dies jetzt ein Nachhilfelehrer übernehmen würde – der sei ja dafür ausgebildet.
Die Mutter ist noch besorgt wegen der vielen Unterrichtsstörungen ihrer Tochter, worauf Herr C. meint, daß die Störungen sicherlich aufhören würden, wenn er Anne nicht mehr so zusetze. Dieser Schlußsatz des Vater läßt vermuten, daß wirklich eine Einstellungsveränderung als Folge des klientenzentrierten Gesprächs initiiert wurde.
Anne erreichte das Klassenziel, wenn auch mit viel flankierenden Maßnahmen, und sie hatte nicht mal eine Fünf im Zeugnis. Ab der 10. Klasse wurde sie eine viel ruhigere und ausgeglichenere Schülerin mit durchschnittlichen Noten.

8.6 Die Bedeutung der Klientenzentrierten Gesprächsführung für die sozialpädagogische Begleitung chronisch kranker Menschen. Dargestellt am Beispiel von Multiple-Sklerose-Kranken[31]

Einleitende Praxisfelddarstellung

Die Multiple Sklerose und ihre Besonderheiten

Bei der Multiplen Sklerose (MS) handelt es sich um einen entzündlichen Befall des zentralen Nervensystems (Gehirn und/oder Rückenmark) an verschiedenen Stellen (multiple = vielfach).
Nach dem Abklingen dieser Entzündungsherde können narbenartige Verhärtungen (skleros = hart) zurückbleiben. Je nachdem, für welche Funktionen die betroffenen Nerven zuständig sind, stellen sich in der Folge entsprechende Funktionsausfälle bei den erkrankten Menschen ein.
Besonders häufig sind hierbei die Bewegungsunfähigkeit einzelner Gliedmaßen, Blasen-/Darminkontinenz, Seh-, Sprach-, Gleichgewichtsstörungen. Alle diese Symptome können einzeln oder auch mehrere zusammen bzw. nacheinander auftreten. Es gibt bleibende oder auch vorübergehende Schädigungen. Häufig schwankt die Intensität der Ausfallerscheinungen von Tag zu Tag.
Zukunftsprognosen über den Krankheitsverlauf können nicht gestellt werden.

---

31 Verfaßt von Josiane Wies (Diplom-Sozialpädagogin [FH], München) und Günther Hermann (Diplom-Sozialpädagoge [FH], München).

MS-betroffene Menschen leiden zudem häufig unter nicht äußerlich sichtbaren Behinderungen, z. B. einer eingeschränkten Belastbarkeit bei körperlichen Anstrengungen, einer Konzentrationsschwäche bei intellektuellen Leistungen, einer permanenten Müdigkeit u. v. m.

Die Krankheit beeinflußt außerdem meist nicht nur die körperlichen Fähigkeiten, sondern auch den psychisch-seelischen „Haushalt" der erkrankten Personen, z. B. entstehen Identitätskrisen, Rollenkonflikte (Arbeit, Familie etc.), Lebenssinndiffusion, Depressionen usw.

MS-Betroffene müssen wegen der Wechselhaftigkeit und Unvorhersehbarkeit des Krankheitsverlaufs mit einer permanenten Lebensunsicherheit zurechtkommen, deren Folgen vielfältige soziale Probleme sind. So treten z. B. Partnerprobleme, Ehekrisen, Familienprobleme, Arbeitsverlust, sozialer Abstieg, gesellschaftliche Isolation usw. auf.

Da die Ursachen der MS noch nicht endgültig erforscht sind, ist es natürlich auch nicht möglich, ein im Sinne einer Heilung erfolgversprechendes Behandlungs- und Therapieverfahren zu entwikkeln.

Deshalb kann es bei der Begleitung MS-Betroffener nicht nur um ein Bekämpfen der Krankheit gehen. Vielmehr ist ein Akzeptieren, Integrieren und konstruktives Umsetzen der Krankheit in das tägliche Leben notwendig. Der Betroffene muß mit der Krankheit leben und verschiedene Säulen finden lernen, die sein Leben tragen können; wodurch er also trotz bzw. mit der Krankheit Wohlbefinden erlangen kann.

Dabei ist eine wesentliche Voraussetzung, daß Selbstheilungskräfte freigesetzt werden und ganzheitliches Wachstum ermöglicht wird. Das heißt, daß jeder Betroffene seinen individuellen Weg entsprechend seinen Fähigkeiten und Bedürfnissen zu finden und zu gehen lernt.

Beschreibung der Deutschen Multiplen Sklerose Gesellschaft, Landesverband Bayern e. V.

Die Deutsche Multiple Sklerose Gesellschaft, Landesverband Bayern e. V. (DMSG LV Bayern e. V.) ist ein eingetragener gemeinnütziger Verein, dessen Mitglieder MS-betroffene Menschen und nichtbetroffene Förderer sind. Sie arbeiten flächendeckend im Land Bayern.

Diese Solidargemeinschaft hat derzeit ca. 4200 Mitglieder und wird derzeit von 13 Sozialpädagogen und Sozialpädagoginnen und mehreren Verwaltungsmitarbeitern koordiniert.

Nach seiner Satzung hat der Landesverband den Zweck, „Multiple-Sklerose-Kranke zu betreuen oder ihre Betreuung zu fördern. Zu seinen Aufgaben gehören insbesondere die Sozialberatung der Patienten und ihrer Angehörigen, die Vermittlung sozialer Hilfen und Dienstleistungen, nach Maßgabe der Mittel auch die Gewährung von Sachleistungen oder finanziellen Hilfen sowie die Aufklärung und Information für Mitglieder und Öffentlichkeit".

Die DMSG LV Bayern e. V. ist also Anlaufstelle für direkt oder indirekt von MS betroffene Menschen, um ihnen die Möglichkeit zu geben, ihre speziellen und allgemeinen Probleme konstruktiv zu bearbeiten. Dabei ist die Hilfe zur Selbsthilfe vorrangiges Ziel.

Die Relevanz des personenorientierten Konzeptes in der praktischen Sozialpädagogik

Die Konsequenzen für den Sozialpädagogen aus den Besonderheiten der Krankheit MS und aus der besonderen Relevanz des personenzentrierten Ansatzes im Umgang mit chronisch kranken Menschen sollen hier erläutert werden.

Um personenzentriert zu arbeiten, muß ein Sozialpädagoge nicht nur ein spezielles Fachwissen, sondern auch menschliche Qualitäten und Einstellungen mitbringen. Dabei ist die fundamentale Forderung, daß er selbst den betroffenen Menschen als Ganzheit wahrnimmt und akzeptiert, d. h. ihn nicht auf die Krankheit bzw. Behinderung reduziert. Der Sozialpädagoge muß darauf vertrauen können, daß jeder Mensch in der Lage ist, selbstbestimmt und eigenständig zu leben, daß er die Kraft und Fähigkeit besitzt, sich selbst zu finden und seine Einheit herzustellen, daß der Mensch, mit welcher Krankheit oder Behinderung auch immer, den Weg zu seinem Selbst finden und gehen kann.

Auf diesem Weg ist der Sozialpädagoge Begleiter, Helfer und Förderer. Wichtig ist dabei, daß er nicht besser weiß als der zu Begleitende, wie sich dieser zu verhalten hat, damit es ihm besser geht, d. h., er gibt nicht Verhaltensanweisungen. Vielmehr verhilft er dem betroffenen Menschen zu seinen eigenen Kräften zu finden und diese konstruktiv einzusetzen. Er fördert den Betroffenen also ganzheitlich und individuell. Er versucht nicht einzelne Punkte auf die allgemeine Norm hin zu korrigieren. Die personenzentrierte

Begleitung bedeutet eine befristete Hilfe. Der Betroffene wird befähigt, sich selbst zu helfen, die Hilfe von außen wird mit der Zeit entbehrlich. Der Sozialpädagoge sollte besonders auf eine eigenständige Lebensbewältigung hinwirken, sich also ganz bewußt zu gegebener Zeit unbedingt wieder entbehrlich machen und zurückziehen.

Dies sollte nach dem Grundsatz passieren, einem Hungernden nicht einen Fisch zu geben, damit er einen Tag etwas zu essen hat, sondern ihn das Fischen besser lehren, damit er sich selbst mit den nötigen Fischen versorgen kann.

Dazu ist noch zu bemerken, daß es sicher nötig ist, einem Hungernden erst mal einen Fisch zu geben, damit er seinen Hunger stillen kann, um eine Grundlage zu haben für den dringend erforderlichen nächsten Schritt: nämlich das Fischen zu erlernen.

Dies wird in der sozialpädagogischen Praxis durch die Akut- und Soforthilfe verwirklicht. Um diese konstruktive Hilfe anzubieten, sind folgende Voraussetzungen unabdingbar:

Der Helfer darf nur Mittel einsetzen, die der Betroffene ebenfalls selbst verwenden kann bzw. deren Verwendung er erlernen kann. Auch die jederzeitige Verfügbarkeit und die Beschaffung selbst muß gewährleistet sein. Das heißt auch, daß der Sozialpädagoge nicht die Probleme des Betroffenen löst, sondern ihn dies selbst, mit seiner Unterstützung tun läßt. So kann der Betroffene individuelle Problemlösungsstrategien finden und deren praktische Umsetzung einüben und ausprobieren.

Bei Kindern fällt uns dieses ausgewogene Maß an Festhalten und Loslassen relativ leicht. Ein Kind, das laufen lernt, wird zunächst sehr festgehalten. Später braucht es nur noch eine Hand, bis es dann schon einige Schritte alleine schafft. Kann es gut laufen, wird es hierbei keinerlei Hilfe mehr erhalten, denn es braucht sie nicht mehr. Die Eltern reagieren ganz angemessen auf die jeweiligen Bedürfnisse des Kindes und freuen sich daran, wenn es alleine zurechtkommt. Genau in dieser Freude über Selbständigkeit liegt das Ziel der Sozialpädagogik. Dieses wird über eine auf die Bedürfnisse abgestimmte Hilfe erreichbar. Durch diese personenbezogene Hilfe steigt das Selbstwertgefühl des Betroffenen und damit auch sein allgemeines Wohlbefinden. Indem er vom Sozialpädagogen akzeptiert und wertgeschätzt wird, kann er eine eigene Wertschätzung erlangen. In der praktischen Arbeit mit MS-Betroffenen bedeutet dies, daß der Sozialpädagoge auch die Schwächen und Unfähigkeiten vom Betroffenen akzeptieren und konstruktiv umsetzen kann.

Um solch eine Aufrichtigkeit und Annahme zu erreichen, muß eine echte Zuwendung erfolgen, die ihrerseits durch ein einfühlendes Verstehen des anderen geprägt ist.
Nach dieser personenorientierten Arbeitsweise vorzugehen, bietet sich in der sozialpädagogischen Arbeit mit chronisch Kranken an; die Ausbildung in Klientenzentrierter Gesprächsführung/-therapie vermittelt dazu wichtige persönliche und instrumentelle Kompetenz.

Praktische Umsetzung des personenzentrierten Konzeptes in der sozialpädagogischen Praxis

Das Beispiel der sozialpädagogischen Beratung

Der sozialpädagogischen Beratung kommt eine wesentliche Funktion innerhalb der gesamten praktischen Arbeit mit chronisch Kranken zu. Sie wird in unterschiedlicher Intensität und differenzierten Inhalten durchgeführt.
Der Betroffene hat die Möglichkeit, Informationen, die er für seine Lebensbewältigung braucht, zu erhalten, er hat jedoch auch die Möglichkeit, tiefer einzusteigen, um Zugang zu seinem inneren Selbst zu bekommen oder um seine Ziele konkreter werden zu lassen.
Zu dieser Beratung gehört zunächst die fachliche Information über alles MS-Spezifische, z. B. den Stand der Forschung, Therapie- und Behandlungsverfahren etc.
Die sachorientierte Beratung ist notwendig, damit der Betroffene erfahren kann, welche Leistungen ihm zustehen und wie er sie in Anspruch nehmen kann. Hierzu gehört beispielsweise die Beschaffung von Hilfsmitteln, Pflegepersonal, Leistungen nach dem Bundessozialhilfegesetz etc.
Des weiteren ist die Beratung über andere Fachleute und Institutionen bis hin zur Vermittlung derselben von wesentlicher Bedeutung für die Betroffenen.
Die persönlichkeitsorientierte Beratung ist ein weiterer und wesentlicher Inhalt in der Beratungsarbeit. Hier geht es darum, Menschen zu helfen, mit ihrer Lebenssituation psychisch/seelisch fertigzuwerden. Dazu gehört es, über Gefühle sprechen zu lernen und den Zugang zu sich selbst zu finden, die persönlichen Bewältigungswege zu entdecken und diese dann in den Alltag umzusetzen.
Das Spektrum dieser Beratungsinhalte beginnt bei praktischen Pro-

blemen, wie dem Umgang mit dem Rollstuhl, bis hin zu ganz intimen psychischen Schwierigkeiten, etwa dem Umgang mit der Diagnose, Partnerproblemen u. ä. Hier wird besonders an der Entwicklung neuer Lebensalternativen und -perspektiven gearbeitet, also der Entfaltung einer Lebensidentität mit der MS.

Die Beratung, die also von der Informationsvermittlung bis hin zur Selbstfindung reichen kann, sollte nicht nur MS-erkrankten Menschen, sondern auch mittelbar von MS berührten Personen, z. B. Ehepartnern, Pflegekräften, Freunden etc. angeboten werden.

Durch die sozialpädagogische, lebenspraktische Beratung wird dem MS-Betroffenen dazu verholfen, seine Lebenssituation gründlich zu reflektieren, notwendige Zukunftsperspektiven zu entwickeln und zu verwirklichen.

Der Sozialpädagoge sollte mit dem Betroffenen praktisch durch einen „Garten" von Möglichkeiten wandern und diesen kritisch betrachten. Der Klient kann selbst festlegen, wo er anfangen möchte, diesen „Garten" für sich sinnvoll zu bestellen. Der Sozialpädagoge begleitet ihn dabei und verhilft ihm, aufgrund der personenzentrierten Grundlagen, zu einer guten Ernte zu gelangen.

Das zuvor Gesagte wird im folgenden durch ein praktisches Beispiel deutlicher gemacht:

Frau X kommt zwei Jahre nach Ausbruch der Krankheit in die Beratungsstelle, um sich über ihre Möglichkeiten zu informieren. Sie hat keine rechten Vorstellungen, weiß nicht, was sie will und ist sich im unklaren, wie es weitergehen soll. Schon lange hatte sie von der DMSG LV Bayern e. V. gehört, jedoch bisher nie den Mut aufgebracht, sich dorthin zu wenden. Kürzlich erfuhr sie von Bekannten von der Möglichkeit, Freifahrten im öffentlichen Nahverkehr in Anspruch zu nehmen. Da sie in letzter Zeit unter verstärkten Gehstörungen leidet, möchte sie sich über dieses Angebot näher informieren. Der Sozialpädagoge schafft zunächst eine gute Gesprächsatmosphäre, in der er Frau X Tee anbietet und sich mit ihr in Ruhe in einen gemütlichen Raum zurückzieht.

In der ersten Gesprächsphase geht der Sozialpädagoge auf das sachliche Problem der Freifahrt ein, indem er sie über die gesetzlichen Möglichkeiten und den Behördenweg in Kenntnis setzt.

Dabei verhält sich der Sozialpädagoge stark nach dem personenzentrierten Konzept. Er hört Frau X aufmerksam zu, läßt sie ausreden und versucht sie zu verstehen und als ganzen Menschen anzunehmen. Dabei stellt er sich Frau X als Partner zur Verfügung.

Dies geschieht durch ein bewußtes und einfühlendes Gespräch, das durch Fachlichkeit und menschliche Wärme geprägt ist.

Dadurch ist es Frau X möglich, ein persönliches Problem, nämlich ihre Blaseninkontinenz, anzusprechen. Diese äußerlich sachliche Schwierigkeit geht weit in den Intimbereich von Frau X.

Damit geht der Sozialpädagoge behutsam um. Durch den verständnisvollen und einfühlsamen Umgang mit Frau X kann sie zunehmend Vertrauen und Offenheit gewinnen. Dies sind die Voraussetzungen, um bei späteren Gesprächen z. B. auf die, in Zusammenhang mit der Blaseninkontinenz kurz angeklungenen, sexuellen und familiären Probleme von Frau X weiter einzugehen.

Nach ca. einer Stunde wird das Gespräch beendet, nachdem dieses abgerundet wird und die weitere Zusammenarbeit besprochen wird.

Der Sozialpädagoge hat damit durch sein personenzentriertes Vorgehen die Grundlage geschaffen, daß Frau X den Prozeß, sich mit sich selbst auseinanderzusetzen, beginnen konnte.

Kann dieses nicht geschehen, bleibt die Beratung in ihrer Anfangsphase stecken und ist für die Beteiligten mehr oder weniger unbefriedigend.

Das Beispiel der Kontaktgruppe

Die sozialpädagogische Gruppenarbeit stellt ebenfalls eine wichtige Säule im methodischen Handeln dar. Hier wird vor allem mit der Kraft, die der einzelne durch die Gemeinschaft bekommt, gearbeitet. Die Gruppenmitglieder erhalten Anregungen und Impulse durch andere, erfahren Freude durch gemeinsame Aktivitäten usw. Sie können in einem geschützten Rahmen sich im Umgang mit anderen Menschen versuchen und erleben. Hierin ist also ein großes Übungsfeld für den Alltag zu sehen, wo zum Tragen kommt, daß der Mensch eben nicht nur Individuum, sondern auch Mitglied der menschlichen Gemeinschaft ist, also soziale Bedürfnisse empfindet und ausleben kann.

In bezug auf die Gruppenarbeit bedeutet dies für den Sozialpädagogen, diese Bedürfnisse zu erspüren und diesem Bedarf entsprechend Gruppen zu initiieren sowie zu begleiten.

Bei den Kontaktgruppen treffen sich Menschen, um gemeinsam zu reden, Erfahrungen auszutauschen oder etwas zu unternehmen, aber vor allem, um persönliche Schwierigkeiten durch gemeinsame Gespräche zu bearbeiten. Diese Treffen bieten weiter eine Abwechslung vom Alltag, aber auch die Möglichkeit, neue Bereiche für sich zu erschließen.

Bei der Begleitung dieser Gruppen bietet das personenzentrierte Konzept eine wesentliche Grundlage. Dies wird im folgenden durch die Darstellung einer Gruppenentwicklung verdeutlicht.

In einem Stadtteil von München wurde, da der Bedarf bei einigen Betroffenen bestand, eine Kontaktgruppe aufgebaut, welche nach den personenzentrierten Zielvorstellungen arbeiten sollte.

Hierzu suchte der Sozialpädagoge die in Frage kommenden Personen zunächst in deren Wohnung auf. Dabei hilft die personenzentrierte Grundhaltung wesentlich, die Bedürfnisse und Interessen der Betroffenen festzustellen und eine Vertrauensbasis für den Besuch in der Gruppe zu schaffen.

Zudem ist es wichtig, daß der Sozialpädagoge durch das Beschaffen geeigneter Räumlichkeiten, durch das Abklären des Transportes, durch die gemütliche Ausgestaltung des Raumes etc. dafür sorgte, daß die äußeren Bedingungen geschaffen wurden, um eine offene und vertrauensvolle Atmosphäre entstehen zu lassen.

In der Anfangsphase war es notwendig, konsequent darauf zu achten, daß die Teilnehmer nicht die gesamte Verantwortung für das Gruppengeschehen auf den Sozialpädagogen abschoben. Die personenzentrierte Grundhaltung nach außen hin zu „verteidigen" war dabei notwendig, um eine Verwässerung der Zielvorstellungen zu verhindern.

Den Teilnehmern der Gruppe fiel es hier zunächst sehr schwer, sich selbst etwas zuzutrauen, d. h. an ihre eigenen Fähigkeiten und Möglichkeiten zu glauben sowie sich eigene Aktivitäten bei der Gestaltung des Gruppenablaufes zuzutrauen.

Durch viel Akzeptanz, Wärme, Verstärkung, Durchhaltevermögen usw. kam im Verlauf von Monaten bei den schwerstbehinderten Teilnehmern eine deutliche Verbesserung des Selbstwertgefühls, der Aktivierung von Antriebskräften psychisch-seelischer sowie körperlicher Art zustande. Im Laufe der Gruppenentwicklung kam ein körperlich schwerbehinderter Mann soweit, daß er mit in die Gruppenleitung einstieg und immer mehr Aufgaben und Verantwortung übernehmen konnte.

Für den Freiraum, wo sich die Teilnehmer entdecken und entfalten können, sorgt der Sozialpädagoge, indem die Teilnehmer der Gruppe so akzeptiert werden wie sie sind. Diese lernen somit auch sich gegenseitig zu akzeptieren. Die Teilnehmer können das Tempo bestimmen, wie weit und wann sie sich einlassen möchten. Dabei bringt sich der Sozialpädagoge selbst offen und ehrlich ein, respektiert die Teilnehmer mit ihren Fähigkeiten und Unfähigkeiten (z. B. Schwächen, Handicaps etc.). Daneben ist Sensibilität und ein großes Einfühlungsvermögen von Bedeutung, um dort zu helfen, wo aufgrund körperlicher und psychisch-seelischer Schwierigkeiten Bedarf besteht.

Nach ca. einem Jahr war diese Gruppe soweit, ihre Entwicklung sowohl von der Planung, Durchführung und Leitung der Aktivitäten her in die eigene Hand zu nehmen.

Anhang

Lösungen der Testaufgaben

(1) Antwortschlüssel zur Übung

Bestandsaufnahme des Gesprächsverhaltens; Seite 29

Fall-Nr.

	1	2	3	4	5	6	7	8
1:	A	D	A	D	E	A	A	B
2:	D	A	E	C	B	D	E	C
3:	B	B	C	E	A	B	C	E
4:	E	C	D	B	C	E	B	D
5:	C	E	B	A	D	C	D	A

(2) Zu den Lernabschnitten

1. Das klientenzentrierte Konzept

Echtheit; Seite 44

Aufgabe 1

A: 3, 4, 6
B: 1, 2, 5

Aufgabe 2

A, D

Positive Wertschätzung; Seite 53
Aufgabe 1

A: 1, 3, 4, 7, 9, 10
B: 2, 5, 6, 8

Aufgabe 2

A, B, C

Einfühlendes Verstehen; Seite 71
Aufgabe 1

Visueller und akustischer Kommunikationskanal

Aufgabe 2

A: 1, 2, 6, 7, 8, 10
B: 3, 4, 5, 9

Aufgabe 3

B

Aufgabe 4

B

Kritische Reflexion nichtadäquater Verhaltensweisen; Seite 82
Aufgabe 1

A, B, D, G (je nach Tonfall auch C)

Aufgabe 2

Zum Beispiel: Bagatellisieren, Diagnostizieren, Dirigieren, Examinieren, Sich identifizieren, Interpretieren, Moralisieren, Intellektualisieren

Aufgabe 3

a) 3   e) 2
b) 4   f) /
c) /   g) 5
d) 1   h) /

Aufgabe 4

Zu 1.:
- Oft kennt auch der Klient die Gründe seines Verhaltens (kann das Verhalten deswegen aber nicht ändern);
- viele Probleme sind emotional bedingt und lassen sich intellektuell nicht lösen;
- der Klient fühlt sich von der Beraterin nicht emotional verstanden und angenommen.

Zu 2.:
- Es findet sich selten eine individuell passende Lösung;
- der Klient wird in eine passive „Rolle" gedrängt; Unselbständigkeit und Abhängigkeit wird gefördert;
- selbst erarbeitete Lösungen sind oft für einen verbindlicher;
- die Beraterin übt einen gewissen Druck auf den Klienten aus, sich so und so zu verhalten, wenn er will, daß es ihm besser gehen soll.

Selbstexploration; Seite 92

Aufgabe 1

a: 3
b: 6
c: 8 oder 9, hier entscheidet der Gesamtkontext
d: 5

Focusing; Seite 96

Aufgabe 1

A

Rogers' Persönlichkeitstheorie; Seite 102

Aufgabe 1

A, C, D, E

Aufgabe 2

Übereinstimmung/flexibler

Aufgabe 3

A, C

2. *Differentielle Interventionen*

Zur sprachlichen Ausdrucksform; Seite 149

Aufgabe 1

A, C, D

Aufgabe 2

1: D
2: B, F
3: A, C, E

Zur methodisch-inhaltlichen Gesprächsform; Seite 156

Aufgabe 1

1: C, E
4: A, B
5: C
6: A, D, E

Stellung beziehen; Seite 162

Aufgabe 1

- Bekräftigen von Verhaltensweisen
- Stimulieren von Verhaltensweisen
- Hinterfragen von Verhaltensweisen
- Fragen stellen
- Konfrontieren

Aufgabe 2

1: D, G
2: B, E
3: A
5: C, F

3. Anwendung

*Das klientenzentrierte Konzept in Abgrenzung von anderen psycho-
therapeutischen Ansätzen; Seite 178*

Aufgabe 1

c

Aufgabe 2

a: 2
b: 3
c: 1

*Anwendung der Klientenzentrierten Psychotherapie und
Gesprächsführung; Seite 185*

Aufgabe 1

B

Aufgabe 2

B

259

Einzelne Elemente der Gesprächssituation; Seite 194
Aufgabe 1
Ratschläge, kurzfristige Lösungen, Aktivitäten, Fragen

Aufgabe 2

B, D

Verschiedene Anwendungsbereiche; Seite 200
Aufgabe 1

A, B, C

4. Lernzielorientierter Test; Seite 208
Aufgabe 1

A: 1, 3, 4, 7, 9, 10
B: 2, 5, 6, 8

Aufgabe 2

A, D

Aufgabe 3

B

Aufgabe 4

A: 1, 2, 6, 7, 8, 10
B: 3, 4, 5, 9

Aufgabe 5

A, B, E

Aufgabe 6

a) 2   e) 1
b) /   f) /
c) 3
d) 4

Aufgabe 7

A

Aufgabe 8

A, C, D, E

Aufgabe 9

A, C

Aufgabe 10

A, C, D

Aufgabe 11

- Bekräftigen von Verhaltensweisen
- Stimulieren von Verhaltensweisen
- Hinterfragen von Verhaltensweisen
- Fragen stellen
- Konfrontieren

Aufgabe 12

C

Aufgabe 13

B

Aufgabe 14

B, D

Abwehrmechanismus: Bezeichnung aus der Psychoanalyse. Angenommen wird, daß es sich dabei um nichtwillentlich oder unbewußt wirksame „Maßstäbe" handelt, die ein Individuum entwikkelt hat, um sich vor unangenehmen bzw. schmerzhaften Affekten zu schützen, die in bestimmten Situationen körperlicher oder seelischer Bedrängnis auftreten. Die einzelnen Erscheinungsformen werden z. B. als Verdrängung bezeichnet, die sich einschaltet, sobald eine Bedrohung auftritt oder erwartet wird (Drever u. Fröhlich 1968).

Agogik: ago (griech.): ich führe, lenke, leite; Oberbegriff für Pädagogik (Wissenschaft von der Erziehung und Bildung von Kindern und Jugendlichen), Andragogik (Wissenschaft von der Erwachsenenbildung) und Gerontagogik (Wissenschaft von der Arbeit mit alten Menschen) (van Beugen 1972, S. 9).

Aktualisierungstendenz: Angeborene Tendenz zur positiven Selbstverwirklichung.

Anorexie bzw. *Anorexia nervosa:* Eßstörung, deren Hauptmerkmale eine aktive Essensverweigerung und ein markanter Gewichtsverlust sind. Häufig tritt diese Störung bei Mädchen in der oder bei beginnender Pubertät auf, männliche Personen sind seltener betroffen.

Bedingung, notwendige und hinreichende: Nach Rogers gibt es drei Verhaltensmerkmale, die die Therapeutin unbedingt erfüllen muß, soll die Therapie erfolgreich sein. Jedes einzelne dieser Merkmale ist eine notwendige Bedingung für den Therapieerfolg (kann also nicht weggelassen werden). Keine dieser drei aber ist allein ausreichend oder hinreichend für den Erfolg – erst alle drei zusammen bilden (nach Rogers) die hinreichende Bedingung für einen positiven Therapieausgang.

Bekräftigung: siehe positive Verstärkung.

Beobachtungslernen: Durch das Beobachten von Verhaltensweisen sozial bedeutsamer Bezugspersonen können neue Verhaltensweisen aufgebaut bzw. bestehende Verhaltensweisen verstärkt werden (= Imitations- oder Modellernen).

Borderline-Störung: Der Betreffende zeigt Handlungsweisen, die auf der Grenze zwischen neurotischem und psychotischem Verhalten liegen.

Brainstorming: Eine Methode der Informationsgewinnung, bei der alle Beteiligten ihre Ideen, Gedanken, Vorstellungen zu einem bestimmten Thema verbalisieren, ohne daß diese Ideen bewertet werden. Es kommt lediglich darauf an, daß möglichst viele Vorschläge produziert werden. Erst nachdem hinreichend viele Alternativen gesammelt worden sind, werden die einzelnen Vorschläge nach vorzugebenden Kriterien bewertet.

Bulimie bzw. *Bulimia nervosa:* Eßstörung, die durch wiederholte Freßanfälle (schnelle Aufnahme einer großen Nahrungsmenge innerhalb einer bestimmten Zeitspanne) gekennzeichnet ist. Um einer Gewichtszunahme entgegenzusteuern wird häufig die Nahrung anschließend wieder erbrochen. Es besteht das Gefühl, das Eßverhalten während der Freßanfälle nicht kontrollieren zu können.

Delinquenz (lat.): Bezeichnung für rechtswidriges oder kriminelles Verhalten.

Destruktionstrieb: Von Freud verwendeter Ausdruck. Freud ging von – den Lebenstrieben gegenübergestellten – Todestrieben aus, die sich zunächst nach innen wenden und nach der Selbstdestruktion streben. Sekundär werden sie nach außen gerichtet und äußern sich dann in Form des Aggressions- und Destruktionstriebs (Laplanche u. Pontalis 1973).

dissozial (lat.): nicht sozial eingestellt; sozial auffällig.

Dyade: Paar- bzw. Zweierbeziehung.

Effektivitätsforschung: Im Rahmen der Effektivitäts- bzw. Ergebnisforschung wird untersucht, welche Effekte mittels einer bestimmten psychotherapeutischen Technik erzielt werden. Problematisch dabei ist die Auswahl und Operationalisierung der Effektivitätskriterien.

empirisch (griech.): auf Erfahrung beruhend.

externale Inhalte: Aussagen des Klienten, die sich nicht auf persönliche Verhaltens- oder Erlebnisweisen beziehen, sondern auf Sachen, andere Personen oder Verhaltensbeschreibungen.

Feedback: siehe Rückmeldung.

Fixierung: Ein Begriff aus der Psychoanalyse, der eine „Entwicklungshemmung", ein „passives Zurückbleiben" auf einer Entwicklungsstufe beschreibt (Laplanche u. Pontalis 1973).

Gegenkonditionierung: Begriff aus der Verhaltenstherapie, der ganz allgemein die Koppelung eines positiven Reizes mit einem negativen Reiz oder umgekehrt bezeichnet.

Imitationslernen: siehe Beobachtungslernen.

Introversion: Von C. G. Jung eingeführte Bezeichnung für das Vorwiegen des nach innen auf sich selbst gerichteten Interesses, im Unterschied zum extravertierten Persönlichkeitstypus, dessen Interessen sich mehr nach außen richten (Drever u. Fröhlich 1968).

Klientenprozeßvariable: siehe Prozeßvariable bzw. Prozeßmerkmal.

Konfrontation: Die Therapeutin macht den Klienten auf bestimmte Diskrepanzen aufmerksam, z. B. auf Diskrepanzen zwischen verbalem und nichtverbalem Verhalten oder zwischen dem, wie der Klient sich sieht und wie die Therapeutin ihn sieht.

Kongruenz (lat.): Übereinstimmung, Deckungsgleichheit.

Modellernen: siehe Beobachtungslernen.

Neurose: Allgemeine und umfassende Bezeichnung für eine Klasse von Funktionsstörungen mit Erlebnis-, Verhaltens- und körperlichen Symptomen (z. B. Ekel, Schwindel), die auf keine körperlichen Veränderungen zurückgeführt werden können (Drever u. Fröhlich 1968).

operationalisieren, operationale Definition: Im Rahmen einer operationalen Definition wird angegeben, wie das zu definierende Phänomen durch eine Handlung, eine „Operation", hergestellt bzw. gemessen werden kann. Zum Beispiel: Schlangenphobie wird operationalisiert als Sicherheitsentfernung, die der Betreffende in einem Raum mit einer Schlange einhält. Intelligenz wird operationalisiert als Testergebnis in einem bestimmten Intelligenztest.

Phobie: Bezeichnung für abnorme, unkontrollierbare Furcht vor Objekten oder Situationen (Drever u. Fröhlich 1968).

positive Verstärkung: Konsequenz, die die Auftretenswahrscheinlichkeit einer Verhaltensweise erhöht.

Posttest: Vor (prae) einer und nach (post) einer Psychotherapie z. B. wird derselbe Persönlichkeitstest gegeben, um Aufschluß über die Art der Veränderung durch die Therapie zu bekommen.

Praetest: siehe Posttest.

Prozeßforschung: Im Rahmen der Prozeßforschung werden die Prozeßmerkmale von Therapeutin und Klient untersucht.

Prozeßmerkmal: Bei der empirischen Forschung zur Wirkungsweise einzelner Variablen in der Klientenzentrierten Gesprächsführung wird zwischen Therapeuten- und Klientenprozeßmerkmalen und Therapeuten- und Klientenmerkmalen unterschieden. Als *Prozeßmerkmale* werden auf seiten der Therapeutin wie des

Klienten diejenigen Variablen angesehen, die in der Gesprächssituation, d. h. im Gesprächsprozeß wirksam werden. Dies sind z. B. die Merkmale einfühlendes Verstehen, positive Wertschätzung und emotionale Wärme sowie Echtheit und Selbstkongruenz auf seiten der Therapeutin und Selbstexploration auf seiten des Klienten. Von diesen Therapeuten- und Klientenprozeßmerkmalen sind die *Therapeuten- und Klientenmerkmale* abzuheben, die Variablen kennzeichnen, die unabhängig von dem Gesprächsverlauf vorhanden sind, z. B. Alter, Geschlecht, Persönlichkeitsmerkmale des Therapeuten oder Klienten. Da jedoch auch diese Variablen in der Therapie wirksam werden und die therapeutische Interaktion – wenn auch indirekter – beeinflussen, ist die Unterscheidung zwischen Therapeuten- und Klientenprozeßmerkmalen und Therapeuten- und Klientenmerkmalen etwas künstlich und wurde in den Ausführungen auch nicht streng durchgehalten.

Prozeßvariable: siehe Prozeßmerkmal.

Psychohygiene: Vorbeugung psychischer Störungen.

Reliabilität: Bezeichnung für den statistisch ermittelbaren Genauigkeitsgrad eines Tests (wenn ein Test nur reliabel ist, aber nicht valide, ist er zwar meßgenau, aber er mißt Unsinn, siehe → Validität).

Retardierung: Allgemeine Bezeichnung für eine Entwicklungsverzögerung.

Rückmeldung: Dem „Sender" einer Aussage oder Verhaltensweise wird von dem oder den Empfängern rückgemeldet, wie diese aufgenommen worden ist.

Selbstkonzept: Das Bild, das eine Person von sich hat. Es umfaßt alle Erfahrungen, die ein Mensch bisher mit sich, d. h. mit seinen Wahrnehmungen, Gefühlen und Fähigkeiten gemacht hat.

Selbstsicherheitstraining: Methode aus dem Bereich der Verhaltensmodifikation, bei der bestimmte soziale Verhaltensweisen systematisch – häufig mit Hilfe von Rollenspielen – eingeübt werden.

soziale Verstärker: Reaktionen von Mitmenschen, wie Aufmerksamkeit, Lächeln, Bewunderung.

Systematische Desensibilisierung: Bezeichnung für eine Methode der Verhaltensmodifikation, bei der Ängste in einem schrittweisen Lernprozeß systematisch abgebaut werden.

Validität: Bezeichnung aus der Statistik. Ein Test gilt dann als valide, wenn er das wirklich mißt, was er nach Absicht des Testkonstrukteurs messen soll.

Vorschläge für die organisatorische und zeitliche Durchführung der Lern- und Praxisanleitung

Im folgenden werden Vorschläge für den organisatorischen und zeitlichen Ablauf der Lern- und Praxisanleitung im Rahmen einer Lehrveranstaltung an der Fachhochschule gemacht.

(1) Organisatorischer und zeitlicher Ablauf im Rahmen einer zweisemestrigen Lehrveranstaltung an der Fachhochschule

Zeitlicher Ablauf		Themen	Organisationsform
Winter-semester	5 Doppel-stunden[32]	Das klientenzen-trierte Konzept	Eine Doppelstunde pro Woche
	7 Doppel-stunden	Übungen zu der klientenzentrier-ten Grundhaltung	Zusammenhängender Blockunterricht
Sommer-semester	2 Doppel-stunden	Differentielle Interventionen	Eine Doppelstunde pro Woche
	6 Doppel-stunden	Übung der diffe-rentiellen Inter-ventionen	Zusammenhängender Blockunterricht
	4 Doppel-stunden	Anwendung der Klientenzentrier-ten Gesprächs-führung und Übungen zu einzelnen Ele-menten der Ge-sprächssituation	Zusammenhängender Blockunterricht

Für das Wintersemester und Sommersemester wurden jeweils 12 Wochen Vorlesungszeit veranschlagt. Da das Semester meistens 13–14 Wochen umfaßt, läßt dieser Ablauf eine Korrektur nach oben zu, so daß einige Themen punktuell vertieft werden kön-nen.

---

32 1 Doppelstunde = 2 × 45 Minuten.

(2) Organisatorischer und zeitlicher Ablauf im Rahmen einer einsemestrigen Lehrveranstaltung an der Fachhochschule

Zeitlicher Ablauf	Themen	Organisationsform
4 Doppelstunden	Das klientenzentrierte Konzept	1 Doppelstunde pro Woche
6 Doppelstunden	Übungen zur klientenzentrierten Grundhaltung	Zusammenhängender Blockunterricht
2 Doppelstunden	Anwendung der Klientenzentrierten Gesprächsführung mit Übungen	Zusammenhängender Blockunterricht

Während bei einer zweisemestrigen Veranstaltung alle Themenbereiche behandelt werden können, muß sich eine einsemestrige Veranstaltung auf die wichtigsten Themenbereiche beschränken. In diesem Fall sollten die Themen, die aus zeitlichen Gründen nicht berücksichtigt werden können, im Eigenstudium erarbeitet werden.

Darstellung eines Orientierungsseminars im Rahmen der Ausbildung in Klientenzentrierter Gesprächsführung

Das vorliegende Orientierungsseminar steht bei mir am Anfang der 2jährigen Ausbildung in Klientenzentrierter Gesprächsführung. Alle dazu eingeladenen Teilnehmerinnen wurden vorher ausgewählt, d. h., es wurden bereits die fachlichen Kriterien geprüft (Zulassungsvoraussetzungen), und es wurde mit jeder Teilnehmerin vorab ein persönliches Gespräch geführt.

(1) Ziele des Orientierungsseminars

1. Alle wesentlichen Elemente der Ausbildung sollen von den Teilnehmerinnen im Ansatz erfahren werden. Im einzelnen sind dies:
   - das Rollenspiel mit anschließender Reflexion (und damit zugleich Hinführung zur Supervision als Ausbildungselement),
   - die Selbsterfahrung in der Gruppe,
   - die Vermittlung der Theorie.

2. Vertrautwerden der einzelnen Teilnehmerinnen mit der Gruppe und mit der Gruppenleiterin und Klärung der Frage: Kann ich mich hier einlassen? Kann ich hier lernen?
3. Klärung für mich: Bekomme ich Kontakt zu allen Teilnehmerinnen? Kann die einzelne Teilnehmerin von der Gruppe und von der Ausbildung profitieren?

(2) Zeitlicher Rahmen

Diese Veranstaltung findet als Wochenendseminar von Freitag, 14 Uhr bis Sonntag, 13 Uhr statt.

(3) Inhalte und Methoden

Freitag 14–21 Uhr

1. Phantasieübung
Im Rahmen einer Phantasieübung werden die Teilnehmerinnen aufgefordert in Gedanken nach Hause bzw. an den Arbeitsplatz zurückzukehren, um alles Unerledigte noch in Ruhe zu Ende zu führen.
2. Vorstellung des Wochenendes, organisatorisch und inhaltlich.
3. Vorstellung in imaginativen Bildern
Ziele: Die Teilnehmerinnen sollen in Kontakt mit sich kommen, von sich vor der Gruppe sprechen können und sich und die anderen Gruppenteilnehmerinnen erfahren.
Verlauf: Die Teilnehmerinnen werden aufgefordert, bei sich nach einem imaginativen Bild zu suchen, mit dem sie sich vorstellen wollen. Ein Bild, das ihnen zu sich einfällt. Es wird ein Beispiel gegeben (z. B. „Ich bin eine Katze, die ganz viel draußen umherstreift und ganz viel sehen, entdecken will...), dann kommt eine Entspannungsanweisung und der Hinweis, sich viel Zeit zu lassen. Hat die einzelne Teilnehmerin „ihr" Bild gefunden, soll es auf einem großen Blatt Papier dargestellt werden. Wenn alle fertig sind, stellt sich jede Teilnehmerin mit ihrem Bild vor.

Auswertung: Wie lange dauerte es, bis das Bild da war? Kamen erst andere Bilder? Hat sich das Bild beim Malen verändert (im Vergleich zur ersten Imagination)? Die übrigen Teilnehmerinnen sagen nach der Vorstellung, was ihnen zu dem Bild einfällt, ihre Gefühle, Eindrücke (keine wertenden Deutungen). Zum Abschluß werden die Teilnehmerinnen gebeten, sich einen Platz für ihr Bild im Raum zu suchen und es dort aufzuhängen.

4. Schilderung bisheriger Ausbildungserfahrungen und Bezug zum klientenzentrierten Ansatz

Zum Abschluß des Tages schildern die Teilnehmerinnen ihre bisherigen Ausbildungserfahrungen, stellen ihre Arbeitsstellen und Tätigkeiten vor und tauschen sich darüber aus, welche Erwartungen sie an die Ausbildung in Klientenzentrierter Gesprächsführung im Rahmen ihrer beruflichen und persönlichen Situation haben. Die „Runde" schließt mit der Frage: Was brauche ich, um hier konstruktiv arbeiten zu können?

Samstag 9.00–18.30 Uhr

1. Ausgangsgesprächsstil dokumentieren

Ziel: Um den momentanen Gesprächsstil festzustellen und die Veränderungen im Gesprächsverhalten im Laufe der Ausbildung zu objektivieren, werden zwei Übungen durchgeführt.

Verlauf:
Übung A: Bestandsaufnahme des gegenwärtigen Gesprächsverhaltens, s. S. 22.
Übung B: Gespräch in 2er-Gruppen (mit Kassettenaufnahme). Themenvorschläge: Wie waren meine Gefühle beim Herkommen? Wie geht es mir jetzt? Was beschäftigt mich gerade?

Auswertung:
Übung A: s. S. 27.

Übung B: Kurze Reflexion darüber, ob sich der „Klient" verstanden fühlte, ob ihm etwas speziell auffiel, z. B.: „Du hast sehr viel nachgefragt."

2. Erfahrungsaustausch über „helfende Gespräche"

Ziel: Jede Teilnehmerin soll sich bewußt werden, daß sie nicht bei „Null" anfängt, sondern schon Erfahrungen mit Merkmalen des klientenzentrierten Gesprächs gemacht hat.

Verlauf: Austausch in 2er-Gruppen (andere Zusammensetzung als bei der vorherigen Übung) zu folgendem Thema: Erinnere ich mich an Situationen oder Personen, in denen mir durch ein (oder mehrere Gespräche) geholfen wurde? Was war mir damals wichtig? Warum hat mir das Gespräch geholfen?

Auswertung: Die Erfahrungen werden anschließend im Plenum zusammengetragen und auf einem Plakat gesammelt. Beispiele: Bereitschaft mich anzuhören; Kongruenz; der wußte, was in mir vorging; ließ mich ausreden; jemand, bei dem ich nicht etwas Gescheites sagen muß; ließ mich alles sagen, was mir so kam; jemand, der nicht von vorneherein alles besser weiß...

3. Das klientenzentrierte Konzept

Ausgehend von dem gesammelten Material werden die Grundhaltungen von Rogers überblicksartig vorgestellt.

Mittagspause

4. Selbsterfahrung zum Thema „Helfen"

Ziel: Klärung der Frage: Was für einen inneren Bezug habe ich zum „Helfen"?

Verlauf: Nach einer kurzen Entspannungsanweisung werden die Teilnehmerinnen aufgefordert, in Gedanken in die frühe Kindheit (vor Schuleintritt), in die mittlere Kindheit (bis zur Pubertät) und in die Zeit als Jugendliche zurückzukehren. Sie werden angeleitet, jede dieser Altersphasen in Ruhe „anzuschauen", Bilder kommen zu lassen und dann – bezogen auf die verschiedenen Altersstufen – der Frage nachzugehen:

Habe ich Hilfe gebraucht?
Wenn ja: Habe ich Hilfe erfahren? Wenn ja, wie habe ich diese Hilfe erlebt?
Wenn keine Hilfe da war: Wie habe ich ohne Hilfe überlebt?

Auswertung: Die Teilnehmerinnen schildern ihre Kindheitserinnerungen, die erhaltene oder verwehrte Hilfestellung. Dabei wird herausgearbeitet, inwieweit gerade diese Kindheitserfahrungen das „Helfen heute" bei jeder einzelnen bestimmen.

5. Nicht-verbale Übung zum Thema „Helfen" (nur falls noch Zeit)

Ziel: Sensibilisierung für nicht-verbalen Ausdruck als Element der Gesprächsführung (s. S. 46); Abrundung des Themas „Helfen"; Bewegung und nicht-verbale Kommunikation als Gegenpol zum vorherigen Sitzen und Reden.

Verlauf: Die Teilnehmerinnen stellen sich in einem großen Kreis auf. Sie werden aufgefordert, abwechselnd auf eine oder mehrere der Teilnehmerinnen zuzugehen und jeweils ausschließlich über Körperhaltung, Mimik und Gestik ein „Hilfe geben" zu signalisieren.

Auswertung: Kommt das an, was ich nicht-verbal ausdrücken möchte? Wie leicht/schwer fällt mir Körpersprache? War meine Art und Weise Hilfe zu signalisieren immer gleich oder ganz verschieden, je nach Interaktionspartnerin?

Sonntag 9–13 Uhr

1. Rollenspiel: Beraterin – Klient – Beobachterin

Ziel: Vertrautwerden mit diesem sehr wichtigen Ausbildungselement.

Verlauf: Nach kurzen Vorüberlegungen (kenne ich Rollenspiele schon? Welche Rolle würde mir spontan leichter fallen: Beraterin oder Klient?) wird den Teilnehmerinnen die Durchführung der Rollenspiele erläutert (s. S. 118). Als Thema soll ein persönliches Problem genommen werden (s. S. 118); Lernziele s. S. 122.

Auswertung: s. Lernkontrolle S. 123. Darüber hinaus soll deutlich herausgearbeitet werden, was die einzelne Teilnehmerin für eine Klientenzentrierte Gesprächsführung bereits mitbringt: z. B. kann sehr gut zuhören, ist in Mimik und Gestik sehr stimmig etc.

2. Reflexion der Rollenspiele im Plenum

Austausch darüber, wie es den einzelnen Teilnehmerinnen mit diesem Arbeitsstil ging und was sie über sich in der Rolle der Beraterin erfahren haben. Eventuell erste Lernziele formulieren, z. B.: darf nicht so oft unterbrechen.

3. Vorstellung des Ausbildungskonzeptes

Das Ausbildungskonzept wird inhaltlich und formal erläutert, Fragen werden geklärt und eine Literaturliste kommentierend vorgestellt.

4. Abschlußplenum

Abschließende Klärung und Beantwortung der auf Seite 268 formulierten Fragen zur definitiven Teilnahme an der Ausbildung.

Literaturverzeichnis

Antons, K.: Praxis der Gruppendynamik. Hogrefe, Göttingen 1973.

Aspy, D. N.: Der klientenzentrierte Ansatz in der Lehrerausbildung. In: Jankowski, P./Tscheulin, D./Fietkau, H.-J./Mann, F. (Hrsg.): Klientenzentrierte Psychotherapie heute. Hogrefe, Göttingen 1976.

Auckenthaler, A.: Klientenzentrierte Psychotherapie mit Paaren. Kohlhammer, Stuttgart 1983.

Axline, V.: Play Therapy. Houghton-Mifflin, Boston 1947. Dt.: Kinder-Spieltherapie im nicht-direktiven Verfahren. Reinhardt, München 1972.

Bandler, R./Grinder, J.: Neue Wege der Kurzzeittherapie. Junfermann, Paderborn 1984.

Baumgärtel, F.: Theorie und Praxis der Kinderpsychotherapie. Pfeiffer, München 1976.

Barret-Lennard, G. T.: Dimensions of therapist response as causal factors in the therapeutic change. Psychological Monographs 76, whole No. 562, 1962.

Benecken, J.: Kinderspieltherapie. Kohlhammer, Stuttgart 1982.

Beugen, van, M.: Agogische Intervention, Planung und Strategie. Lambertus, Freiburg 1972.

Biermann-Ratjen, E./Eckert, J./Schwartz, H. J.: Gesprächspsychotherapie. Verändern durch Verstehen. Kohlhammer, Stuttgart [5]1989.

Bommert, H.: Grundlagen der Gesprächspsychotherapie. Kohlhammer, Stuttgart [4]1987.

Carkhuff, R. R.: Helping & human relations. Vol. I & II, New York 1969.

Dieker, J./Müller, D.: Unbedingte positive Wertschätzung als erlernbare therapeutische Kompetenz. In: Informationsblätter der Gesellschaft für wissenschaftliche Gesprächspsychotherapie 65, 1986, S. 31–44.

Dittes, J. E.: Attractiveness of groups as a function of self-esteem and acceptance by group. In: Journal of abnormal social Psychology 59, 1959, S. 77–82.

Doll, G./Feindt, K./Kühne, A./Langer, J./Sternberg, W./Tausch, A.: Klientenzentrierte Gespräche mit Insassen eines Gefängnisses über Telefon. In: Zeitschrift für Klinische Psychologie 1, 1974, S. 39–56.

Drever, J./Fröhlich, W.D.: Wörterbuch zur Psychologie. Deutscher Taschenbuchverlag 1986.

Eckert, J.: Prozesse in der Gesprächspsychotherapie: Die Bedeutung subjektiver Erfahrung von Klient und Psychotherapeut im Hinblick auf Therapieverlauf und Therapieerfolg. Unveröffentlichte Dissertation, Universität Hamburg 1974.

Eysenck, H.-J.: Verhaltenstherapie. In: Bergold, J.B. (Hrsg.): Psychotherapie. Urban und Schwarzenberg, München 1973.

Esser, U.: Versuch einer Abgrenzung von Beratung und Psychotherapie. In: Informationsblätter der Gesellschaft für wissenschaftliche Gesprächspsychotherapie 64, 1986, S. 3–19.

Esser, U./Sander, K.: Personenzentrierte Gruppentherapie. Asanger, Heidelberg 1988.

Esser, U./Schneider, I.: Klientenzentrierte Partnerschaftstherapie als Beziehungstherapie – eine Positionsbestimmung. In: Behr/Petermann/Pfeiffer/Seewald (Hrsg.): Jahrbuch für personenzentrierte Psychologie und Psychotherapie. Otto Müller, Salzburg 1989.

Faber, H./Schoot, van der, E.: Praktikum des seelsorgerlichen Gesprächs. Vandenhoeck & Ruprecht, Göttingen ⁵1974.

Fietkau, H.-J.: Die Einstellung in der Psychotherapie. Otto Müller, Salzburg 1977.

Finke, J.: Vom Klienten zur Person – Die Wende in der GPT? In: Informationsblätter der Gesellschaft für wissenschaftliche Gesprächspsychotherapie 58, 1985, S. 3–11.

Finke, J.: Die gesprächspsychotherapeutische Krankheitslehre unter dem Aspekt der sogenannten ätiologischen Orientierung. In: GwG-Zeitschrift 82, 1991a, S. 25–29.

Finke, J.: Der Krankheitsbegriff in der klientenzentrierten Gesprächspsychotherapie. In: Petzold, H./Pritz, A. (Hrsg.): Der Krankheitsbegriff in den verschiedenen psychotherapeutischen Schulen. Junfermann, Paderborn 1991b.

Finke, J./Teusch, L. (Hrsg.): Gesprächspsychotherapie bei Neurosen und psychosomatischen Erkrankungen. Asanger, Heidelberg 1991.

Fröhlich-Gildhoff, K.: Beziehung statt Ausgrenzung!? In: GwG Zeitschrift 82, 1991, S. 70–75.

Geldard, D.: Basic Personal Counselling. A training manual for counsellors. Prentice Hall, New York/Sydney 1989.

Gendlin, E.T.: Experiencing: A variable in the process of psychotherapeutic change. American Journal of Psychotherapy 15, 1961, S. 233 ff.

Gendlin, E.T.: Focusing. Otto Müller, Salzburg 1981.

Gendlin, E.T.: Man spürt, wenn eine Entscheidung sitzt. In: Psychologie heute 3, 1984, S. 9–13.

Gesellschaft für wissenschaftliche Gesprächspsychotherapie e.V.: Informationsblätter 25, 1976, S. 91–97.

Gesellschaft für wissenschaftliche Gesprächspsychotherapie e. V.: Satzung und Ausbildungsrichtlinien. Bezugsquelle: 5000 Köln 1, Richard-Wagner-Str. 12.

Gesellschaft für wissenschaftliche Gesprächspsychotherapie/GwG (Hrsg.): Orientierung an der Person. Diesseits von Psychotherapie. GwG-Verlag, Köln 1988.

Gesellschaft für wissenschaftliche Gesprächspsychotherapie/GwG (Hrsg.): Orientierung an der Person. Jenseits von Psychotherapie. GwG-Verlag, Köln 1988a.

Goetze, H.: Personenzentrierte Spieltherapie. Hogrefe, Göttingen 1981.

Goetze, H./Jaede, W.: Die nicht-direktive Spieltherapie. Kindler, München 1974.

Goldfried, M. R./D'Zurilla, T. J.: Problem solving and behavior modification. In: Journal of Abnormal Psychology 78, 1971, S. 107–126.

Gutberlet, M.: Power des personenzentrierten Zugangs zum Menschen. In: Informationsblätter der Gesellschaft für wissenschaftliche Gesprächspsychotherapie 63, 1986, S. 9–19.

Graumann, C. F.: Psychologie – humanistisch oder human? In: Psychologie heute 8, 1977, S. 40–45.

Grinder, J./Bandler, R.: Kommunikation und Veränderung. Junfermann, Paderborn 1984.

Hoffmann, N./Gerbis, K. E.: Gesprächsführung in psychologischer Therapie und Beratung. Otto Müller, Salzburg 1981.

Howe, J. (Hrsg.): Integratives Handeln in der Gesprächspsychotherapie. Beltz, Weinheim 1982.

Hutter, A.: Zu den Rahmenbedingungen von Klientenzentrierter Psychotherapie und Beratung im Gesundheitswesen. Hrsg. von der Gesellschaft für wissenschaftliche Gesprächspsychotherapie. GwG-Verlag, Köln 1988.

Jacobs, S.: Beziehungsmuster in der Klientenzentrierten Psychotherapie mit Delinquenten. In: Zeitschrift für personenzentrierte Psychologie und Psychotherapie 2, 1984, S. 173–186.

Jacobs, S./Hoyer, J./Katthän, U./Zahnow, U.: Psychotherapie mit psychisch kranken Delinquenten. In: GwG Zeitschrift 80, 1990, S. 223–227.

Kaiser, P.: Sind systemisch-direktive Interventionsmethoden mit einer humanistisch/klientenzentrierten Grundhaltung vereinbar. In: Informationsblätter der Gesellschaft für wissenschaftliche Gesprächspsychotherapie 59, 1985, S. 8–17.

Kemper, F.: Klientenzentrierte Kinderpsychotherapie heute – ein früher Therapiesprößling bringt sich in Erinnerung. In: Informationsblätter der Gesellschaft für wissenschaftliche Gesprächspsychotherapie 59, 1985, S. 132–150.

Kilpeläinen, I.: Zuhören und helfen in Seelsorge und Beratung. Ehrenfried Klotz, Stuttgart 1973.

Köhne, F.: Focusing und klientenzentrierte Psychotherapie. In: Tscheulin, D. (Hrsg.): Beziehung und Technik in der klientenzentrierten Therapie. Beltz, Weinheim 1983, S. 122–139.

König, F.: Die Verbesserung der Problemlösefähigkeit durch gesprächspsychotherapeutische Reduktion internal motivierter Konflikte. In: Jankowski, P./Tscheulin, D./Fietkau, H.-J./Mann, F. (Hrsg.): Klientenzentrierte Psychotherapie heute. Hogrefe, Göttingen 1976.

Krenz, A.: Handlungskompetenz Freiheit – ein (un)berücksichtigtes Element in der Ausbildung von Helfern. In: Informationsblätter der Gesellschaft für wissenschaftliche Gesprächspsychotherapie 65, 1986, S. 9–30.

Kroeger, M.: Themenzentrierte Seelsorge. Kohlhammer, Stuttgart ²1976.

Laplanche, J./Pontalis, J.-B.: Das Vokabular der Psychoanalyse. Suhrkamp Taschenbuch 1973.

Lerner, B.: Therapy in the ghetto. Baltimore 1972.

Martin, D. G.: Gesprächspsychotherapie als Lernprozeß. Otto Müller, Salzburg 1975.

Mente, A./Spittler, H.-D.: Erlebnisorientierte Gruppenpsychotherapie. Junfermann, Paderborn 1980.

Meyer, W.-U.: Leistungsmotiv und Ursachenerklärung von Erfolg und Mißerfolg. Klett, Stuttgart 1973.

Meyer-Cording, G./Speierer, G.-W. (Hrsg.): Gesundheit und Krankheit. GwG-Verlag, Köln 1990.

Minsel, W.-R.: Gesprächspsychotherapie bei dissozialen Jugendlichen. In: Praxis der Kinderpsychotherapie und Kinderpsychiatrie 22, 1973, S. 131.

Minsel, W.-R.: Praxis der Gesprächspsychotherapie. Böhlau, Wien 1974.

Minsel, W.-R./Langer, J.: Forschung in client-centered Gesprächspsychotherapie. In: Schraml, W./Baumann, U. (Hrsg.): Klinische Psychologie II. Huber, Bern 1974.

Minsel, W.-R./Langer, J./Peters, U./Tausch, R.: Bedeutsame weitere Variablen des Psychotherapeutenverhaltens. In: Zeitschrift für klinische Psychologie 2, 1973, S. 197–210.

Ostbomk-Fischer, E.: Beratungsgespräche mit aggressiven Jugendlichen. In: Deter, D./Straumann, U. (Hrsg.): Personenzentriert Verstehen – Gesellschaftsbezogen Denken – Verantwortlich Handeln. GwG-Verlag, Köln 1990.

Pavel, F.-G.: Integrative klientenzentrierte Therapie individueller und sozialer Systeme. In: Zeitschrift für personenzentrierte Psychologie und Psychotherapie 3, 1984, S. 277–300.

Pavel, F.-G.: Klientenzentrierte Therapie von Systemen. In: Informationsblätter der Gesellschaft für wissenschaftliche Gesprächspsychotherapie *59*, 1985, S. 34–54.

Pavel, F.-G.: Integrierte klientenzentrierte Therapie von Systemen. In: Behr/Petermann/Pfeiffer/Seewald (Hrsg.): Jahrbuch für personenzentrierte Psychologie und Psychotherapie. Band 1. Otto Müller, Salzburg 1989.

Perlmann, H. H.: Das Modell des problemlösenden Vorgehens in der Sozialen Einzelhilfe. In: Roberts, R. W./Nee, R. H. (Hrsg.): Konzepte der Sozialen Einzelhilfe. Lambertus, Freiburg 1974.

Pfeiffer, W. M.: Aspekte der klientenzentrierten Psychotherapie. Skalen zur didaktischen Gesprächsanalyse nach Carkhuff, Gendlin, Tausch. In: Informationsblätter der Gesellschaft für wissenschaftliche Gesprächspsychotherapie *23*, 1977, S. 7–12.

Pfeiffer, W. M.: Konsens als Grundlage therapeutischen Handelns. In: Zeitschrift für personenzentrierte Psychologie und Psychotherapie *3*, 1983, S. 321–330.

Pfeiffer, W. M./Rellecke, E.-M.: Analyse und Interpretation eines Gespräches aus der ärztlichen Allgemeinpraxis unter patientenorientierter Perspektive. In: Informationsblätter der Gesellschaft für wissenschaftliche Gesprächspsychotherapie *59*, 1985, S. 151–167.

Pörtner, M./Monstein, P.: Personenzentrierte Beratung – Überlegungen zu einem Konzept. In: Informationsblätter der Gesellschaft für wissenschaftliche Gesprächspsychotherapie *60*, 1985, S. 68–70.

Pongratz, L. J.: Lehrbuch der klinischen Psychologie. Hogrefe, Göttingen 1973.

Quitmann, H./Tausch, A./Tausch, R.: Selbstkommunikation von Jugendlichen und ihren Eltern. Zusammenhang mit Psychoneurotizismus und elterlichem Erziehungsverhalten. In: Zeitschrift für klinische Psychologie *3*, 1974, S. 193–204.

Ripke, Th.: Erfahrungen mit der Gesprächspsychotherapie als Allgemeinarzt. In: Zeitschrift für personenzentrierte Psychologie und Psychotherapie *3*, 1983, S. 367–373.

Roberts, R. W./Nee, R. H. (Hrsg.): Konzepte der Sozialen Einzelhilfe. Lambertus, Freiburg 1974.

Rogers, C. R.: The necessary and sufficient conditions of therapeutic personality change. In: Journal of Consulting Psychology *21*, 1957, S. 95–103.

Rogers, C. R.: Die nicht-direktive Beratung. Kindler, München 1972(a), [6]1985.

Rogers, C. R.: Die klientenzentrierte Gesprächspsychotherapie. Kindler, München 1972(b), [8]1986.

Rogers, C. R.: Rückblick auf die Entwicklung meines therapeutischen und philosophischen Denkens. In: Jankowski, P. u. a. (Hrsg.): Klientenzentrierte Psychotherapie heute. Hogrefe, Göttingen 1976.

Rogers, C. R.: Therapeut und Klient. Kindler, München 1977, 1985.

Rogers, C. R.: Meine Beschreibung einer personenzentrierten Haltung. In: Zeitschrift für personenzentrierte Psychologie und Psychotherapie *1*, 1982, S. 75–78.

Rogers, C. R.: Encounter-Gruppen. Fischer Taschenbuch, Frankfurt 1984.

Rotter, J. B.: Generalized expectancies for internal versus external control of reinforcement. In: Psychological Monographs *80*, Nr. 1, 1966.

Sander, K.: Einige Anmerkungen zum Problem der Determination von Therapieeffekten durch Ausgangs-Persönlichkeitsbedingungen des Klienten. In: Jankowski, P. u. a. (Hrsg.): Klientenzentrierte Psychotherapie heute. Hogrefe, Göttingen 1976.

Sander, K.: Klientenzentrierte Beratung. In: Gruppendynamik *13*, 1982, S. 79–90.

Sander, K./Esser, U.: Personenzentrierte Gruppenarbeit. Asanger, Heidelberg 1988.

Scherer, K. R.: Non-verbale Kommunikation. Buske, Hamburg 1972.

Schild, H.: Empirische Befunde zum Einfluß von Psychotherapeutenmerkmalen auf den gesprächspsychotherapeutischen Prozeß. In: Gesellschaft für wissenschaftliche Gesprächspsychotherapie (Hrsg.): Die klientenzentrierte Gesprächspsychotherapie. Kindler, München 1975.

Schmid, P. F.: Das beratende Gespräch. Herder, Wien 1973.

Schmid, P. F.: Personale Begegnung. Echter, Würzburg 1989.

Schmidbauer, W.: Helfen als Beruf. Rowohlt, Reinbek 1983.

Schmidtchen, S.: Klientenzentrierte Spieltherapie. Beltz Verlag, Weinheim 1974, 1978.

Schmidtchen, S. (Hrsg.): Handbuch der Klientenzentrierten Kindertherapie. Institut für Psychologie (unveröffentlicht). Kiel 1976.

Schmidtchen, S./Kaatz, S.: Gesprächspsychotherapie bei Jugendlichen. In: Schmidtchen, S. (Hrsg.): Handbuch der Klientenzentrierten Kindertherapie. Institut für Psychologie (unveröffentlicht). Kiel 1976.

Schmidtchen, S.: Personenzentrierte Kinderpsychotherapie. In: Behr/Petermann/Pfeiffer/Seewald (Hrsg.): Jahrbuch für personenzentrierte Psychologie und Psychotherapie. Band 1. Otto Müller, Salzburg 1989.

Schmidtchen, S.: Klientenzentrierte Spiel- und Familientherapie. Psychologie Verlags Union, Weinheim 1991.

Schneider, K.: Das Gesprächspsychotherapiekonzept als Kommunikationsmedium des Erziehungsgedankens im Jugendstrafvollzug. In: Jankowski, P./Tscheulin, D./Fietkau, H.-J./Mann, F. (Hrsg.): Klientenzentrierte Psychotherapie heute. Hogrefe, Göttingen 1976.

Schofield, W.: Psychotherapy, the purchase of friendship. Englewood Cliffs. Prentice Hall. New-Jersey 1964.

Schraml, W.: Psychoanalyse. In: Bergold, J. B. (Hrsg.): Psychotherapie. Urban & Schwarzenberg, München 1973.

Schreiber, W.: Personenzentrierte Arbeit im Strafvollzug oder Das Prinzip des trojanischen Pferdes – Beobachtungen und Erfahrungen. In: Zeitschrift für personenzentrierte Psychologie und Psychotherapie 2, 1984, S. 159–172.

Schwartz, H.-J.: Bedingungen des Behandlungseffektes im Anfangsgespräch. Unveröffentlichte Dissertation. Universität Hamburg 1975 (a).

Schwartz, H.-J.: Empirisch überprüfte Prozeßmerkmale in der Gesprächspsychotherapie. In: Gesellschaft für wissenschaftliche Gesprächspsychotherapie (Hrsg.): Die klientenzentrierte Gesprächspsychotherapie. Kindler, München 1975 (b).

Seibert, U.: Soziale Arbeit als Beratung. Beltz, Weinheim 1978.

Shapiro, J. G./Krauss, H. G./Truax, Ch. B.: Therapeutic conditions and disclosure beyond the therapeutic encounter. In: Journal of Counseling Psychology 16, 1969, S. 290–294.

Shapiro, J. G./Voog, T.: Effect of the inherently helpful person on student academic achievement. In: Journal of Counseling Psychology 16, 1969, S. 505–509.

Smalley, R. E.: Die funktionelle Methode als Grundlage der sozialen Einzelhilfe-Praxis: In: Roberts, R. W./Nee, R. H. (Hrsg.): Konzepte der sozialen Einzelhilfe. Lambertus, Freiburg 1974.

Speierer, G.-W.: Personenorientierte Kinderheilkunde. In: Zeitschrift für personenzentrierte Psychologie und Psychotherapie 3, 1983, S. 293–310.

Speierer, G.-W.: Eine klientenzentrierte Krankheitstheorie für die Gesprächspsychotherapie. In: Meyer-Cording, G./Speierer, G.-W. (Hrsg.): Gesundheit und Krankheit. GwG-Verlag, Köln 1990.

Stefflre, B./Grant, W. H.: Theories of counseling. New York 1972.

Stich, H.: Kernstrukturen menschlicher Begegnung. Johannes Berchmans Verlag, München 1977.

Stosch, Th. v.: Personenzentrierte Gruppenpsychotherapie in Form von Phantasie- und Rollenspielen mit 4- bis 7jährigen Kindern: Erfahrungen aus dem teilstationären Bereich für Vorschulkinder einer Kinder- und Jugendpsychiatrie. In: Esser, U./Sander, K. (Hrsg.): Personenzentrierte Gruppentherapie. Asanger, Heidelberg 1988.

Tausch, R.: Gesprächspsychotherapie. Hogrefe, Göttingen [5]1973.

Tausch, R.: Ergebnisse und Prozesse der klientenzentrierten Gesprächspsychotherapie bei 550 Klienten und 115 Psychotherapeuten. Eine Zusammenfassung des Hamburger Forschungsprojektes. In: Jankowski, P./Tscheulin, D./Fietkau, H.-J./Mann, F. (Hrsg.): Klientenzentrierte Psychotherapie heute. Hogrefe, Göttingen 1976.

Tausch, R./Tausch, A.-M.: Erziehungspsychologie. Hogrefe, Göttingen [8]1977.

Tausch, R./Tausch, A.-M.: Gesprächspsychotherapie. Hogrefe, Göttingen [8]1981.

Tausch, A./Kettner, U./Steinbach, I./Tönnies, S. V.: Effekte kindzentrierter Einzel- und Gruppengespräche mit unterprivilegierten Kindergarten- und Grundschulkindern. In: Psychologie in Erziehung und Unterricht *20*, 1973, S. 77–88.

Teigeler: Kommunikation und Persuasion. In: Verhaltensbeeinflussung durch Gesundheitserziehung –Methodologische Probleme. Hrsg. von Bundeszentrale für gesundheitliche Aufklärung. Köln 1969, S. 29–48.

Terjung, B.: Person-centered approach und Organisationsentwicklung. In: Behr/Esser/Petermann/Pfeiffer (Hrsg.): Jahrbuch für personenzentrierte Psychologie und Psychotherapie. Band 2. Otto Müller, Salzburg 1990.

Truax, Ch. B.: A scale for the measurement of accurate empathy. In: Psychiatric Institute Bulletin. University Wisconsin *12*, 1961.

Truax, C. B.: A tentative scale for the measurement of unconditional positive regard. Psychiatric Institute Bulletin. University Wisconsin 1962.

Truax, C. B.: A tentative scale for the measurement of therapist genuineness of self congruence. Micro-Manuscript. Psychiatric Institute. University Wisconsin 1962.

Truax, C. B.: Reinforcement and nonreinforcement in Rogerian psychotherapy. In: Journal of abnormal Psychology *71*, 1966, S. 1–9.

Truax, C. B./Carkhuff, R. R.: Toward effective Counseling and Psychotherapy: Training and Practice. Chicago: Aldine Public Corporation, 1967.

Tscheulin, D.: Ausbildung in therapeutischem Basisverhalten. Unveröffentlichte Dissertation, Universität Würzburg 1972.

Tscheulin, D.: Ein Ansatz zu einer differentiellen Gesprächspsychotherapie als Beitrag zur Theorienbildung in der Klientenzentrierten Psychotherapie. In: P. Jankowski, D. Tscheulin, H.-J. Fietkau u. F. Mann (Hrsg.): Klientenzentrierte Psychotherapie heute. Hogrefe, Göttingen 1976, S. 98–109.

Tscheulin, D. (Hrsg.): Beziehung und Technik in der klientenzentrierten Therapie. Beltz, Weinheim 1983.

Vukovich, A.: Redefiguren. In: Psychologie heute *10*, 1975, S. 50–54 und *11*, 1975, S. 51–54.

Vukovich, A.: Gesprächsmittel der Rogers-Schule. Unveröffentlichtes Manuskript. Universität Regensburg 1976.

Vukovich, A.: Psychologie der Gesprächsführung, Medienprojekt im Auftrag der Bayerischen Landesuniversitäten. Bezugsquelle: Bibo Film KG, Geisenheimerstr. 23, 6220 Rüdesheim, 1977.

Watzlawick, P.: Die Möglichkeit des Andersseins. Huber, Bern 1977.

Watzlawick, P./Beavin, J. D./Jackson, D. D.: Menschliche Kommunikation. Huber, Bern [4]1974.

Wegener, H.: Klientenzentrierte Spieltherapie – ein Ausbildungskonzept in der Hochschulausbildung. In: Informationsblätter der Gesellschaft für wissenschaftliche Gesprächspsychotherapie *55*, 1984, S. 17–30.

Wegener, H.: Personenzentrierte Psychologie als Beschreibung eines Menschenbildes oder Psychotechnik. In: Informationsblätter der Gesellschaft für wissenschaftliche Gesprächspsychotherapie *60*, 1985, S. 61–67.

Weinberger, S.: Entwicklung eines Curriculums zum Thema „Klientenzentrierte Gesprächsführung" für das Studium der Sozialarbeit und Sozialpädagogik. Unveröffentlichte Dissertation. Universität Regensburg 1980.

Weinberger, S./Seidenstücker, G.: Erprobung einer deutschen Form des Fragebogens zur Erfassung Internaler und Externaler Kontrollüberzeugung von Rotter. Unveröffentlichtes Manuskript. Universität Regensburg 1980.

Wild, A.: Die Persönlichkeitstheorie von Rogers. In: Gesellschaft für wissenschaftliche Gesprächspsychotherapie (Hrsg.): Die klientenzentrierte Gesprächspsychotherapie. Kindler, München 1975.

Wiltschko, J.: Väter sollen alles können – und was können wir Kinder? In: Informationsblätter der Gesellschaft für wissenschaftliche Gesprächspsychotherapie *48*, 1982, S. 5–11.

Wittrahm, A.: Lebensqualität durch Beziehungsqualität. Personenzentrierte Perspektiven für die Diskussion um eine menschengerechte Altenpflege. In: Behr/Esser/Petermann/Pfeiffer (Hrsg.): Jahrbuch für personenzentrierte Psychologie und Psychotherapie. Band 2. Otto Müller, Salzburg 1990.

Sachregister

Agogik 262
agogische Forschung 141
Aggressionstrieb 175
akustisch 54, 55, 256
Aktives Bemühen und innere
  Anteilnahme 129
Aktualisierungstendenz 97 ff.,
  262
akzeptieren 45 ff.
Alkoholabhängig 104, 179, 216
Altenpflege 200
Amtshilfe 108
anale Phase 176
Anamnese 22
Andragogik 262
Angst- und Verteidigungshal-
  tung 50, 99, 102 f., 212
Anorexie 104, 179, 262
Ansprechbarkeit 180
Antonym 142, 147 f.
Anwendung 21, 104, 174,
  179 ff., 183 ff., 215 ff., 259
Anwendungsbereiche 21, 195 ff.
Argumentationsfigur 141
äußerer Rahmen 191

Bagatellisieren 28, 29, 73, 80,
  83, 211, 257
Bedingung, notwendige und
  hinreichende 30, 37, 39, 45,
  128, 262
Behandlungsdauer 177
Behinderung 134, 136 f., 224
Behindertenclub 138

Bekräftigen 158 f., 162, 172,
  259, 261
Bewertung 52, 60, 62, 133
Bewährungshilfe 113
Bezugsperson 134
Bilder, sprachliche 137, 145 f.,
  148
Borderline 104, 179, 263
Brainstorming 138, 159, 263
Bulimie 104, 179, 263
Bundessozialhilfegesetz 107, 250

counseling 33, 34, 184

Delinquenz 198 ff., 263
Depression 49, 116, 179
Destruktionstrieb 101, 263
Diagnostik 180 f., 184
Diagnostizieren 74, 80 f., 83,
  211, 257
Differenzierung 57, 141, 150 ff.
differentielle Interventionen 21,
  128 ff., 131, 163, 165, 169, 207,
  258
dissozial 179, 199, 263
Dirigieren 73 f., 80, 83, 211, 257
Doppelmandat 109, 232
Du-Botschaft 160
Dyade 46, 263

Echtheit 31, 39 ff., 51, 55, 61 f.,
  84, 104 ff., 114, 119 ff., 128 ff.,
  163, 172, 197 f., 209, 255
eindimensional 104

Einflußnahme 107, 157
einfühlendes Verstehen 51, 54,
  71ff., 84, 104ff., 114, 119ff.,
  128ff., 157, 163, 172, 197f.,
  209, 256
Einfühlung s. einfühlendes
  Verstehen
Einschätzskala, s. Skala
Einzelfallhilfe 36ff., 113,
  164
Effektivitätsüberprüfung 103f.,
  179f., 185, 190, 263
emotionales Engagement und
  nicht an Bedingungen gebundenes Akzeptieren 46ff.
Erstkontakt 116, 217, 222
Erwartungshaltung 110, 114,
  191, 194, 235
Erziehung 196ff.
Examinieren 76, 80, 83, 211,
  257
Experiencing 93f.
Exploration 187
externale Inhalte 126, 202ff.,
  263

Familienfürsorge 113
Familiengerichtshilfe 117
Familientherapie 200
Fixierung 176, 178, 263
flexibel 100, 103, 140ff., 169,
  212, 258
Focusing 93ff., 129, 211, 258
Fragen des Klienten 21, 188ff.,
  195, 204f., 214
Frageton 57, 63, 122, 188
Fragen stellen 28f., 160, 162,
  259, 261
Fremdwahrnehmung 120
fully functioning person 100, 176

Gefängnisinsassen 199
Gegenüberstellung 152, 156
genitale Phase 176
Gerontagogik 262

Gesprächs-
– anfang 21, 187, 202f., 206
– atmosphäre 191
– aufzeichnung 192f.
– dauer 192, 199
– dynamik 126
– ende 192
– ergebnis 193
– figur 141f., 145ff., 157, 169,
  187
– häufigkeit 192
– pause 21, 186, 188, 194,
  202ff., 214
– situation 21, 63f., 174,
  188ff., 207, 260
– verlauf 193, 206
Gesprächspsychotherapeutische
  Krankheitslehre 102, 181
Gestik 46, 54, 63
Gesundheitsamt 107f., 113f.,
  215ff., 221, 224, 228ff.
Gewalt 65, 234ff.
Gewahrwerdung 56, 129
Grenzen 43, 113f., 166, 215ff.
Gruppen 112, 181, 185, 197,
  199f., 252f.
Grundhaltung 21, 35, 104ff.,
  117ff., 158, 163, 197

Handlungsmodell 102, 199
Hinterfragen 159, 162, 172, 259
Hier und Jetzt 151, 177
Humanistische Psychologie 101

Ich-Botschaft 160f., 239
Indikation 102, 179ff.
Inkongruenz 31, 98, 176, 180f.
Intellektualisieren 78, 81, 83,
  257
Interpretieren 77, 80f., 83, 257
Interpretation 129
Interpunktion von
  Ereignisfolgen 133
Introjizieren 98, 176
Introversion 74, 181, 264

irreversible Veränderung 163
Ist-Zustand 51

Jugendamt 107f., 113, 215, 223, 231
Jugendliche 49, 166, 198f.

Kanaldiskrepanz 55
Kinder 195ff., 234ff.
Kindergartenkinder 197
Kinderschutz 216, 234ff.
Kindertherapie 195f.
Kindheitsphasen 176
Klientenfragebogen 180
Klientenzentrierte Krankheits-
theorie 102, 181
Körperausdruck 130
Kompetenz 111
Kommunikation, non-verbale
46, 54f., 63, 65, 71, 91, 125,
126, 130, 158, 272
Kommunikationstheorie 38
Kommunikationskanal 54, 71
Kommunikationspsychologie 160
Konfrontation 161f., 172, 259,
261
Kongruenz, kongruent
s. Echtheit
Konkretisierungsforderung 150,
154, 156, 158, 160
Kontaktgruppe 252
Kontraindikation 102
Kontrolle, internale versus exter-
nale 98
Kontrollfunktion 53, 108
Kontrollgruppe 103, 197

Leidensdruck 33
Leistungsstörung 199
lerntheoretisch 102

Medizin 200
Methodenkombination 128
methodisch-inhaltliche Gesprächsform 150, 173

Mimik 46, 54, 63
Minderwertigkeitsgefühl 104,
139, 197
Modell 51, 66, 139
momentanes Empfinden 152,
156, 187, 194, 214
Moralisieren 78, 80f., 83, 158,
211, 257
Multiple Sklerose 216, 246ff.

neurotisch 99, 100, 130
Neurotizismus 49
neurotisches Manöver 99
Neurolinguistisches
Programmieren 144
nicht-adäquate Verhaltensweisen
73ff., 210, 257
nicht-direktiv 30, 61

Organisationsentwicklung 200
organismische Erfahrung 99, 103
organismisches Selbst 98, 176
organismisches Wertsystem
97ff., 102f., 212
operationalisieren, operationale
Definition 38, 47, 57, 72, 104,
133f., 264
orale Phase 176

Paare 200
Pädagogik 198
Paraphrasieren 64f., 69, 121f.
Persönlichkeitskonzept, -theorie,
-modell 19, 32, 97ff., 102,
181, 212f., 258
Perspektivenwechsel 153, 156,
158
phallische Phase 176
Phobie 179, 264
positive Wertschätzung 31,
45ff., 55, 61f., 84, 97, 104ff.,
114, 119ff., 128ff., 172, 197f.,
208, 256
Posttest 264
Praetest 181, 264

Problemlösen 110, 131ff., 165, 199, 207
Prozeßskala 100
Psychoanalyse 38, 101f., 175ff.
psychodiagnostisch 179f., 185
Psychohygiene 196, 265
psychoneurotisch 179
Psychoneurotizismus 181, 199
psychopathisch 130
Psychosomatik 130, 179
Psychosen, psychotisch 130, 179, 181

Rahmenbedingungen 43, 106ff., 131
Rationalisieren 80, 83
Ratschlag 28f., 62, 74ff., 83, 206, 260
Rehabilitation 136ff.
Rekapitulieren 150, 156
Repräsentationssystem 143f., 148f., 170, 172
Resozialisierung 198
Retardierungen, emotionale, intellektuelle, soziale 195, 265
rigide 99, 100
Rollenspiel 46, 118ff., 169ff., 182, 203ff.

Scheidung 117, 231
Schichtzugehörigkeit 104, 181f.
Schulprobleme 197, 214ff.
schwierige Situationen 21, 205ff.
Seelsorge 112, 200
Selbstachtung 49, 54
Selbstaggression 49
Selbstaktualisierung 31, 101
Selbstakzeptierung 101, 104
Selbstexploration 30, 37, 62, 74, 81, 84, 92, 125f., 157, 160, 176, 181, 190, 204, 258
Selbstkonzept 31f., 97ff., 103, 176, 178, 181f., 196, 212f., 265
Selbstverwirklichung 101
Selbstwahrnehmung 120

Selbsthilfe 36
Selbsthilfegruppe 108, 236
Sexualtrieb 175
sich identifizieren 77, 80f., 83, 211, 257
Sitzordnung 191
Skala 38, 40, 57, 72, 84, 86, 103f., 129
Sozialarbeit
– behördliche 107ff., 215
– normative 113, 215
– institutionale 113
sozialtherapeutisch 107f., 113, 215
Sorgerechtsentscheidung 107, 113, 231ff.
Soziale Einzelhilfe
s. Einzelfallhilfe
Sozialamt 107f.
sozioökonomische Schicht 181
Spezifität und Konkretheit 129
Spiegeln 37, 64
Spieltherapie, s. Kindertherapie
sprachliche Ausdrucksform 141ff., 169
sprachliche Aktivität 129
Sprechtempo 54
Stellung beziehen 110, 117, 157ff., 213
Stimmführung 126
Stimulieren 159, 162, 172, 259, 261
Strafvollzug 199
Strukturierung 35, 110f., 126, 141, 150ff.
Subsidiaritätsprinzip 107, 110
Suchtkranke 216, 218
Supervisionsgruppe 43, 51, 186, 215
Synonym 142, 147

Themenzentrierung 35, 111, 115, 131ff., 150ff., 172
Therapiekontrolle 104
Therapieort 199

Therapieziel 32, 104
Tiefe der Interpretation 129
Tonbandaufnahmen 23, 65, 110,
169, 190, 218
Träume 130
Trieb 175

Umwelt 33, 207
Unabhängigkeit 32, 104

Verbalisierung emotionaler Erleb-
nisinhalte 31, 56 ff., 129
Verbalisierung in Ich-Form 146
Verbalisierung, positive,
negative 155
Verbalisationsfähigkeit 181
Verbalisationstechnik 61
Vergangenheit 177
Verhaltens-
– defizit 176, 213, 266

– modifikation 38
– repertoire 141
– therapie 101, 175 ff.
verleugnen 99, 176, 178, 213
Verifikation 131, 135, 138
Verstärken, s. Bekräftigen
Verwaltungsarbeit 113
verzerren 99 f., 176, 213
Videoaufnahme 65 f., 96,
125
visuell 54 f., 256
Vorinformation 191

Wertschätzung s. positive
Wertschätzung
Werturteil 28 f.

Zeugnisverweigerungsrecht
108 ff.
Zuhören 54 f., 63, 65, 121

Personenregister

Allport, J.   101
Alterhoff, G.   38
Antons, K.   63
Aspy, D. N.   197 f.
Auckenthaler, A.   200
Axline, V.   195

Bandler, R.   143
Barret-Lennard, G. T.   44, 53, 71, 209
Baumgärtel, F.   195
Behr, M.   198
Benecken, J.   196
Biermann-Ratjen, E.   50, 60, 105, 112, 128, 180
Bommert, H.   112, 179

Carkhuff, R. R.   40, 47, 52, 57, 72, 105, 209

Deter, D.   35, 112
Dieker, J.   50
Dittes, J. E.   50
Doll, G.   199
D'Zurilla, T. J.   131

Eckert, J.   50, 60, 105, 112, 128, 180
Egan, G.   112
Erickson, M. H.   114
Esser, U.   33 ff., 200
Eysenck, H.-J.   176

Faber, H.   200
Fietkau, H.-J.   157, 182
Finke, J.   12, 102, 179, 200
Freud, S.   36, 176
Fröhlich-Gildhoff, K.   199

Geldard, D.   192
Gendlin, E. T.   93, 95, 96
Gerbis, E.   38
Gerbis, K. E.   110
Gesellschaft für wissenschaftliche Gesprächspsychotherapie (GwG)   12, 66, 179, 196, 198, 200
Goetze, H.   195 f.
Goldfried, M. R.   131
Goldstein, A. P.   101
Gordon, Th.   198
Grant, W. H.   34
Grawe, K.   177
Graumann, C. F.   101
Grinder, J.   143
Gutberlet, M.   100

Hoffmann, N.   38, 110
Hoppe, E.   99
Horney, K.   101
Howe, J.   128
Hoyer, J.   199
Hutter, A.   179

Jacobs, S.   199
Jaede, W.   195
Jankowski, P.   37

Kaatz, S.   199
Kaiser, P.   200
Katthän, U.   199
Kemper, F.   196
Kilpeläinen, I.   200
Köhne, F.   96
König, F.   132
Krenz, A.   43
Kroeger, M.   200

Langer, J. 191
Lerner, B. 182
Lewin, K. 101
Linster, H. 35

Martin, D.G. 37, 101
Mente, A. 200
Meyer, W.U. 99
Meyer-Cording, G. 179, 200
Minsel, W.-R. 129, 141, 156, 191, 199
Monstein, P. 105
Müller, D. 50

Nee, R.H. 36

Ostbomk-Fischer, E. 199

Panagiotoupolos, P. 35
Pavel, F.G. 200
Perlmann, H.H. 164
Petermann, F. 198
Pfeiffer, W.M. 40, 42, 47f., 198, 200
Plog, U. 177
Pörtner, M. 105
Pongratz, L.J. 175

Quitmann, H. 49

Rank, O. 36
Rellecke, E.M. 200
Ripke, Th. 200
Roberts, R.W. 36
Robinson, V. 36
Rogers, C.R. 11f., 19, 30ff., 37f., 39ff., 45, 50, 54, 56, 61, 72, 94, 97ff., 103, 111, 128ff., 157, 163, 195f., 198, 200, 209
Rotter, J.B. 98

Sander, K. 60, 181, 200
Satir, V. 144
Scherer, K.R. 46, 55
Schmid, P.F. 73, 112, 200
Schmidbauer, W. 43
Schmidtchen, S. 195f., 199
Schneider, J. 200

Schneider, K. 181, 199
Schoot, van der, E. 200
Schraml, W. 175
Schreiber, W. 199
Schwartz, H.-J. 46, 50, 60f., 87, 105, 112, 128, 140, 150, 180
Seewald, C. 198
Seibert, U. 109
Seidenstücker, G. 102
Shapiro, J.G. 105
Smalley, R.E. 37
Speierer, G.-W. 102, 179, 200
Spittler, H.D. 200
Steffler, B. 34
Stevans, B. 100
Stich, H. 200
Stoffer, D.L. 197
Stosch, Th.v. 196
Straumann, U. 35, 112

Taft, J. 36
Tausch, A.-M. 49, 111, 196ff.
Tausch, R. 30f., 40, 44, 49, 53, 57, 84, 89, 104, 111, 129, 181, 191, 196ff.
Teigeler, P. 145
Terjung, B. 200
Teusch, L. 179, 200
Teuwsen, E. 177
Truax, Ch.B. 40, 57, 72, 84, 129, 157, 209
Tscheulin, D. 128, 197

Voog, T. 105
Vukovich, A. 141, 146

Walterscheid-Kramer, J. 198
Watzlawick, P. 133, 174
Weber, W. 112
Wegener, H. 105, 196
Weinberger, S. 99, 113
Wild, A. 97
Wild-Missong, A. 95, 177
Wiltschko, J. 96, 129
Wittrahm, A. 200

Zahnow, U. 199

EDITION SOZIAL

Gerad Egan

Helfen durch Gespräch

Ein Trainingsprogramm für helfende Berufe. Aus dem Amerikanischen übersetzt von Harry Friedl und Volker Krumm. Mit einer Einführung von Volker Krumm.

192 Seiten. Broschiert.
DM 28,–
ISBN 3-407-55739-6

Mit diesem Trainingsprogramm kann helfende Gesprächsführung effektiv geübt werden. Es ist eine passende Ergänzung zu »Klientenzentrierte Gesprächsführung« von Sabine Weinberger. Seine 68 Übungseinheiten gehen von folgendem Beratungsmodell aus: Der helfende Prozeß vollzieht sich in mehreren Schritten – von der Selbsterforschung des Klienten, über die Entwicklung von Soll-Zuständen und Zielen bis hin zu deren Umsetzung in Realität. Egan verbindet dabei gesprächstherapeutische, kognitive und verhaltenstheoretische Ansätze. Die Übungen eignen sich sowohl zum Selbststudium als auch für Kurse über Gesprächsführung.

Preisänderung vorbehalten

Beltz Verlag · Postfach 10 01 54 · 6940 Weinheim

B_72